Norbert Ney · Reinhold Dey (Hg.)

D1719357

Unter Mitarbeit von:

Barbara Conrad
Gisela Dittmar-Wirobski
Hans Eppendorfer
Claudia Rieger
Thomas Schiemann
Frank Straass
Stefanie Stüber
Johannes Wendland
Stephi Wirobski
Eva Zimmermann

Weitere Titel dieser Reihe:

Norbert Ney · Reinhold Dey (Hg.)

HAMBURG

zwischen Sekt und Selters

Der kritische Führer
durch Kneipen, Cafés, Bars und Discos

Ausgabe 1990/91

ars vivendi verlag

Cadolzburg

© 1989 by Norbert Treuheit, Friedrich Kehrer

ars vivendi verlag, GdBR

Postfach 42

8501 Cadolzburg

Umschlaggestaltung: Marek Theo Skonieczny

Layout: ars vivendi verlag, H. G. Scherl

Pictogramme: Brigitte Mack

Satz: ars vivendi verlag

Redaktionelle Mitarbeit: Heike David

Druck: Druckhaus Neue Presse Coburg

Vervielfältigung der Ausschnitte aus der Stadtkarte Hamburg

(Zentralblatt, 1:20 000, Ausgabe 1986)

mit freundlicher Genehmigung des Vermessungsamts Hamburg

Genehmigungs-Nr. VA 400-30/89

1 - 2 - 3 - 4 - 5 - 91 - 90 - 89

ISBN 3-927482-04-8

Inhalt

Sie wissen, was Sekt ist? Klar. Selters? Sowieso. Und Sie wissen, wo Hamburg liegt. Gut. Die Begriffe wären soweit geklärt. Aber der Titel dieses Buchs bleibt trotzdem noch etwas undurchsichtig. Bisher dachten Sie immer, Hamburg läge irgendwo zwischen Lüneburg und Neumünster. Das stimmt schon, doch es ist ein seltsam Ding um die Wahrheit, und manchmal ist sie sehr komplex. Hamburg liegt nämlich außerdem noch (und besonders am Abend) zwischen Sekt und Selters.

Doch genug der Wortspielereien, jedenfalls haben wir 148 Kneipen, Cafés, Bars und Discotheken unter die Lupe und in selbigen das Glas in die Hand genommen. Warum gerade 148 und warum gerade diese 148? Nun, wir wollten kein mehrbändiges Werk mit enzyklopädischem Anspruch schaffen (was zugegebenermaßen darüberhinaus unser Faßungsvermögen und unsere körperliche Belastbarkeit überschritten hätte). Wir mußten eine Auswahl treffen, und wir haben es uns nicht leicht gemacht: Telefonbücher wurden gewälzt, alle verfügbaren Kneipen- und Lokalführer studiert, Hinweise aus Stadtmagazinen und Tageszeitungen gesammelt und ausgewertet, zahllose Freunde, Insider und stadtbekannte Nachteulen nach Vor- und Haß-Lieben befragt, last but not least haben wir unser eigenes Kneipengewissen durchforstet. Wir wollten wissen: Was ist "in" in Hamburg, was ist wichtig? Diese - natürlich subjektive - Vorauswahl erklärt auch, warum es in diesem Buch mehr gute als schlechte Testergebnisse gibt: Die 08/15 Pinte anne Ecke hat uns von vorneherein nicht interessiert.

Jedes Lokal wurde mindestens zweimal "inkognito" getestet. Wir geloben bei allen noch ungeöffneten Sekt- und Seltersflaschen der Welt, unbestechlich recherchiert zu haben. Erst am Ende eines Besuches stellten wir uns beim Betreiber oder bei einem Bediensteten vor, erklärten unser Tun und versuchten, Auskunft zu noch offenen Fragen zu bekommen. Wir baten darüberhinaus um einen reproduktionsfähigen Schriftzug und um eine Speisekarte zur Vervollständigung unserer Unterlagen. In den meisten Fällen wurde uns dieser Wunsch erfüllt. Die Besitzer und Pächter der Lokale bezahlten weder für die Aufnahme in die erlauchten 148 noch für den Abdruck des Kneipen-Logos; sie müssen auch nicht Teile der Auflage kaufen, und für unser Essen und Trinken kamen wir selbst (bzw. der Verlag) auf. Folglich konnten sie auch keinerlei Bedingungen stellen. Unsere Tests versuchen, die Atmosphäre und die Stimmung des Lokals zu vermitteln und den Anspruch mit der tatsächlichen Situation in Vergleich zu setzen. Aber wir können uns kein Urteil darüber erlauben, ob es immer so ist wie bei unseren Besuchen. Ist die Bedienung grundsätzlich so muffig oder hat sie nur mal einen schlechten Tag gehabt (- den haben wir auch manchmal)? Sehen die Toiletten immer so aus oder war just am Tag unseres Besuchs die Putzfrau (resp. der Putzmann) erkrankt? Wir wollten fair bleiben, ohne kritiklos zu werden. Das ist uns, so glauben wir, einigermaßen gelungen. Aber nochmal: Unsere Tests sind subjektiv.

Alle Lokalitäten wurden in den Monaten Mai bis Oktober 1989 besucht. Die Kneipenszene ist so lebhaft in Bewegung wie die Nordsee - einige Neugründungen konnten noch berücksichtigt werden, andere nicht mehr. Die folgen dann in der nächsten Ausgabe von "Hamburg zwischen Sekt und Selters". Dabei hoffen wir auch, daß sich einige Kneipenbesitzer (to whom it may concern ...) unsere Kritik zu Herzen nehmen und wir dann von erfolgten Verbesserungen berichten können. Auch wir sind jeder Kritik gegenüber aufgeschlossen. Sicher haben Sie an einigen Punkten etwas auszusetzen, vielleicht können Sie sogar konstruktive Verbesserungsvorschläge vorbringen (die Verlagsadresse steht im Impressum auf S. 4.)

In diesem Buch finden Sie eine Unmenge von Informationen: Adressen, Telefonnummern, Öffnungszeiten, Preise, HVV-Verbindungen, Lektüre- und Spieleangebote etc. Das Gesetz der Wahrscheinlichkeit sagt, daß bei dieser Menge irgendwo auch Fehler stecken müssen. Selbst wenn wir uns alle Mühe gegeben haben - wir können keine Gewähr übernehmen. Nobody is perfect.

Zum Titel: Dieses Buch ist Teil einer Reihe von Kneipenführern für Großstädte. Die beiden ersten Bände - über München und Stuttgart - fanden sowohl bei den Medien als auch bei der Bevölkerung sehr große Beachtung. Wir hoffen natürlich, daß es diesem Buch genauso geht. (Zeitgleich mit diesem Band erscheint auch "Hannover zwischen Sekt und Selters").

Nur noch ein paar kurze Sätze, bevor der Spaß losgeht: Wir, die Herausgeber dieser Lebenshilfe für die schönsten Stunden des Tages, lieben diese Stadt, ihre Menschen und ihre Kneipen. Wir kritisieren zwar viel, aber wir meinen, daß es konstruktive Kritik ist.

Wir wünschen allen Lesern viel Spaß bei der Lektüre und vor allem beim Nach-testen.

Die Herausgeber

Hinweise

Musterseite

Kneipensignet	Hier finden Sie einen kurzen Essay, in dem wir versuchen, das Ambiente, das Publikum, das Angebot, den Service, die Besonderheiten zu beschreiben: alles oder manches davon oder manchmal auch ganz was anderes. Text text text, text text text text text text text??(text text text text)! Text, text text
Bewertung	text text text. text text - text. text text text text text text te-xt text text text text text text! tText tex-t text

- text text 'text' text text. Text text text ,text text text text text! Text text text text: " text text text text text, text text text text .Text text text. Text? Text. Text text text text text text text text text text, text, text, text text text text. Text text text (text text) text.

Text text: Ttext text text, text text text text text text. Text! Text! Text text t---ext text text text text, text text text text ,text text text text."T-t-text text text text text text text...Text text text text. Text tetx text text text .Text text text text text text text. Text text text text text ." Text text text text text, text text, text text! Text text text text text text text? Text text text... text text... text text text text... text text text, text text text text text: text text text.

Text text text text text text text text text text text text text text text text text? Text text text, text text text text text text text (text text text text text text text) text text text. Text text text. Text text text, text text text text! Text text - text text text text text text text text - text text text text, text text text text etc.

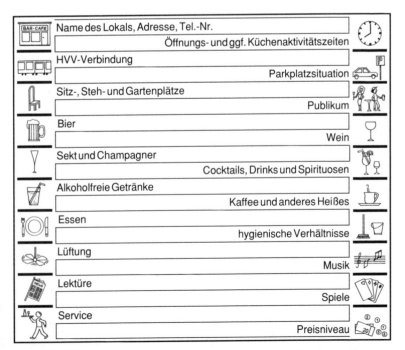

Stadtteil:

Dieses Buch ist nach Stadtteilen gegliedert: Altona, Barmbek/Winterhude, City, Eimsbüttel/Eppendorf, St. Pauli und 'Und:'. In diesem letzten Kapitel sind alle Lokale aufgeführt, die außerhalb der fünf anderen Stadtteile liegen.

Innerhalb der Stadtteile sind die Lokale alphabetisch geordnet, wobei wir Namenszusätze à la 'Café' weitgehend ignoriert haben, soweit uns nicht das Gegenteil angezeigt schien.

Kneipensignet:

Hier finden Sie den Namen bzw., soweit vorhanden, das Signet, den 'Erkennungsschriftzug' des jeweiligen Lokals.

Bewertung:

Wir vergeben ein bis sechs Sektgläser, wobei alles ganz genau anders herum ist als bei den Schulnoten.

6 Gläser: einfach toll, super

5 Gläser: wirklich prima

4 Gläser: der Besuch lohnt sich

3 Gläser: Durchschnittsware

2 Gläser: eher langweilig

1 Glas: nicht der Rede wert

Pictogramm-Leiste:

Ein paar Erklärungen zur unteren Hälfte - nennen wir sie Pictogramm-Leiste (Pictogramm ist eine nicht ganz 100%ig treffende Bezeichnung für die netten Bildchen links und rechts).

Was das Getränke- und Essensangebot betrifft, waren unsere Kriterien: Auswahl, Qualität, Präsentation, Preise. Daß wir beim Testen von Qualität und Präsentation selektiv vorgehen mußten, versteht sich von selbst. Kein Magen, keine Leber lassen es auf Dauer zu, das jeweilige Angebot der Lokale ganz durchzutesten. (Dies hätte in einigen Fällen, bei denen die Getränke-/Speisekarten selbst wahre Bücher sind, Tage bzw. Nächte gedauert.)

Aus Platzmangel können wir auch nicht das gesamte Angebot lückenlos aufführen. Steht z.B. unter der Rubrik 'Alkoholfreie Getränke': "10 Säfte und 5 Milchshakes", so bedeutet das nicht, daß es in der betreffenden Kneipe kein Mineralwasser gibt; damit sollen Besonderheiten herausgestellt werden. Nennen wir dabei eine Preisspanne, so bezieht sich diese jedoch - um bei dem Beispiel zu bleiben - auf alle alkoholfreien Getränke.

Name des Lokals, Adresse, Telefonnummer

Öffnungszeiten des Lokals, Küchenaktivitätszeiten

 Öffentliche Verkehrsmittel: die nächstgelegene Haltestelle sowie die jeweiligen Linien (N steht für Nachtbus). Die Angaben wurden vom HVV selbst zusammengesucht. Herzlichen Dank! Den HVV-Plan finden Sie auf S. 200

Die Parkplatzsituation in der Umgebung (natürlich immer abhängig von der persönlichen Parkmoral - unsere ist gut) und/oder das nächste Parkhaus/der nächste Parkplatz

 Sitz- und Stehplätze in Haus und Hof, entweder nach Angaben der Kneipiers oder gezählt/geschätzt

Publikum: Was für Leute kann man in diesem Lokal treffen (bzw. sich angucken): Geld-Schickis, Kultur-Schickis, Müslis, Punks, Polit-Opas, Rocker oder andere oder alle auf einmal?

 Bier: Marken, Sorten, Preisspanne

Wein: Auswahl, Qualität, Preisspanne, Präsentation

 Sekt und Champagner: Auswahl, Qualität, Preisspanne (meist bezogen auf Flaschen ab 0,7l), Präsentation

Cocktails, Drinks und Spirituosen: Auswahl, Qualität, Preisspanne, Präsentation

Alkoholfreie Getränke: Auswahl, evtl. Marken, Qualität, Preisspanne. Gibt es ein alkoholfreies Getränk, das billiger ist als die entsprechende Menge Bier, so erwähnen wir dies meist lobend.

Heißes mit Schwerpunkt auf Kaffee/Cappuccino/Espresso: Auswahl, Qualität, Preisspanne, Präsentation

 Essen: Angebot, Qualität, Präsentation

Hygienische Verhältnisse: Wie sauber sind Lokal und Toiletten?

 Lüftung: Wie ist die Luft? Wird sie, je später der Abend, desto schlechter? Gibt's eine Nichtraucherecke?

Musik: Welche Musik wird überwiegend gespielt? Frisch vom DJ gemixt, von Band/Platte, aus dem Radio? Oder vielleicht sogar live? Wie ist die Lautstärke, der Sound?

 Lektüre: Sind Zeitungen/Zeitschriften vorhanden? Welche? Sind sie aktuell?

Kann man Spiele ausleihen? Gibt's gar Billard oder Darts? Oder rappelt der intergalaktische Videokrieg durchs Lokal?

 Service: Wie wird man hier versorgt? Freundlich, aufmerksam, schnell, zuverlässig, persönlich oder gar alles auf einmal? Oder wird einem das Gefühl vermittelt, man sei eher ein lästiger Störfaktor?

Preisniveau: Für jeden erschwinglich oder angemessen oder schlicht Nepp??

zwischen Sekt

und Selters - Führer

gibt es bald auch für die folgenden Städte:

Berlin

Bremen

Köln/Bonn

Düsseldorf

Wuppertal

Dortmund

Duisburg

Bochum

Essen

ars vivendi verlag

1
Altona

Altona

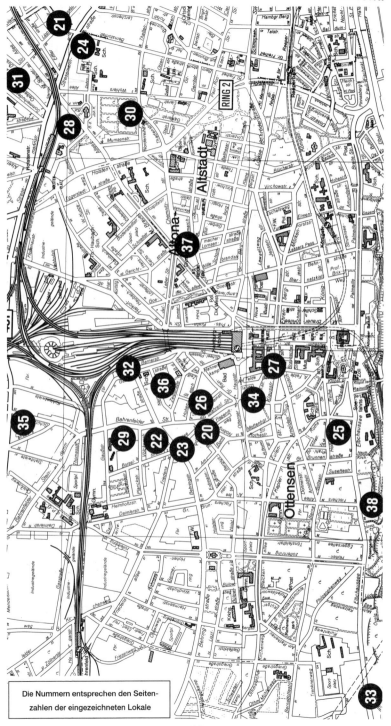

Die Nummern entsprechen den Seiten-
zahlen der eingezeichneten Lokale

Eisen, Stein und Marmor bricht

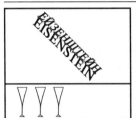

Ottensen im Umbruch, lobten die einen; Ottensen im Aufbruch, hofften die anderen - und der Rest fürchtete den Abbruch der bunten Mixtur aus alternativem Leben, linkem Flair, billigem Wohnraum und Anti-Nepp-Pinten. Dann flogen Buttersäure und Steine durch die Scheiben der sogenannten Nobelrestaurants Leopold und Eisenstein, beide Läden wurden besetzt und zu 'Volxküchen' umfunktioniert. Weit über HH hinaus bekannte Vorgänge, die Schlagzeilen machten. Das Eisenstein habe nicht die Ästhetik, die man im Viertel gewohnt sei. Wer es heute betritt und jene angeblich so deplazierte Ästhetik sucht, wird enttäuscht. Der kalte Charme der ehemaligen Schraubenfabrikhalle kann voll zur Entfaltung kommen: Im hinteren Teil des langen, hohen Raumes wächst der alte, gemauerte Schlot bis hinauf zur Decke, viele Details blieben erhalten. "Working Class Heroes" sind hier die Bedienungen, die in ihren bodenlangen weißen Schürzen mächtig zu rennen haben. An den vorderen großen Rundtischen sitzen in ihre Lektüre versunkene Zeitungsleser, weiter hinten, an den viereckigen Caféhaustischchen haben normale Nachmittagskaffeetrinker Platz genommen. Und abends findet man eher biederes Kleinbürgertum vor. 'Witziges Volk', yuppieske Szene, Schickis und Abendmickis fallen hier längst nicht mehr in dem Maße ein, daß es gerechtfertigt erschiene, von einem "neuen Gründergeist" zu sprechen. Die Porsches parken längst woanders ...

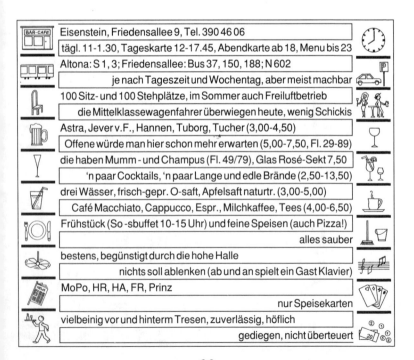

BAR-CAFE	Eisenstein, Friedensallee 9, Tel. 390 46 06	🕐
	tägl. 11-1.30, Tageskarte 12-17.45, Abendkarte ab 18, Menu bis 23	
🚋	Altona: S 1, 3; Friedensallee: Bus 37, 150, 188; N 602	🅿️🚗
	je nach Tageszeit und Wochentag, aber meist machbar	
🪑	100 Sitz- und 100 Stehplätze, im Sommer auch Freiluftbetrieb	
	die Mittelklassewagenfahrer überwiegen heute, wenig Schickis	
🍺	Astra, Jever v.F., Hannen, Tuborg, Tucher (3,00-4,50)	🍷
	Offene würde man hier schon mehr erwarten (5,00-7,50, Fl. 29-89)	
🍸	die haben Mumm - und Champus (Fl. 49/79), Glas Rosé-Sekt 7,50	🍷
	'n paar Cocktails, 'n paar Lange und edle Brände (2,50-13,50)	🍸
🥤	drei Wässer, frisch-gepr. O-saft, Apfelsaft naturtr. (3,00-5,00)	
	Café Macchiato, Cappucco, Espr., Milchkaffee, Tees (4,00-6,50)	☕
🍽️	Frühstück (So -sbuffet 10-15 Uhr) und feine Speisen (auch Pizza!)	
	alles sauber	🪣
	bestens, begünstigt durch die hohe Halle	
	nichts soll ablenken (ab und an spielt ein Gast Klavier)	🎵
📰	MoPo, HR, HA, FR, Prinz	🃏
	nur Speisekarten	
🚶	vielbeinig vor und hinterm Tresen, zuverlässig, höflich	
	gediegen, nicht überteuert	💰

Treten Sie näher, treten Sie näher

109 Jahre alt das Gestühl, mindestens genauso alt das Bild von der kleinen nackten Elfe, die vom großen Troll bedroht wird, aus einer etwas jüngeren Epoche die alte Registrierkasse mit einem echten Theaterkassenschalter - und aus den verschiedensten Epochen Personal und Besucher: Das ist das Entrée, die Kneipe des Piccolotheaters, des "kleinsten Theaters der Welt", die man aber auch ohne

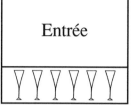

Theaterbillett in der Tasche besuchen kann. Alles atmet hier Bühnenluft - noch auf der (Herren-)Toilette kann man(n) sich beim Austreten über die Kunst des Auftretens und die Geschichte dieses Theaters informieren.

Aber auch für Theatermuffel lohnt sich ein Besuch allemal. Hier kann man schnell ins Gespräch kommen, mit dem "Barmherzigen" (Gerd) Samariter, Schauspieler, Kneipier, Kartenverkäufer und -abreißer, oder mit Felicitas Hanack, Inhaberin, immer am Wohlergehen der Gäste lebhaft interessiert. Im Getränkeangebot will das Entrée vor allem Bier- und Weinstube sein. Spezialität der Küche ist der "Theaterteller", ein deutsch-italienisches Vorspeisenbuffet, das es allerdings nicht jeden Abend gibt. Auch die Küche orientiert sich am Spielplan ... Und wer jetzt immer noch am familiären Klima von Kneipe und Theater zweifelt: Die Küche öffnet, wenn jemand etwas will, und das Theater spielt, sobald sechs Tickets verkauft sind. Es gibt zwei Bühnen - das Piccolotheater und das Piccolo-Cabinett. Mit 30 Besuchern sind die Kapazitäten beider Theater erschöpft ... Dann bleibt einem glücklicherweise noch die Kneipe!

BAR·CAFE	Entrée, Juliusstr. 13-15, Tel. 43 53 48	
		Di-So ab 18.30 (open end)
	Holstenstraße: S 3, 21; N 602	
		ausreichend vorhanden auf "BMW"-Parkplatz
	40 Sitz-, bis zu 130 Stehplätze	
		die Schauspieler-Szene samt Fans, Studenten, Normalos
	Pilsener Urquell (4,50), Guinness	
		ein wahrer Weinberg: 20 (!) Rebensäfte (4,00-6,00)
	und für besondere Anlässe: Mumm (Fl. 42,00)	
		auf Wunsch
	viel Flüssigobst	
		Kaffee und Tee leider nur in Kännchen (4,50)
	Vorspeisenteller, Kleinigkeiten wie Tortellini etc.	
		Lokal sauber, Toiletten gehn so
	gute Theaterluft	
		Edith Piaf, Miles Davis u.ä., sehr dezent im Hintergrund
	Theaterzeitschriften und -programme	
		gespielt wird auf der Bühne
	nett und einnehmend	
		nicht sehr teuer, im Theater Eintritt

Living Legend

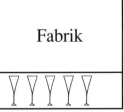

Fabrik

Klar, bei einem Beitrag über die legendäre Fabrik erwartet jeder einen ausführlichen historischen Exkurs. Nicht zuletzt deshalb verzichten wir (die wir in unserer Bosheit immer gerne Erwartungshaltungen unserer Leserschaft ignorieren) darauf.

Und außerdem gibt es genug über die Gegenwart zu schreiben. Die Belegschaft der Fabrik ist nämlich immer noch ausgesprochen produktiv, arbeitet sogar in mehreren Schichten. Es gibt Jazz-Frühschoppen, musikalische Workshops und natürlich Konzertabende proudly presenting die Highlights der alten und neuen Profiszene (von Jazz bis Country, von Funk bis Punk ist alles vertreten). Und genauso vielschichtig wie das Programm ist denn natürlich auch das bunte Völkchen, das hier Betriebsbesichtigungen durchführt: Poppige Kids im Dance-Fever, Althippies mit dem speziellen 'When-I-Was-Young'-Feeling, Punks, deren Zeit ja dauernd im Kommen oder schon wieder vorbei ist, bevor sie da war und und und...

Und sie finden alle Platz. Die Fabrik ist schlicht riesig, man findet auch immer wieder Winkel und Ecken, wo man dem Gedränge entgehen kann. Auf der Empore gibt's lange Tische mit (erstklassigem) Blick auf die Bühne, schier unbegrenzt Stehplätze und ein abgetrenntes, daher ruhigeres Café-Restaurant.

Erwähnt werden müssen natürlich auch noch ein paar der tausend anderen Dinge, die hier angeboten werden: Ausstellungen, Theater, Flohmärkte, Töpfer- und Fotokurse sowie Spielgruppen für die Besucher von morgen.

Fabrik, Barnerstr. 36, Tel. 39 15 65	
je nach Veranstaltung - vgl. "Fabrik-Info-Blatt"	
Altona: S 1, 3; Gr. Rainstr.: Bus 150, 188; N 602	
kleiner überdachter Fabrikparkplatz, sonst in der Nähe	
ca. 150-200 Sitz- und fast unbegrenzt Stehplätze	
je nach Veranstaltung	
Schlösser, Brinkhoff's, Siegel, Clausthaler (3,00-4,00)	
griechisch orientiert (3,50-5,00)	
doch nicht in 'ner Fabrik (bzw. nur zu besonderen Anlässen)	
nur pur - Cocktails werden nicht fabriziert (1,50-5,00)	
was man so braucht, wenn's heiß wird im Gedränge (2,00-3,00)	
naja	
brauchbarer Kantinenimbiß	
in Anbetracht der Menschenmassen o.k.	
Fabrikluft	
Live-Musik aus allen Sparten	
taz, Szene, Spiegel, Infos	
hier ist doch schon genug los	
freundlich, aufmerksam, persönlich	
Fabrikverkaufs-Preise; Konzert-Eintritt so 10-30 DM	

Endstation Sehnsucht

Ein dem Namen Filmhauskneipe gerecht werdendes Ambiente mit kinospezifischen Merkmalen sucht man hier vergebens. Vielmehr beschleicht einen auf dem ersten Blick das kühle (freilich im Trend liegende), unbestimmte Gefühl, in einer Bahnhofshalle zu sitzen, während irgendwo draußen Züge einrollen und um einen herum ein laut nachhallendes Stimmengewirr tobt, Stühle geräuschvoll gerückt werden, Gläser klirren und im Hintergrund eine undefinierbare, aber irgendwie "moderne" Musik vor sich hin dudelt. Die Kerzen auf den etwas verwitterten, gemütlichen Tischen vermitteln jedoch einen Hauch von Wärme, Gemütlichkeit. Man macht es sich also erst einmal an einem der Tische leidlich bequem, spricht sich Ruhe zu und denkt: Der letzte Zug wird schon noch nicht abgefahren sein. Man spricht, nein, diskutiert über Film, Kunst, Theater und alles, was entfernt mit Hamburger Kultur und generell der Kulturszene zu tun hat - oder haben sollte. Man gibt sich interessiert und verbreitet Ansichten.

Vielleicht gehört man sogar zur Hamburger Filmszene, die hier - in den oberen Stockwerken des Filmhauses - ihr Zentrum hat. Und man weiß, daß man hier ausgezeichnet essen kann. Der Ruf vom "exquisiten Angebot" ist überall zu hören (italienisch-französisch angehaucht), sogar an Fisch wagt man sich - und das mit gutem Erfolg. Und auf die Preise brauchen die meisten Gäste hier ja sowieso nicht zu achten. Cheers!

Filmhauskneipe, Friedensallee 7, Tel. 39 34 67		
	Mo-Sa 12-2, So 18-2, w.K. bis 1	
Altona: S 1, 3. Friedensallee: Bus 37, 150, 188; N 602		
	lieber mit öffentlichen Verkehrsmitteln	
50 Sitzplätze an großen Holztischen		
	Kunstschickeria, echte Künstler, Intelligenzia, Linke	
Haake Beck, Becks, Guinness v. Faß, div. Flaschen (2,00-4,80)		
	Soave, Chianti, Muscadet, biolog. Angebaute (4,00-6,50)	
Glas Sekt ab 7,00, Mumm, Pommery (Fl. 32-85)		
	Longdrinks, Liköre, Gebranntes (2,00-8,50)	
übliche Säfte und (Zucker-)Wasser (2,50-3,50)		
	südländischer Einfluß spürbar (2,00-4,00)	
das Besondere gibt's abends		
	ein sauberes Lokal	
Lüftung nicht überfordert, auch wenn es voll ist		
	von Chanson bis Rock, je nach Geschmack der Mitarbeiter	
HR, MoPo, taz, FR, Spiegel, Kultur-Infomaterial		
	müßte man selbst mitbringen	
meist freundlich, bei Streß manche etwas hektisch		
	manches preiswert, manches teuer	

Was Männer nur vermuten dürfen ...

Frauenkneipe

... können Frauen schon seit 13(!) Jahren hautnah erleben: die Frauenkneipe. Zwischen poppiger Einrichtung (besonders auffällig: Lacktischdecken in knalligem Pink) treffen sich die unterschiedlichsten Vertreterinnen des weiblichen Geschlechts, um miteinander zu klönen, zu lachen oder über Frauen- und sonstige Fragen zu diskutieren. Daran dürfen zwar keine Männer teilnehmen, dafür aber die Hunde (ob das für Rüden auch gilt, konnte leider nicht ermittelt werden). Für die tierischen Begleiter steht zur Erfrischung sogar ein Wassernapf bereit, der für so manche Frau schon zum Stolperstein geworden ist. Die Frauenkneipe ist aber nicht nur Kneipe - und Schluß, sondern zu ihr gehört noch ein riesig großer Raum, in dem die unterschiedlichsten Veranstaltungen genügend Platz finden: von Ausstellungen über Filmvorführungen bis zu Tanzkursen. Damit frau letzteren auch ja nicht umsonst besucht hat, kann sie ihre erworbenen Fähigkeiten beim Tanzcafé (auch von Zeit zu Zeit im Angebot) unter Beweis stellen. Schließlich und endlich - wen wundert's - gibt es natürlich auch keine männlichen DJ's, nein, auch das ist hier Frauensache. Sechs weibliche Musikverantwortliche sorgen dafür, daß sich ihre Genossinnen auch ohne männliche Begleitung äußerst wohl fühlen. Damit haben sie zweifellos Erfolg, denn das Frauenzentrum ist für viele Besucherinnen nicht mehr aus der Stadt wegzudenken.

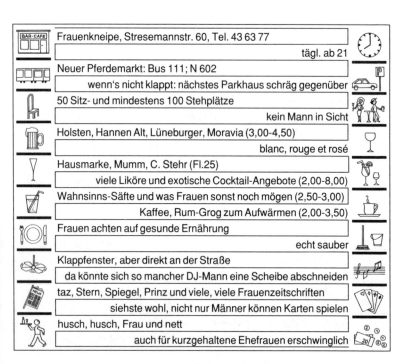

BAR-CAFE	Frauenkneipe, Stresemannstr. 60, Tel. 43 63 77	
	tägl. ab 21	
	Neuer Pferdemarkt: Bus 111; N 602	
	wenn's nicht klappt: nächstes Parkhaus schräg gegenüber	
	50 Sitz- und mindestens 100 Stehplätze	
	kein Mann in Sicht	
	Holsten, Hannen Alt, Lüneburger, Moravia (3,00-4,50)	
	blanc, rouge et rosé	
	Hausmarke, Mumm, C. Stehr (Fl.25)	
	viele Liköre und exotische Cocktail-Angebote (2,00-8,00)	
	Wahnsinns-Säfte und was Frauen sonst noch mögen (2,50-3,00)	
	Kaffee, Rum-Grog zum Aufwärmen (2,00-3,50)	
	Frauen achten auf gesunde Ernährung	
	echt sauber	
	Klappfenster, aber direkt an der Straße	
	da könnte sich so mancher DJ-Mann eine Scheibe abschneiden	
	taz, Stern, Spiegel, Prinz und viele, viele Frauenzeitschriften	
	siehste wohl, nicht nur Männer können Karten spielen	
	husch, husch, Frau und nett	
	auch für kurzgehaltene Ehefrauen erschwinglich	

Fun, Fun, Fun

Wenn der Abend im Eimer anfängt oder endet, so besagt das keineswegs, daß etwas schiefgelaufen ist. Im Eimer heißt nämlich eine obskure Kneipe auf der Elbchaussee, die von außen ziemlich heruntergekommen aussieht, von innen nicht viel anders. Mit Zebrafell-Imitationen bezogene Sitzecken, sehenswerte Graffitis an den Wänden, eine dichtbevölkerte Theke in der Mitte und weiter hinten ein

Fun Club

Billardtisch. Meist junge Nachtschwärmer toben sich daran aus, aber auch ein paar Opas sitzen herum, die zu Recht nicht einsehen, warum sie aufhören sollten, eine Kneipe zu besuchen, die sie seit 20 Jahren kennen - bloß, weil es hier jetzt ein bißchen lauter zugeht. Und die Musik muß man tatsächlich überschreien, besonders nach elf, wenn die wohl seltsamste Disco Hamburgs ihre Türen öffnet: Der Fun Club. In einem Hinterraum, wo man nur noch die Klos vermutet, blüht eine Art Underground-Loch wie ein geheimnisvolles Nachtschattengewächs. Ein kahler, fensterloser Raum (Grundelement Beton) mit einer rudimentären Theke. Theaterleuchten an ein paar Gestängen, Fotografenscheinwerfer, zwei ausrangierte Zahnarztstühle fallen ins Auge. Wer geht nun in den Fun Club? In Hamburg gibt es bekanntlich mehrere Szenen, die sich unabhängig voneinander ihre Aktionspunkte suchen. Keine kam am Fun Club vorbei, und aus jeder Gruppierung sind ein paar hängengeblieben. So sieht man alternde Bohemiens, Clean-Cut-Kids und Typen in Scene-Schwarz nebeneinanderhocken. Erfrischend unkompliziert und immer interessant.

Fun Club/Im Eimer, Elbchaussee 14, Tel. 39 77 26		
	Im Eimer tägl. 21-4, Fun Club ab 23	
Altona: S 1, 3. Rathaus Altona: Bus 36, 115; N 602		
	viel Spaß bei der Suche	
ca. 50 Eimer-Sitzplätze und genügend Fun-Stehplätze		
	Vertreter fast aller Subkulturen	
Moravia, Flens, Holsten (3,50)		
	verschiedene Weiße und Rote, enorm billig (3,50)	
Glas Sekt 5,00, Hausmarke und Champagner (Fl.22-77)		
	Tequila Sunrise, Margarita und übliche Spirits (3,50-7,00)	
alles normal: Cola, Wasser, Säfte (3,00-3,50)		
	Kaffee, Tee und Schokolade, schmeckt alles gut (2,50)	
den Hunger besser zu Hause lassen		
	soweit man's sehen kann: o.k.	
ach, du dicke Luft		
	Independent, Underground, Dancehouse, auch oft live	
weder im Eimer noch im Fun Club aufzuspüren		
	Billard, Geldautomaten, Flipper, Kicker	
freundlich verrückt		
	billig!!! Im Fun Club Eintritt	

Hier tanzt der Bär

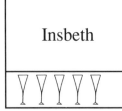

Insbeth

Die Bahrenfelder Straße - das ist schon ein bißchen der Rand der Altonaer Szene, und wer das Insbeth nicht kennt, wird nicht gleich über diesen Laden stolpern. Man orientiere sich deshalb am Betten-haus genau gegenüber, aber trotz der klanglichen Ähnlichkeit der Namen haben beide Häuser nichts miteinander zu tun. Im Insbeth erwartet einen jene bequem-ruhige Atmosphäre, die leicht zum Sitzen-bleiben verführen kann, und nur ein zufälliger Blick über die Straße morgens um vier wird einen dann möglicherweise an das eigene Bett erinnern. Die Farbzusammenstellung wirkt auf den ersten Blick etwas schrill und verwir-rend: außen knallrot und heftig grün bemalt, innen die Wände ähnlich eigenwil-lig "laut". Der Blick an die Decke vervollkommnet die Überraschung, denn man findet sich unter einem künstlichen Sternenhimmel wieder, der aus vielen kleinen Glühbirnchen besteht. Gleich neben dem Tresen steht ein altes Klavier, das tatsächlich noch ab und an bei kleinen Sessions benutzt wird. Die sehr junge, sehr buntgemixte Szene stürzt sich in den wärmeren Monaten allerdings mit Vorliebe auf die Bänke, Stühle, Tische, die draußen, direkt an der Straße (was weder InsbethanerInnen noch Tempo-30-Autofahrer stört), einen beweg-ten Freiluftbetrieb ermöglichen. Ein Neuankömmling der Altonaer Szene soll einmal beim Anblick dieses Sommernachtsandrangs mit südländischem Feel-ing den seither stehenden Spruch von sich gegeben haben: "Hier tanzt ja der Bär!" Und der tanzt open end - und Altona spielt die Musik dazu. Live!

Insbeth, Bahrenfelderstr. 176, Tel. 390 19 24	
	tägl. ab 10 Uhr (open end)
Altona: S 1, 3. Friedensallee: Bus 37, 150, 188; N 602	
	Altonaer Parkplatznot - lieber Taxi oder HVV
100 Sitz-, 20 Stehplätze, draußen 35	
	die neue In-Szene, Linke, Kunst- und Kulturschickeria
Moravia, Guinness v.F., Feldschl., Brunswick, alkfrei (2,00-4,80)	
	Corbières, Languedoc und drei weitere (4,00-5,30)
Glas Sekt 3,50, Mumm Piccolo: 9,00, HM: Fl. 25,00	
	Longdrinks und viele "Ins-Bett-Schaffer" (2,00-9,50)
trinkth Vithamalz und Säfthe, machth irrhe Kräfthe (2,00-4,00)	
	Espresso, Cappuccino, Yogi-Tee, feine Schokolade (2,20-4,00)
Frühstück für Spätaufsteher	
	Lokal nicht zu beanstanden, Toiletten sind auch ganz o.k.
leider ganz anders als unterm echten Sternenhimmel	
	Tapes der Mitarbeiter, manchmal spontan Live-Musik
HR, taz, Szene, Spiegel, Infomaterial	
	Backgammon
freundlich, aber oft ziemlich im Streß durch Menschenmassen	
	deswegen braucht man sicher nicht gleich heim ins Bett

Ludo ergo sum ...

... könnte - frei nach Descartes - das Motto dieser Kneipe sein. (Wobei der des Französischen mächtige Zeitgenosse jetzt sicher schon ein 'sic!' in den Augen stehen hat - René Descartes: Reiner von den Spielkarten. Alles klar?) Es läge uns jedoch fern zu behaupten, die Geschichte der neuzeitlichen abendländischen Philosophie müsse aufgrund unserer (zugegebenermaßen brillanten) etymologischen

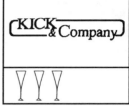

Analyse neu geschrieben werden. Nein, wir hören gleich wieder auf mit dieser halbgebildeten Kalauerei und richten unsere ganze Aufmerksamkeit auf das hier zu besprechende Objekt der spielerischen Begierde: Kick & Company.

Im Hinterzimmer darf sich der homo ludens frei entfalten, darf kickern, flippern, das Queue führen, Darts durch die Luft schwirren lassen oder sein Geld dafür ausgeben, daß er immer wieder für einige Sekunden versuchen kann, rotierende Scheiben mit geheimnisvollen Zahlen zu hypnotisieren. Er kann sich aber auch ganz abgeklärt an den Tisch setzen und Holzfiguren, Hütchen und Ähnliches darauf umherzuschieben. Und da's ja heutzutage jeder zu was bringen will, werden einige Disziplinen (wie Darts und Billard) nicht nur aus Spaß an der Freud sondern auch wettkampfmäßig betrieben.

Zum Ausruhen gibt es die eigentliche Kneipe mit Palmen, viel anderem Grünzeug und dementsprechend angenehmer Atmosphäre. Leider schmeckte die Limo etwas schal, und der Croque-Vegetarisch - na ja. Aber die Bratkartoffeln sollen ganz toll sein, haben wir uns sagen lassen.

Kick & Company, Klausstr. 1-3, Tel. 390 55 36		
	tägl. ab 18 Uhr	
Altona: S 1, 3; div. Busse; N 600, 601		
	unwahrscheinlicher als eine Superserie am Automat	
80 Sitzplätze, Stehplätze z.B. am Kicker		
	Normalos, Kids	
Einbecker, Guinness, Flens, Budweiser (3,50-4,60)		
	dreifarbige Landweine, Rheinhessen (4,00-4,80)	
Glas Sekt 3,50, Hausmarke, Söhnlein, 'Champus' (Fl. 20-49)		
	großes Angebot, auch Mixes (Dartsspieler Vorsicht!)	
so das Normale, recht preiswert (2,00-4,50)		
	auch hier keine Überraschungen (2,00-5,00)	
einfache Kneipenkost		
	Kick & Company: clean	
Lüftung nur Zierde?		
	rockig, poppig, hitparadig (am WoEnde manchmal Live-Auftritte)	
Infos		
	Pool, Karambolage, Darts, Flipper, Kicker, Brettspiele u.a.	
nett, aber bei vollem Haus dauert's ein bißchen		
	wenn Sie nicht gerade hundert Mark in den Automaten stecken...	

Gib Gas, ich will Spaß

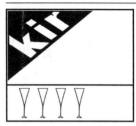

... und der ist im Kir, einer Art Trendsetter-Geheimtip-Szene-Disco bei der NDW-Party unter selbigem Motto bestimmt zu haben. Das ständig wechselnde Musikprogramm - so wartet man u.a. mit Reggae, Psychedelic, Electronic Body Music und so schönen Sachen wie einer "Frank Zappa"-Nacht auf - lockt aber ein vielschichtiges Publikum. Und auch der anspruchsvolle Independent- oder Underground-Freak kommt voll auf seine Kosten.

Das Lokal selbst sieht aus wie ein Kasten, der aber nicht viele Sitzgelegenheiten bietet. Die indirekte Beleuchtung vermittelt den Eindruck, man tanze unter Wasser. Kein zusätzliches Disco-Geflacker, und auch das Trommelfell bleibt intakt. Wortwechsel wären möglich, doch dieses Bedürfnis ist hier anscheinend fehl am Platz. Die meisten Gäste drücken sich an die kahlen Wände und in den Ecken herum und wiegen, versunken in die eigene Personality, den Körper im Takt. An der Theke hängen auch ein paar wortkarge Gestalten und schlürfen ihr Bier. Wer geht schon in eine Disco, um sich zu unterhalten? Spätestens ab 24 Uhr wird die verbale Kommunikation sowieso überflüssig, wenn die richtige Zeit gekommen ist, um ordentlich ins Schwitzen zu geraten.

Eine Disco für Leute, die das Unkonventionelle lieben, die zum Tanzen gute Musik erwarten und nicht auf die Plastik-Musik à la Michael Jackson abfahren - ein Szeneladen mit Hang zum Ausgefallenen.

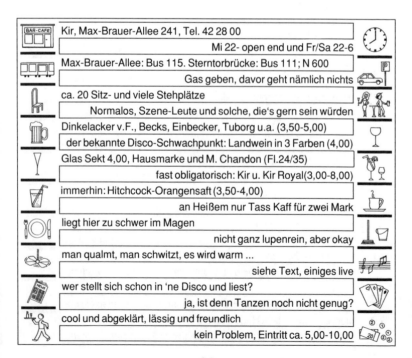

Kir, Max-Brauer-Allee 241, Tel. 42 28 00	
	Mi 22- open end und Fr/Sa 22-6
Max-Brauer-Allee: Bus 115. Sterntorbrücke: Bus 111; N 600	
	Gas geben, davor geht nämlich nichts
ca. 20 Sitz- und viele Stehplätze	
	Normalos, Szene-Leute und solche, die's gern sein würden
Dinkelacker v.F., Becks, Einbecker, Tuborg u.a. (3,50-5,00)	
	der bekannte Disco-Schwachpunkt: Landwein in 3 Farben (4,00)
Glas Sekt 4,00, Hausmarke und M. Chandon (Fl.24/35)	
	fast obligatorisch: Kir u. Kir Royal(3,00-8,00)
immerhin: Hitchcock-Orangensaft (3,50-4,00)	
	an Heißem nur Tass Kaff für zwei Mark
liegt hier zu schwer im Magen	
	nicht ganz lupenrein, aber okay
man qualmt, man schwitzt, es wird warm ...	
	siehe Text, einiges live
wer stellt sich schon in 'ne Disco und liest?	
	ja, ist denn Tanzen noch nicht genug?
cool und abgeklärt, lässig und freundlich	
	kein Problem, Eintritt ca. 5,00-10,00

Es werde Licht

In tiefer Unbewußtheit schlummernde Menschen-
kinder, die den Leuchter nicht kennen, würden
wohl an dieser von außen eher unscheinbaren Kneipe glatt vorbeirennen. Sollte ihnen dann am Eingang doch eine kleine Erleuchtung zuteil werden,
treten sie natürlich - voller Erwartung auf etwas
Großes, Helles - ein. Verscheißert. Die große Helligkeit ist auch hinter den nachtschwarzen Vorhän-
gen keineswegs zu finden. Statt dessen heißt eine urige, von Althippies, linken
Szenisten und "angerockten" Freaks bevölkerte Finsternis willkommen...

Eingerichtet ist der Leuchter recht traditionell: die übliche Theke, an den
Seiten, entlang der Fenster, die vertrauten Holztische und -bänke. Die Wände
sind äußerst dunkel bis duster gehalten und durch die Pflanzen in den Fenstern
erscheint der Raum noch mehr wie eine Höhle vor dem Morgengrauen. Die
dunklen Ecken laden ZweisamkeitlerInnen (traut) und angeregte Diskutanten
(laut) in großer Runde ein. Aus dem OFF (- dem fahlen Hintergrund) rieselts
aus den Lautsprechern: rockig-erdige Sounds. Im großen Hinterzimmer findet
sich sowohl die Möglichkeit, den eigenen Klängen (wer kann und mag) auf
einem asbachuralt Klavier zu lauschen, als auch, dann und wann, O-Ton-Live-
Musik anderer zu genießen. Der künstlerische Rahmen in diesem Raum ist aber
noch weiter gesteckt: Regelmäßig stellen bekannte und unbekannte Künstler-
Innen ihre neuen Werke aus (jeweils einen Monat lang) - und das alles darf man
ohne Eintritt goutieren (Spenden sind natürlich willkommen).

Leuchter, Bahrenfelder Str. 237, Tel. 39 34 41	
tägl. 20-4 oder länger, Küche bis 3 Uhr	
Altona: S 1, 3. Friedensallee: Bus 37, 150, 188; N 602	
in Alt-ona sieht man alt aus	
65 Sitzplätze, genügend Platz zum Stehen	
APO-Opas, junge Linke, Insider	
Moravia, Warsteiner, Brunswick, Guinness v. F. u.a. (2,00-4,50)	
Preiswert-Süffiges inkl. Mavrodaphne-Gaumenkleber (3,50-4,50)	
Glas Sekt 4,50, Flaschen auf Anfrage	
keine highlights, aber gar nicht schlecht (1,50-6,30)	
Miwa teurer als Bier, Fruchtnektare (2,30-4,00)	
da geht einem kein Licht auf (1,20-5,50)	
einfach, aber keine Mikrowellentiefkühlkost	
sauber, aber nicht steril	
Lüftung existiert, bei Veranstaltungen oft Bodennebel	
kommt auf den Geschmack der jeweiligen Mitarbeiter an	
taz, Stadtzeitungsverkauf	
Schach, Darts, Flipper, zwei leise gestellte Geldautomaten	
persönlich, aufmerksam, bei Veranstaltungen kleine Wartezeiten	
eher Licht als Schatten	

Buntes in Grau

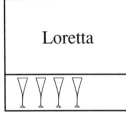

Loretta

Grau ist eigentlich keine richtige Farbe, daher kann man das Loretta auch mit gutem Gewissen als "farblose" Kneipe bezeichnen: Wände in Grau und Weiß, ebenso die Menükarte, einige wenige bescheidene Wandlampen, einfachstes Holzmobiliar - Kult der Einfach- und - wie manche meinen - Häßlichkeit. Doch nun kommt Farbe ins Spiel, und das nicht zu wenig: Angehende, ausgewachsene und ehemalige Yuppies, StudentInnen und viele Kids (und manchmal sogar ein paar Alt-Linke) fühlen sich in diesem Ambiente recht wohl und bringen buntes Leben in die "Eintönigkeit". Das tun auch die roten Köpfe derer, die - neu und unerfahren - an den beiden nicht eindeutig identifizierbaren Toilettentüren scheitern und nach mißlungenem ersten Anlauf die zweite Türe probieren. Ein Tip: Hinter der linken Tür verbergen sich die "Bullaugen".

Im Sommer, wenn der Garten geöffnet ist, platzt das Loretta zur Kneipen-Rush-Hour (so ab 22h) aus allen Nähten. Dann sitzt man entweder unter grünen Bäumen und orangeroten Riesen-Markisen, oder man versammelt sich vor der reichbestückten Freilufttheke und versperrt dort den Hinein- und Herausströmenden den Weg.

Viel Andrang und Bewegung im Loretta, dessen Stil des Understatements zwar mal chic war, aber wo inzwischen jede "D" und jeder "H" ohne die bekannte Schaut-mich-auch-niemand-schief-an-Angst auftauchen kann - und warum auch nicht?

Loretta, Thadenstr. 78, Tel. 43 57 87	
	tägl. ab 18, warme Küche So-Do bis 0.30, Fr/Sa bis 1
Feldstraße: U 3. Neuer Pferdemarkt: Bus 111. N 601, 602	
	für's Auto besteht Abschleppgefahr, aber nicht für's Fahrrad
60 Sitzplätze und fast unendlich viele zum Stehen, draußen: 20	
	Teens und Twens und etwas drüber
Moravia, Carlsb., Diebels v.F., Bud, Stern, Eisbock (3,50-4,90)	
	eingeschränkte deutsch-französische Freundschaft (4,50-6,00)
Glas Sekt 5,00, MM, Deutz & G., Mumm, Moët (Fl.33-90)	
	viele bunte Longdrinks (3,00-12,00)
Milchshakes, Lemon Squash, Cola light (3,00-5,00)	
	Cappuccino, frz. Milchkaffee, Eisbrecher, Hot Italian (2,50-7,00)
So. Frühstücksbuffet (11-15), Salate, kl. u. größere Speisen	
	mittelprächtig
schließlich ist man nicht zum Luftschnappen hier	
	Unterhaltungen können anstrengend werden
Spiegel und Stern zum Lesen, Prinz zum Kaufen	
	Backgammon, Karten
auch bei starkem Andrang gut	
	vertretbar

Backe, backe Kuchen

In der Oelkersallee stellt der kleine Flachbau des Cafés mit seinem Hinterhofgarten zwischen all den Wohnhäusern eine kleine Idylle für sich dar. An sonnigen, warmen Tagen genau das, was viele Hamburger anzieht - wo sie Ruhe tanken und sich entspannen können, wo sie gleichzeitig aber auch Leute gucken dürfen, und sie nie das Gefühl beschleicht, nicht nah genug am Ort des Geschehens

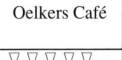

Oelkers Café

zu sein. Und auf der überdachten Terrasse läßt sich das Easy Living selbst im Hamburger Regen noch in vollen Zügen genießen. Etliche Hamburger sitzen jedoch lieber drinnen zwischen hellem Holz, dabei oft "gezielt solo" allein an einem Tisch, manche bringen aber auch gleich die ganze Initiative mit.

Worauf man sich immer verlassen kann: Der Kuchen ist stets "erste Sahne" und genießt deshalb auch in der ganzen Stadt einen entsprechenden Ruf mit Stern. Diese Eier-Zucker-Mehl-und-Zimt-(und-was-sonst-noch-)Zaubereien versöhnen dann auch für die (manchmal durch Vorwarnung angekündigten) geduldprüfenden Wartezeiten. Beim anschließenden Gang zur Toilette beten, daß sie nicht wieder besetzt ist. Es existiert nämlich nur je eine für D und H (und auch die bieten wenig Bewegungsfreiheit!)

Am Wochenende planen übrigens viele einen Besuch in Oelkers Café, um sich vor- oder nachher einen Film im Duckenfeld (kleines, feines Kino mit etwa 20 Plätzen und ansprechenden, kritischen Programm) anzusehen. Gute Idee.

Oelkers Café, Oelkersallee 64, Tel. 439 34 13	
	So, Di-Fr 10-24, Sa 15-24
Holstenstr.: S 21, 31. Schulterblatt: Bus 115; N 600, 602	
	Parkplätze bitte mitbringen
35 Sitzplätze drinnen, 45 draußen	
	leicht linkslastig
Flens, Bio-Bier ("das läuft wie Oel"), Weizen (3,00-4,00)	
	wie so oft: nicht umwerfend (4,00-5,00)
Glas Sekt: 4,00, Flasche Treis: 20,00	
	einiges , was beim Warten bei Laune hält (2,50-6,00)
"Oelk. Oelk. Oelk." (Geräusch beim Cola-Trinken): 2,20-3,80	
	was darf's denn sein? Ist doch alles da. (1,80-6,00)
prima Frühstück, Kuchen mit Weltstadtruf, Tageskarte	
	Lokal fein, Toilette zu klein
angenehm	
	mitarbeiterabhängig
Abendblatt, HR, taz, FR, Szene, Spiegel, Infomaterial	
	noi, noi
sehr lieb, aber oft (wegen des Betriebs) ein bißchen überfordert	
	freut den Geldbeutel

Türkischer Kunsthonig

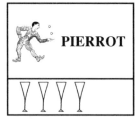

PIERROT

Nirgends bunte Lämpchen, die uns die Clownfarbe ins Gesicht treiben. Wir brauchen weder Plastikblumen noch reichverzierten Nippes noch Teppiche an den Wänden bestaunen (- dürfen uns statt dessen an kunstvollen Fotografien erfreuen). Und doch befinden wir uns in einem türkischen Lokal.

Inmitten des eher schicken Ambientes sitzt man bei Kerzenschein an einem der vielen kleinen Tische, trinkt einen türkischen Tee (der Mokka gleicher Provenienz fehlt leider auf der Karte) oder ein gutes Glas Wein (z.B. einen Muscadet oder einen Chianti Rufina; mit türkischem Wein verhält sich's wie mit dem Mokka). Gottseidank enthalten uns die Besitzer nicht auch noch die kulinarischen Freuden ihrer Heimat vor: Neben einigen italienischen Schleckereien finden wir so vielversprechende Vorschläge wie: Pide Sucuk, Peynirli Köfte, Kebap (klar) und Karniyarik. Die Musik, oft türkische und griechische Folklore, ist allüberall (sogar auf der Toilette), verbreitet eine ausgeruhte Atmosphäre und läßt uns innerhalb weniger Minuten vergessen, daß wir uns im verregneten Hamburg befinden. Der geeignete Fluchtpunkt, wenn einem die lärmigen und überfüllten Szenekneipen mal wieder bis zum Hals stehen.

Und wenn Sie jetzt noch wissen wollen, warum der Honig ein Kunsthonig ist: Jeden Donnerstag ab 21 Uhr gibt es auf der winzig kleinen Bühne des Pierrot sogenannte Kleinkunst - Kabarett oder Pantomime. Umsonst!

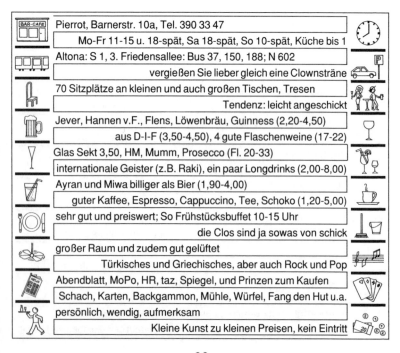

Pierrot, Barnerstr. 10a, Tel. 390 33 47	
Mo-Fr 11-15 u. 18-spät, Sa 18-spät, So 10-spät, Küche bis 1	
Altona: S 1, 3. Friedensallee: Bus 37, 150, 188; N 602	
vergießen Sie lieber gleich eine Clownsträne	
70 Sitzplätze an kleinen und auch großen Tischen, Tresen	
Tendenz: leicht angeschickt	
Jever, Hannen v.F., Flens, Löwenbräu, Guinness (2,20-4,50)	
aus D-I-F (3,50-4,50), 4 gute Flaschenweine (17-22)	
Glas Sekt 3,50, HM, Mumm, Prosecco (Fl. 20-33)	
internationale Geister (z.B. Raki), ein paar Longdrinks (2,00-8,00)	
Ayran und Miwa billiger als Bier (1,90-4,00)	
guter Kaffee, Espresso, Cappuccino, Tee, Schoko (1,20-5,00)	
sehr gut und preiswert; So Frühstücksbuffet 10-15 Uhr	
die Clos sind ja sowas von schick	
großer Raum und zudem gut gelüftet	
Türkisches und Griechisches, aber auch Rock und Pop	
Abendblatt, MoPo, HR, taz, Spiegel, und Prinzen zum Kaufen	
Schach, Karten, Backgammon, Mühle, Würfel, Fang den Hut u.a.	
persönlich, wendig, aufmerksam	
Kleine Kunst zu kleinen Preisen, kein Eintritt	

On the Beach

Bei zwei oder drei starken Tiden (Hochdeutsch: Gezeiten) und einem steifen Nordwestwind heißt es für Bernt Seyfert, den Inhaber der Strandperle, die Ärmel hochkrempeln. Dann nämlich muß in Windeseile sämtliches Küchengerät, und was sonst noch den kleinen Raum füllt, vor dem Wasser der Elbe gerettet werden. So wird der ganze Kram eine Treppe hinaufgetragen, bis die Flut wieder der

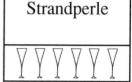

gnädigen Ebbe weicht. Eine typische Hamburger Lokalität also, deren Betrieb wahrhaftig vom Wetter abhängig ist. Doch der Hanseat hat hier gelernt, mit den Launen des Flusses zu leben. Kleine Fotos an den Scheiben, die den Ausschank halbkreisförmig einrahmen, sind eindrucksvolle Dokumente: Nach der großen Überschwemmung von 1962 blieben von der Strandperle nur Trümmer übrig, und wenn das Wasser über Normalpegel steigt, dann sieht man nur noch die Tischplatten wie eine strenge Floßformation auf den Wellen schwimmen.

Bei günstiger Witterung ist die Strandperle wirklich ein wunderbarer Ort. Von der Elbchaussee aus muß man den Schulberg ziemlich steil hinablaufen und gelangt dann schließlich an eine Terrasse, die in die Elbe hineinzuragen scheint. Es sind etwa 120 Plätze vorhanden, aber man kann sich auch ein Bier nehmen, sich an den Strand setzen und die vorbeifahrenden Schiffe beobachten. Da lacht das Herz, die Füße wühlen sich in den Sand, und bei manchem mag Fernweh aufkommen, wenn er die riesigen Pötte in die Welt hinausziehen sieht.

BAR-CAFE	Strandperle, Othmarschen (Övelgönne) Schulberg, Tel. 880 11 12	
	tägl. 13-22, ab Ostern bis Ende September	
	Neumühlen: Bus 183. Hohenzollernring: Bus 36	
	oben auf der Elbchaussee	
	draußen 120 Sitzplätze	
	Hinz und Kunz - wirklich alles vertreten	
	Flaschenbiere (3,50-5,00)	
	Baden, Mosel, frz. Rotwein (5,00)	
	Hausmarke Piccolo 7,00, Fl. 27,00	
	Longdrinks, einige Strandwärmer (2,20-7,00)	
	Standard ist Strandart (2,50)	
	Kaffee, Cappuccino, Grog (klar!), Schokolade (2,50-5,00)	
	Würstchen, Frikadellen, Kuchen	
	für ein Strandlokal recht ordentlich, Toiletten öffentlich	
	Strandluft eben	
	das Heulen der Schiffssirenen	
	die neuesten Nachrichten aus der Flaschenpost ("Robinson lebt")	
	Sandburgen bauen	
	herzlich	
	kein Problem	

Der Punk holt Altona

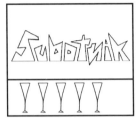

Was? Ich? In ein Punkerlokal gehen? Na... ja, gut. Also, irgendwie, wie soll ich sagen. Fangen wir mal so an: Von außen echt unauffällig irgendwo, ja? Ich geh' rein, ist ja irgendwie schon saustark, der Laden, und bis ich drin bin in dem Laden, bin ich schon total locker, ey. Ne echte Spritzenplatzloge, Mann! Und geile Musik. Echt abgefahren. Jetzt erstmal Frühstück einwerfen. Wird von tierisch netten Leuten gebracht. Schweinemäßig gut, das Zeug und gar nich' mal teuer, ey. So, aber jetzt verpiß ich mich erstmal und penn ne Runde. (Nachmittags:) Da bin ich wieder, Leute. Ah, der Kuchen, echt, ich raff's nicht. Also, jetzt tu ich mir noch 'n Kaffee rein, wird bestimmt wieder ne harte Nacht, ey. Haste mal 'ne Kippe, Mann?

Ach Scheiße, das klingt nicht besonders authentisch, ich geb's zu. Also, fangen wir nochmal an: Rote Haare? Grüne oder blaue? Kein Problem. Naturblond? Auch keins, und das macht mir den Laden so sympathisch. Wer nicht gerade mit Schlips oder Sonntagsröckchen antanzt (in solchem Outfit würde man/frau sich unweigerlich etwas fehl am Platze fühlen), darf sich hier - Punk oder nicht - bis tief in die Nacht beim Tischfußball abreagieren, kann quatschen, Faxen machen oder auch in Ruhe muffeln (und nebenbei mit den Füßen auf den zu Tischen umfunktionierten Oma-Nähmaschinen wippen).

Aber jetzt hab' ich echt keinen Bock mehr, hier noch weiter rumzusülzen, ich geh einen saufen im Subotnik.

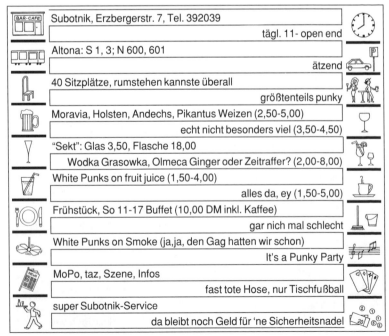

Subotnik, Erzbergerstr. 7, Tel. 392039		
	tägl. 11- open end	
Altona: S 1, 3; N 600, 601		
	ätzend	
40 Sitzplätze, rumstehen kannste überall		
	größtenteils punky	
Moravia, Holsten, Andechs, Pikantus Weizen (2,50-5,00)		
	echt nicht besonders viel (3,50-4,50)	
"Sekt": Glas 3,50, Flasche 18,00		
	Wodka Grasowka, Olmeca Ginger oder Zeitraffer? (2,00-8,00)	
White Punks on fruit juice (1,50-4,00)		
	alles da, ey (1,50-5,00)	
Frühstück, So 11-17 Buffet (10,00 DM inkl. Kaffee)		
	gar nich mal schlecht	
White Punks on Smoke (ja,ja, den Gag hatten wir schon)		
	It's a Punky Party	
MoPo, taz, Szene, Infos		
	fast tote Hose, nur Tischfußball	
super Subotnik-Service		
	da bleibt noch Geld für 'ne Sicherheitsnadel	

Rolling, rolling, rolling

Laut und hektisch geht es zu auf der Stresemann-
straße, wo der Strom der Autoflut in die Außenbe-
zirke drängt oder Richtung Autobahn. Für ganz
Mutige gibt es hier dennoch eine Art Biergarten,
hart an der "Reling" des schmalen Bürgersteigs.
Titanic heißt der Laden. Von "Idylle" und gesunder
Seeluft kann hier allerdings nicht die Rede sein. Es
muß sich da schon um hartgesottene "Passagiere"
handeln, die es wagen, sich unterm Sonnen- und Kohlenmonoxydschirm ein
Bierchen zu genehmigen.

Drinnen, freilich, schmeckt der Gerstensaft gleich viel reiner. Daß der bestellte
heiße Kakao mit Sahne dann nur lauwarm ist, kann vielerlei Gründe gehabt
haben. Der Smutje war nicht zu befragen, der Schiffskoch heftig in der
Kombüse beschäftigt.

Logischerweise auf wesentlich engerem Raum als beim Original drängeln sich
hier die durstigen Passagiere. Die dunklen Wände, die Holztische, das schumm-
rige Kerzenlicht, all das schafft schon eine gewisse Schiffsbauchatmosphäre.
Über den Köpfen hängen alte, bunte Kinoplakate, Erinnerungen an den Plot des
Films werden wach. Auch die Musik scheint ausdrücken zu wollen, daß hier
alte Matrosen, an Land zurückgespült, vergangenen Zeiten nachtrauern.

Titanic, Stresemannstr. 320, Tel. 85 62 39		
	tägl. 12 - open end, warme Küche bis 0.30	
Schützenstraße: Bus 111, 118; N 602		
	Anlegeplätze höchstens in der Nähe	
60 Sitz- und 15 Stehplätze, 20 an der Straße		
	trinkfeste Seefahrer	
Haake, Becks, Remmer, Guinness, Weizen (2,20-4,60)		
	alles einfach und in Weiß und Rot gehalten (4,00)	
auch die Hausmarke ist mit an Bord (Piccolo: 6,00,Fl.20)		
	Riesenangebot für starken Seegang (3,00-8,00)	
Safties u. Schwepper wurden auch nicht vergessen (2,50-3,00)		
	Heißes für steife Brisen (ab 1,50)	
einfach, preiswert und recht schmackhaft		
	bei stärkerem Seegang leiden die Toiletten	
Seeluft ist das gerade nicht		
	sehr viel Rock und ein bißchen Heavy	
HA, MoPo, taz, Szene, Prinz, Kino- u. Theaterprogramme		
	1 Flipper, 1 Fernseher, Darts, Brett- u. Gesellschaftsspiele	
die Crew ist okay		
	zwar nicht spott-billig, aber angemessen	

Working Week

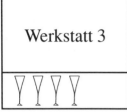

Werkstatt 3

Der Name ließe ja nun eher eine alternative Reparaturwerkstatt als eine Kneipe vermuten. Und gewisse Anstrengungen muß man schon auf sich nehmen, wenn man sich an einem der (zahlreichen) Programmabende oder am Wochenende hierher wagt. Denn die Werkstatt 3 ist meist so überfüllt, daß man sich zuerst einmal durch eine Wand glasbewehrter Leiber hindurcharbeiten muß.

W3, das heißt nicht nur: Café und Kneipe. Das heißt vor allem: Treffpunkt für diverse linke, politisch und kulturell engagierte Altonaer Initiativen. Diese Gruppen organisieren im wesentlichen auch die Veranstaltungen - von Tropical-Disco-Nights über Diskussionsrunden, die sog. 3. Welt betreffend, bis hin zu Lesungen und Live-Konzerten der außergewöhnlichen und originellen Sorte. All das gibt es, klaro, nur gegen Obolus und in einem extra Raum. Bedingt durch die Vielfältigkeit des Programmangebots trifft man hier fast jedesmal wieder auf andere Leute (wenngleich die diskutierfreudigen und linksorientierten meist in der Überzahl sind).

Die Atmosphäre ist ein bißchen sofa-mäßig, strahlt eher Ruhe aus, könnte auch als 'entspannt' bezeichnet werden (wenn diese Formulierung nicht schon so abgegriffen wäre). Die Küche bietet köstliche Kleinigkeiten, hausgemacht bis hin zum Müsli. Und für alternative Hopfen-Liebhaber gibt's das Bio-Bier. Macht ungeheuer dynamisch.

Werkstatt 3, Nernstweg 32, Tel. 39 53 47	
Mo 13-14.30 u. 18-24, Di-Fr. 13-24, Sa 18-24	
Altona: S 1, 3. Friedensallee: Bus 37, 150, 188; N 602	
Besser nicht mit dem Auto in die Werkstatt fahren!	
80 Sitz- und viele Stehplätze; im Saal: 155	
Ey! Dat wor der Müsli-Man!	
die Besonderheit: Prusker Bio-Bier (2,80-4,00)	
Vinho Verde, Riesling und so (4,00-4,50)	
das Glas Sekt kostet 3,50, bei der Flasche spart man 3,50	
über "kurz" oder "lang" ist alles da (2,00-7,00)	
colafreie Zone, Bio-Säfte (1,00-3,00)	
Espresso, Cappuccino, heiße Milch mit Honig (1,00-3,50)	
Kleinigkeiten mit alternativem Einschlag	
Werkstatt gut gefegt, Clos nicht ganz so gut	
wenn's voll ist, muß man ab und zu raus zum Luftschnappen	
Rock und 'n bißchen Jazz, öfters Live-Konzerte	
Abendblatt, Rundschau, taz-Verkauf, Alternativ-Blätter, Infos	
Schach, Backgammon und Mühle	
man bestellt an der Theke, geliefert wird's an den Tisch	
Werkstätten ohne überzogene Preise; Eintritt bei Veranst.	

Knock on Wood

Der Specht, so läßt sich's im Lexikon nachlesen, ist ein Klettervogel, dessen Zunge vorne mit einem Widerhaken versehen ist. Er nistet in selbstgefertigten Baumhöhlen, ernährt sich von Insekten und klopft fast auf der ganzen weiten Welt herum.

Welche Art von Specht in unseren Breiten - neben dem Grün-, Schwarz- und Buntspecht - besonders häufig vorkommt, möchte ich an dieser Stelle eigentlich nicht ausdrücklich schreiben. Denn auf den blöden Kalauer wartet sowieso schon jeder.

Abgesehen vom Schwarzspecht (der in Altona quasi ausgestorben ist) findet man im Woodpecker praktisch alle vorkommenden Arten, was äußerst angenehm ist. Die grünen und bunten Spechte sind hier schon lange revierbeherrschend und der Unaussprechliche (s.o.) ist sowieso nirgends kleinzukriegen. Springt man dem Woodpecker ins Nest, wird man nach allen Gesetzen der Gastfreundschaft empfangen. Angemerkt sei noch, daß man sich hier weniger an In-Sekten denn an Bier und deftigen Essensportionen labt.

Das Klavier an der großen Spiegelwand (jetzt keine falschen Assoziationen, bitte: ansonsten ist das Ambiente eher spechthöhlenmäßig) wird ca. zweimal im Monat zwecks Abhaltung eines Blues- oder Countryabends (in kleiner Besetzung) aktiviert. Denn der Woodpecker liebt den Gesang schräger Zugvögel.

Woodpecker, Max-Brauer-Allee 86, Tel. 38 25 56		
	sommers 19 - mindestens 2, winters ab 18, Küche dito	
Gerichtsstraße: Bus 113, 115, 183; N 600		
	in einer Allee findet sich für jeden Specht was	
80 Sitz- und 50 Stehplätze		
	alternativ, grün, bunt, kulturell, szenig, verschult, gastarbeitend	
Dübelsbr., Ratsh., Schlösser, Einbecker v.F., Kölsch (2,90-4,00)		
	südeuropäische Standards (4,00-5,00)	
wie gesagt: (In-)Sekt(en) nich so gefragt (Picc. 7,00, Fl. 24-65)		
	genug für jeden (jetzt kommt's:) Schluckspecht (2,00-8,50)	
nicht schlecht, Herr Specht (2,00-3,50)		
	bis hin zum Woodpeckerkakao (2,00-5,00)	
echt lecker, Herr Woodpecker		
	mehr Specht als recht	
direkt unterm Ventilator geht's		
	sehr gemischt - von Latin bis Hardrock	
HH-Blätter, taz, FR, Tempo, Wiener, Stadtzeitungen		
	alles, was man so am Tisch spielt	
spechtig-prächtig		
	a woodpecker is not a magpie	

Kein Grund zum Heulen

Von außen gesehen ist diese Zwiebel so unscheinbar, wie es Zwiebeln nun mal so sind. Man muß sich erst durch die Schalen hindurch (bzw. - in diesem Fall - die Treppe hinauf) arbeiten, um zum Kern der Sache vorzudringen. Wer den erreicht hat, fühlt sich gleich ein paar hundert (See-)Meilen nach Westen versetzt - in ein typical Irish Pub, halbduster und zugestellt mit (gut, aber wild ausgesuchten) antiken Möbeln. Folgerichtig setzt man auf die irisch angehauchte Stimmung des öfteren die passende Musik drauf. Dann gibt das Klavier Rhythmus und Harmonie vor, die Geiger gruppieren sich drumrum, steigen ein - und der Gast wird Zeuge eines außergewöhnlichen Happenings.

Bei meinem (länger zurückliegenden) ersten Besuch wurde ich das Gefühl nicht los, zwischen lauter waschechten Iren zu hocken: Es waren fast nur "ältere" Herren zugegen, die sich an ihrem Guinness festhielten oder selbiges stemmten oder an ihrem Zwirbel-Schnauzer drehten. Nach häufigerer Einkehr erkannte ich, daß die mixture doch wesentlich mehrhäutiger daherkommt - siehe Aufbau der Zwiebel. Die einen mögen den Folk, die anderen das Bier, die meisten treffen sich einfach immer wieder am selben Ort zur selben Zeit. Wenn die (Sommer-)Nächte besonders schön lau sind, sitzt man draußen - denn da hat man freie Sicht auf den Hafen (und darf sich ausmalen, in Dun Laoghaire zu sein). Sind die Stühle vor der Zwiebel alle besetzt (sorry, Ma'am), no problem at all, friends, auf den Treppenstufen daneben ist easy Platz for all of you.

Zwiebel, Elbtreppe 7, Tel. 39 60 43	
	tägl. 20 - bis keiner mehr Lust hat
Fischersallee: Bus 115. Hohenzollernring: Bus 36	
	kein Grund zu heulen
40 Sitzplätze drinnen, viele Steh- und Frischluftplätze	
	schaut größtenteils aus wie original importiert
Guinness, Kilkenny, Haake v.F., Tuborg, Weizen (2,50-4,70)	
	deutsch-französisch (irische gibt's ja nicht): 4,50-5,00
schon mal 'nen Iren Champus saufen sehn?	
	a lot of Whiskies in a lot of jars (1,50-7,00)
Saft, Schweppes, St. Clemens etc., teils billiger als Bier (1,50-5,50)	
	natürlich Irish Coffee (2,00-7,00)
Kleinigkeiten, Zwiebelsuppe incl.	
	nicht übel, die Zwübel
draußen ist sie besser	
	Irish Folk, sometimes live
taz, Szene, Spiegel	
	Darts könnte man schon mal anschaffen
What a landlord! Holen muß man sich sein Zeug natürlich selbst.	
	That's Dumping!

2

Barmbek
Winterhude

Barmbek / Winterhude

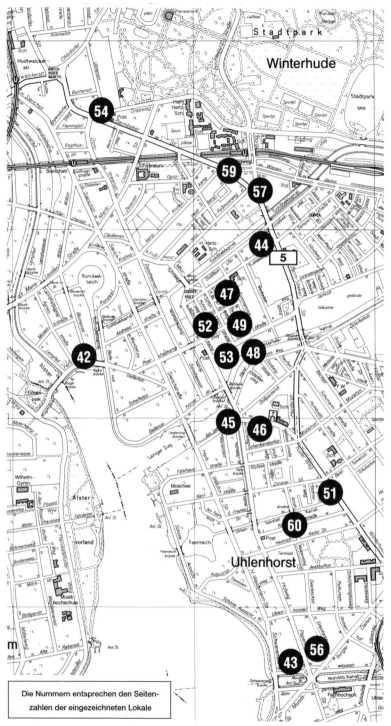

Die Nummern entsprechen den Seiten-
zahlen der eingezeichneten Lokale

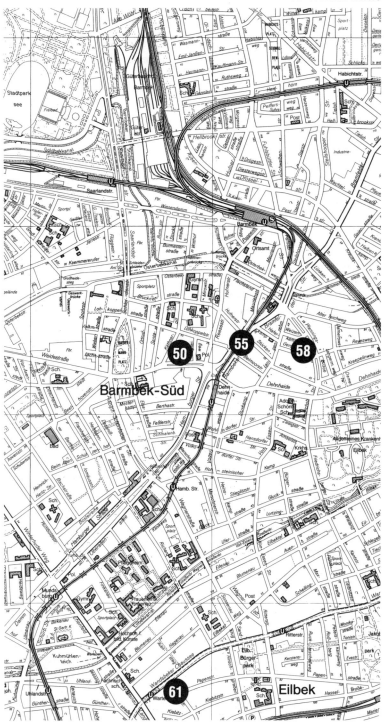

Hier sitzt man in der ersten Reihe

Wer kennt nicht Bobby Reich? An idealen Sonnentagen - eine leichte Brise weht - sitzt man draußen auf dem geräumigen Bootssteg an einem der vielen Tische, kann sich einen Sonnenschirm zurechtrücken und dann stundenlang über die Außenalster schauen, die Flußdampfer, Segler, Ruderer, Schwäne beobachten, die Pärchen am Nebentisch oder die bildhübschen Mannequintyp(inn)en, von denen es hier irgendwo ein Nest geben muß. Sie bestimmen manchmal, aber nicht immer, das Bild. Da kommen auch ältere Leute, einfache und besser betuchte - eben alle, die sich mal Ruhe und Beschaulichkeit gönnen wollen. Wenig Snobbies, dafür eine Menge Spatzen, die zwischen den Tischen hin und her schwirren und darauf warten, daß irgendwo Essen serviert wird. Dann sind sie zur Stelle, zehn oder mehr - schauen, warten, trippeln schon mal hin und her, geduldig, bis sie sich endlich auf die Reste der beiseitegeschobenen Mahlzeiten stürzen können.

Essen und Getränke entsprechen dem sonstigen Niveau des Bobby Reich, sind ergo sehr empfehlenswert, und die Preise sind wahrscheinlich die niedrigsten rund um die Alster (-Gastronomie). Was noch angenehm ist: Auch hinter einem Gast, der sich stundenlang an einem Glas Selters festhält, taucht nie ein Kellner mit verbissenem, vorwurfsvollem Gesicht auf. Und die Punks, die sich ab und an mal hierher verirren, werden mit der gleichen Höflichkeit bedient wie jeder andere Gast, und so gab's auch noch keinen Ärger mit ihnen.

BAR-CAFÉ	Bobby Reich, Fernsicht Ö2 (a. d. Außenalster), Tel. 48 78 24	
	Mo-So 10-24, Küche 12-15 u. 18-22	
	Gertigstr.: Bus 106, 108; Harvestehuder Weg: Bus 109; N 606	
	auch Bobby Brown ("my car is fast, my teeth are shiny") findet was	
	100 drinnen und 250 draußen	
	querbeet und viele Schönheiten	
	Haake Beck Pils, Alt, Berliner Weiße u.a. (4,00-6,00)	
	10 verschiedene aus D-I-F (6,80-7,80)	
	diverse prickelnde Fläschchen (Fl. 28-80)	
	genug, um die Fernsicht zu trüben (2,80-10,00)	
	genug, um sie zu behalten (3,50-4,00)	
	und genug, um sie wiederzuerlangen (3,50-10,00)	
	bürgerliche Küche, Mittagstisch, Eis	
	sehr sauber und gepflegt	
	Alsterluft!	
	dezent, dezent	
	Hamburger Abendblatt	
	schaut-mich-an-wie-schön-ich-bin	
	freundlich, demokratisch und meistens auch schnell	
	Bobby ist nicht gierig (wird bei der Lage aber trotzdem Reich)	

Reine Baumwolle

Dennis Busby ist auf Kuba und in der Karibik aufgewachsen, hat in Harvard und Yale Physik studiert, spielte Piano in den Bars von Harlem und Brooklyn, war mal Schüler von Errol Garner, ist heute Forscher (mit einem Patent für ein - der wirksamen Krebstherapie dienen sollendes - Hochfrequenzgerät in der Tasche), außerdem einer von Hamburgs erfolgreicheren Whisk(e)y-Kol-

lektoren (an seiner Bar finden sich mehr als 130 Sorten), Jazz-Raritäten-Sammler, natürlich immer noch Musiker und - Sie ahnen es - Besitzer des nach ihm benannten Swing Clubs. Und der besteht, allen modischen Trends trotzend, seit über 20 Jahren, kann sich weiterhin auf eine eingeschworene Fan-Gemeinde verlassen, besitzt immer noch den Charme eines Existenzialistenkellers, die leicht verstaubte Eleganz eines Ladens, der nichts weiter hermachen muß, so lange nur gute Musik geboten wird. Und solche geht hier täglich und live über die Bühne: Blues, Swing und Latin von der angenehmeren - sprich: barmusikferneren - Sorte. Von Oscar Peterson bis Herbie Hancock, von Count Basie bis Sarah Vaughn haben hier die Giants gespielt. Natürlich geht's nicht ständig so prominent zu, aber dafür kommt es immer wieder vor, daß Star-Musiker, die hier kaum bezahlt werden könnten, nach ihrem Auftritt in der Fabrik (oder anderswo) zu später Stunde in Dennis' Swing Club einlaufen, um sich dort von den Strapazen des Gigs zu erholen oder auch, um noch weiterzujammen.

BAR·CAFÉ	Dennis' Swing Club, Papenhuder Str. 25, Tel. 2299192	
	tägl. 20.30-2 (oder länger)	
	Take the Bus: Mundsburger Damm: Bus 37, 108, 172, 173; N 607	**P**
	As we said before: Take the Bus	
	80 Sitz-, 20 Thekenplätze, spätestens Round Midnight wird's eng	
	Just Friends	
	Tuborg, Budweiser, Guinness, Ratsherren (5,00-6,00)	
	überraschendes Angebot für einen Jazzclub	
	einiges, aber eigentlich paßt Champus ja nicht zu Blues	
	sehr inspirierende Whisk(e)y-Auswahl, Longdrinks (5,00-15,00)	
	's gibt mehr als in der Karte steht (3,00-6,00)	
	Two-Note-Samba: Kaffee und Tee (4,00)	
	bemerkenswert und mit exotischem Einschlag	
	sei'n wir freundlich, sagen wir: Patina	
	It's a Foggy Day (Smogalarm!)	
	lesen's doch mal den Text	
	doch nicht in einem Jazz-Club	
	dito	
	familiär	
	Eintritt ca. 5,00-8,00, Rest auf Getränkepreise umgelegt	

Das Glück von Edenhall

Ein Biergarten, den man überall sonst, bloß nicht im direkten Einzugsbereich der Barmbeker Straße erwartet hätte. Ein Gebäude, zwar nicht gerade ein Schloß, aber auch kein üblicher Mietskasernenbarock der 20er Jahre. Das Edenhall, in dem anstatt des jungen Lords ein Wirt wohnt, der seit Jahrzehnten jenes Gemälde besitzt, das das Balladenglück des Dichters Ludwig Uhland schinkenmäßig prächtig vorführt. "Wir schlürfen gern in vollem Zug / wir läuten gern mit lautem Schall (nach dem Wirt, Anm. d. Verf.) / Stoßt an mit dem Glück von Edenhall." So war es damals - und heute?

Milchige Fenster mit Pflanzen davor geben schon tagsüber schummriges Licht auf die Einrichtung frei, die dem Holzgeschmack der 70er Jahre entspricht. Alte Tische, alte Kneipenlampen, alte Stühle, gedrechselt oder polsterbelehnt, alte Sitzbänke, mit grünem oder rotem Samt überzogen. Der große Spiegel und die Bilder an den Wänden haben gleichfalls einige Jährchen hinter sich. Nur hinten sieht man neuere Tische, die so tun sollen, als ob sie's nicht wären, und auch der Kunststoffboden will nicht ganz in den Rahmen passen. Im Gegensatz zur Historie ist das Glück in diesem Gewölbe noch intakt, allerdings ist es dennoch nicht von der Hand zu weisen, daß Uhland recht behalten könnte mit seinem Schluß: "Glas ist der Erde Stolz und Glück / in Splitter fällt der Erdenball / einst gleich dem Glücke von Edenhall!" Machen wir's also wie Schwejk: Treffen wir uns um 10 Uhr früh nach dem Weltuntergang - Wo? Na, im Edenhall.

Edenhall, Barmbeker Str. 47/Ecke Semperstr., Tel. 27 71 87		
	Mo-Fr 16-2, Sa/So 10-2, warme Küche bis 1	
Semperstraße: Bus 108; N 600		
	reichlich aussichtslos	
80 Sitz- und einige Thekenstehplätze, draußen 60-70		
	alle vereint im Garten Eden: Geschäftsleute, Jungvolk u.a.	
KöPi, Bud, Holsten, Guinness v.F., Weizen (3,00-4,50)		
	...schenk' Weißen ein aus Portugal! (3,80-5,50)	
Glas Sekt 4,00; Mumm & Co (Piccolo 9,00, Fl.33)		
	einige Longdrinks und reichliche 2cl-Alkoholika (2,50-10,00)	
viel Obst im Glas, keine echte Alk-Alternative (2,20-4,50)		
	Tassen u. Becher besten Gebräus, Cappucino u.a. (2,80-8,00)	
Frühstücke, Tageskarte, Vegetarisches - prima Qualität		
	paradiesisch sauberer Hall	
fast ideal		
	ab ca. 18 Uhr allererste Sahne mit Pfiff	
Hamburger Blätterwald		
	Brettspiele (Schach, Backgammon etc.)	
trägt ohne Händezittern zum Glück bei		
	ist schon recht	

Stradivari, leicht verstimmt

Na klar ist der Winterhuder Bootsanleger ein malerisches Plätzchen! 'türlich is es wahnsinnig toll, bei 'Heldenwetter' am Kanal, die weiße Alsterflotte alle paar Minuten vor Augen. Und wer hätte was gegen ein schönes, frisch gezapftes Bier im Freien, direkt am Wasser?

Fiedler's

Aber: Um Fiedler's Bar-Café sammelt sich der neue In-Rummel, und so muß sich der Gast mit Preisen abfinden (oder auch nicht), die hart an der Geldbeutelschmerzgrenze liegen.

Aber (die Zweite): Wo sich zuviele tummeln, wird der Platz rar und die Hektik groß. Wer Ruhe und Beschaulichkeit sucht, ist hier (jedenfalls bei schönem Wetter) leider völlig fehl am Platze. Drinnen im Wintergarten ist es ruhiger.

Aber (die Dritte): Freundlichkeit und Schnelligkeit des Personals scheinen irgendwie in direktem proportionalen Zusammenhang mit der Größe der Bestellung und der phänotypisch zu erwartenden Dicke der Geldbörse zu stehen.

Aber (die Vierte): Als 'Bar' hat das Fiedler nicht allzu interessante Variationen drauf - und als Café ist mir der Logenplatz doch'n büschen zu teuer.

Und übrigens: Hinsetzen darf man sich noch überall hier. Ganz umsonst. Noch.

Fiedler's Bar-Café, Hofweg 103, Tel. 227 74 03	
	tägl. 11-2 oder 3, Küche 11-23
Mühlenkamp/Hofweg: Bus 106, 108; N 606	
	da haben Sie mit 'nem Boot noch bessere Chancen
insgesamt ca. 200	
	Guckis, Yuppies, Schickis, Touris
Moravia Pils, Hefeweizen (4,80-6,00)	
	da haut einen höchstens der Preis vom Hocker (0,2: 6,50)
Chaverou: Gl. 8,00, Fl. 45, Christian Senez (Fl.85)	
	zu wenig für eine "Bar" (3,00-12,50)
nur ein Beispiel: Granini Orangennektar (nektar!), 0,2l für 5,00	
	Espresso, Cappuccino, Kännchen Kaffee (oioioi: 3,60-9,50)
Petitessen	
	paßt nicht ganz zu den Preisen
Natur..., drinnen auch gut	
	drinnen Klassik, draußen fiedelt gar nichts
bei dem Rummel könnte nur ein fortgeschrittener Yogi lesen	
	Sehen und Gesehen-werden
laut, hektisch, gestreßt, vielbeinig	
	mit - zu - kräftigem Panorama-Aufschlag

Eisgekühlter Chic

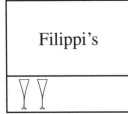

Filippi's

Im April - wann genau, konnte man uns nicht sagen, öffnet das Lokal nach der Winterpause. Sobald die Witterung es einigermaßen erlaubt, sitzen denn auch schon abgehärtete Hanseaten draußen und schlürfen ihren Cappuccino. Scheint die Sonne tatsächlich, und geschieht das gar am Wochenende, platzt der Laden aus allen Nähten. Eine große, hufeisenförmige Theke beherrscht den Raum, dort muß man anstehen, denn die Devise lautet Selbstbedienung. Das System ist ebenso effizient wie unpersönlich. Hat man die Prozedur des Eisfassens endlich hinter sich gebracht, kann man wieder auf Beobachtungsposten gehen. Den Hofweg entlang kreuzen die Cabrios auf der Suche nach Parkplatz und Aufmerksamkeit. Einige Gäste taxieren dieses Ritual und geben sich so cool wie das Eis, das sie gerade mit lässig-gelangweilten Bewegungen verzehren. Blonde, sonnen(bank)gebräunte Frauen nuckeln an ihrem Espresso, schieben sich ab und zu die Sonnenbrille ins Haar und blinzeln welterfahren vor sich hin. An einem tennisgestählten Männerarm blinkt unübersehbar eine Rolex. Weiter vorne schreibt ein Dichter seine Verse mit offensichtlicher Inspiration in ein kleines Büchlein. Irgendwann betritt eine Familie aus der Provinz die Szenerie - sie wird geduldet. Draußen gesellen sich einige Geländewagen zu den Cabrios. Mehrere Jünglinge in kurzen Benetton-Hosen lachen so unbeschwert, als seien sie gerade der heilen Welt einer Eiscremereklame entsprungen. Wir gehen; unseren Lada haben wir vorsorglich um die Ecke geparkt.

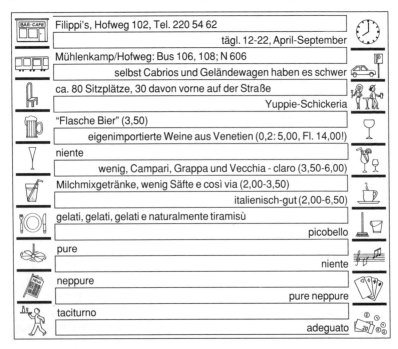

Filippi's, Hofweg 102, Tel. 220 54 62
tägl. 12-22, April-September

Mühlenkamp/Hofweg: Bus 106, 108; N 606
selbst Cabrios und Geländewagen haben es schwer

ca. 80 Sitzplätze, 30 davon vorne auf der Straße
Yuppie-Schickeria

"Flasche Bier" (3,50)
eigenimportierte Weine aus Venetien (0,2: 5,00, Fl. 14,00!)

niente
wenig, Campari, Grappa und Vecchia - claro (3,50-6,00)

Milchmixgetränke, wenig Säfte e così via (2,00-3,50)
italienisch-gut (2,00-6,50)

gelati, gelati, gelati e naturalmente tiramisù
picobello

pure
niente

neppure
pure neppure

taciturno
adeguato

Heart of Gold

Schon mal ein Schinkelplatzfest miterlebt? Na, dann wissen Sie ja, was ein echtes Stadtteilfest in Hamburgs wildester Landschaft östlich der Alster bedeuten kann. Multikulturell, engagiert, kultur-politisch - positives Pulverfaß und Treffpunkt vieler zwischen Eppendorf/Eimsbüttel und Barm-bek/Dehnhaide...

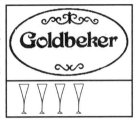

Wer abends hier umherstreift, sollte schon U-Bahn-Rush-Hour erprobt sein, denn es kann mächtig eng werden, trotz der weiten Fläche des Alt-Winterhuder Bezirks und trotz der Großräumigkeit der meisten In-Kneipen am Platz. Besonders im Goldbeker ist dann der Teufel los, obwohl diese Goldgrube nicht eben über Platzmangel klagen kann, stehen doch immerhin drei Räume zur Verfügung: Eine extra Weinstube, ein Hinterzimmer und ein Hauptgastraum, in dem man eng zusammenrücken kann und muß, wenn der große Run einsetzt. Samstag mittags, wenn nebenan großer Wochen-markt angesagt ist, erlebt man hier Winterhuder Tohuwabohu live und hautnah - vor allem dann, wenn auch noch ein paar Straßenmusikanten dazudrängeln und die Stimmung derart hochschrauben, daß keiner mehr gehen will. An warmen Tagen herrscht an den vielen Tischen draußen vorm Lokal fast Biergartenatmosphäre, und drinnen wartet eine Stille, die zum Schmökern, geruhsamen Erholen bei einem der feinen Weine oder zum Durchforsten der Stadtteilinfos einlädt.

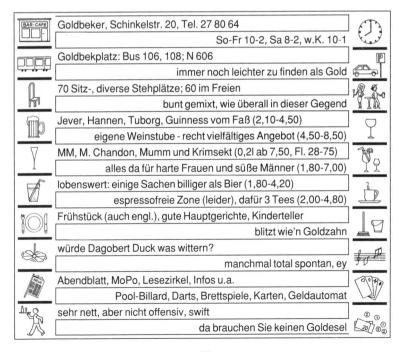

Goldbeker, Schinkelstr. 20, Tel. 27 80 64	
	So-Fr 10-2, Sa 8-2, w.K. 10-1
Goldbekplatz: Bus 106, 108; N 606	
	immer noch leichter zu finden als Gold
70 Sitz-, diverse Stehplätze; 60 im Freien	
	bunt gemixt, wie überall in dieser Gegend
Jever, Hannen, Tuborg, Guinness vom Faß (2,10-4,50)	
	eigene Weinstube - recht vielfältiges Angebot (4,50-8,50)
MM, M. Chandon, Mumm und Krimsekt (0,2l ab 7,50, Fl. 28-75)	
	alles da für harte Frauen und süße Männer (1,80-7,00)
lobenswert: einige Sachen billiger als Bier (1,80-4,20)	
	espressofreie Zone (leider), dafür 3 Tees (2,00-4,80)
Frühstück (auch engl.), gute Hauptgerichte, Kinderteller	
	blitzt wie'n Goldzahn
würde Dagobert Duck was wittern?	
	manchmal total spontan, ey
Abendblatt, MoPo, Lesezirkel, Infos u.a.	
	Pool-Billard, Darts, Brettspiele, Karten, Geldautomat
sehr nett, aber nicht offensiv, swift	
	da brauchen Sie keinen Goldesel

Ich geh' (ins) Kaputt

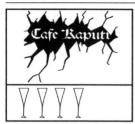

Die ersten drei Musikschuppen, die ich nach meinem Umzug nach Hamburg kennenlernte, waren die Fabrik, die Markthalle und - das Café Kaputt. Lange vor den Kampnagelaktivitäten, lange bevor die Neo-Winterhuder-Szene explodierte, tanzte schon im Kaputt der Bär, gab es Sessions und Highlights der allerersten Rock- und Blues-Sahne - jedenfalls für alle, die den Weg nicht scheuten. Die vielen Dutzend Male in all den Jahren war der Laden immer gerammelt voll, so brechend überbordend, daß man oft nicht mal an die Theke gelangen konnte, um ein Bier zu ordern. Auch dieses Mal war es völlig unmöglich, auch nur 40 Quadratzentimeter Platz in der Nähe der "Macher" zu ergattern, um ein paar Takte zu reden (nur der Trick, ausnahmsweise mal eine halbe Stunde "zu früh" zu erscheinen, hat das dann möglich gemacht).

Die Mixtur aus Fahrradreparaturkollektiv, Improvisationsbühnengarage und Abrockpublikum zieht jede/n sofort soghaft rein. Hier gibt es fast nur Stehplätze, aber die sind echt in der 1. Reihe, hautnah dran. Turnhallenatmosphäre kann sich gar nicht erst breit machen. Von Hippie und Happy Music über Blues und Boogie bis hin zu Hard Rock - dreimal die Woche und stets live - alles im Programm. Und das kommt ungebrochen an. Vielleicht ist hier auch der Schlachtruf entstanden: Ich geh (ins) Kaputt - gehst Du mit?

Café Kaputt, Gertigstr. 32, Tel 270 14 94	
	Mi/Fr/Sa ab 21 Uhr
Gertigstr.: Bus 106, 108. Barmbeker Str.: Bus 172, 173; N 606	
	da geht man kaputt dabei
nur 40 Sitzplätze, der Rest Stehplätze	
	heutzutage buntgemischt, nicht mehr nur Jeans-Hips
Astra, Jever, Guinness, Alt v.F., Tuborg, Weizen (4,00-4,80)	
	billig, aber nur "Weißwein", "Rotwein", "Rosé" (3,50)
Sekt: Piccolo 6,00, Flasche 25,00	
	einige Kurze, Brandies und Whiskies (2,00-6,00)
zwischen Schweppes und Soda (2,50-3,00)	
	kräftiger, großer Becher Kaffee: 2,00
wer kommt, hat schon oder geht anschließend	
	oi,oi,oi,oi
Sauna, schlecht gelüftet	
	live
gelesen wird zu Hause - wo kämen wir denn da hin!	
	die Spieler stehen auf der Bühne
man drängt sich an die Theke (aber besser nicht in den Pausen)	
	preiswert (auch der Eintritt: 5,00)

Kontrastprogramm

Im Alt-Winterhuder Szeneherz liegen sie dicht an dicht: Die Gründerkneipen und jene, die sich den neueren Trends gewidmet haben. So lauert auch beispielsweise genau gegenüber dem Niewöhner das Köbes, eine Kneipe, in der der Geist der 'späten 80er Jahre' Quartier genommen hat. Der Kontrast zum Niewöhner ist augenfällig, drückt sich auch in der Ästhetik, dem Ambiente aus, der Aura, wenn

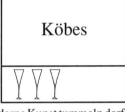

man so will: helle Wände, an denen sich schöne, moderne Kunst tummeln darf, neu behandelte Holztische, schöne alte Möbel, viel Grün. Wer bei seinem Kölsch vom Faß und Kölsche Kaviar die Szene draußen beobachten möchte, muß rechtzeitig kommen, um einen der Fensterplätze zu ergattern. Zuspätkommende können dann aber immer noch an der raumgreifenden Eck-Theke, wie sie in unzähligen Rheinlandkneipen Usus ist, Platz nehmen, denn die bietet Blick- und Sabbelkontakt sowie Direktdraht zur Küche hin. Noch ein Wort zur Musik: Die ist satt, up to date und hellwach wie das Thekenpersonal.

Als Alternative zu den Alt-Alternativ-Anlegedocks ein angenehmer Neu-Ankerplatz im Winterhuder Becken.

Köbes, Schinkelstr. 2, Tel. 27 57 11		
	tägl. ab 18 Uhr, w.K. bis 24 (Fr/Sa bis 1)	
Gertigstraße: Bus 106, 108; N 606		
	nahezu aussichtslos	
60 Sitz-, diverse Stehplätze, 36 Sitzplätze draußen		
	vom Lauf-Normalo bis zum Leicht-Schicki: gut durchwachsen	
Gaffel, Kölsch, Diebels Alt, Becks v.F. (2,20-3,50), div. Flaschen		
	kneipentypisch (4,50-5,80)	
Glas M. Chandon 6,00, Fürst Metternich, Mumm (Fl. 42/50)		
	Standard (2,00-5,50)	
auch, Schwerpunkt Granini (2,50-3,30)		
	sehr ansprechend, z.T. sehr alkoholisiert (2,50-6,00)	
kleine und große Spezialitäten		
	penibel	
recht ordentlich		
	(Jazz-) Rock, Latin, Soul auf starker Anlage, etw. laut	
MoPo, HR, HA, FR, taz, Spiegel, Szene		
	Schach, Backgammon, Dame, Geldautomat	
nett, schnell, okay		
	angemessen bis günstig	

Makakenaffen auf Schatzsuche

Der Magot (hebr.-fr.), so verrät uns der Fremdwörterduden, ist eine "in Nordafrika heimische Lemurenart". Um einiges genauer die Definition im dtv-Lexikon: Mit einem "Berberaffen", einem "stummelschwänzigen Makakenaffen" gar hätten wir's zu tun. Ich konsultiere Langenscheidts Handwörterbuch Französisch-Deutsch und finde dort neben türkischen und Hundsaffen eine zweite Bedeutungsvariante: "verborgener Schatz". Das erscheint mir denn doch treffender für unser Lokal, und ich hoffe, hiermit auch gleich den Streit um die richtige Aussprache des Magots beilegen zu können.

Wie dem auch sei: Der Laden hat Tradition, Ruf, Image, Aura und faire Preise - und prangt an einer Ecke Barmbeks (Dehnheide-Bahnhof), wo kein Mensch sowas vermuten würde. Die Küche ist empfehlenswert, Biere und Weine sind gut ausgewählt und die Stimmung verkörpert genau das, was das vertrackte deutsche Wort 'Gemütlichkeit' niemals wird einfangen können (ich werde weiterhin über ein treffenderes nachdenken!). Trotz Kerzenschein, schummriger Atmosphäre und kleinen Tischen - hier ist kein Ort der immer irgendwie echt unheimlich Betroffenen, New Age-Jünger oder Hardcore-Müslis. Ein fast 'privater' Club mit französischem Klima - für Atmosphäristen der späten Stunde, für Weinsüffler und Kerzenscheinflirter -, in den selbst Eingeweihte aus linksalsterianischen Gefilden pilgern. Weiterhin nur ein magot - sprich: Geheimtip?

Magots, Weidestr. 22, Tel. 299 38 02	
	tägl. ab 20 Uhr
Dehnheide: U 2; Bus 37, 171; N 607	
	jedenfalls leichter zu finden als verborgene Schätze
60 Sitz- und einige Stehplätze	
	steht ausgiebigst im Text
Stauder, Diebels v.F. (3,60) u.a.	
	dürfte ruhig mehr sein (5,50)
Glas 5,50, Fürst M., Asti, Veuve Cl., Moët (Fl. 29,50-97,50)	
	viel Whisk(e)y, Cognac, Likör, Spirit (2,50-9,00)
viel Saft, auch frisch gepreßter O- (2,90-6,00)	
	Lust auf 'nen heißen Amaretto mit Sahnehaube? (2,80-5,50)
Suppen, Salate, Pizze, Kleinigkeiten und Größeres	
	très bien
aussi	
	Soul, Latin, Oldies, dezent & sanft
zu dunkel	
	nur Augenspiele
auch gut	
	un peu cher

Spiel ohne Grenzen

Das Migeel ist keine jener durchgestylten Cocktailbars für Schickis, es erhebt noch nicht einmal den Anspruch, ein Szenelokal zu sein. Das Migeel ist einfach eine kleine, ansprechende "American Bar". Die Räume sind in hellen Tönen gehalten, ein paar mit Stoff überzogene Stühle gruppieren sich um schlichte und ästhetische Glastische. Die eher winzige Theke mit zehn Hockern rundet das Ganze ab.

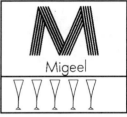

Im Migeel wird das Cocktailmixen als eine Kunst betrachtet, deren Geheimnis in der flexiblen Handhabung der Mix-Regeln besteht. Also soll jedem Gast der Drink kredenzt werden, nach dem ihm gerade ist. Er wird auf "eine lockere Expedition seiner Geschmacksnerven" geschickt, deren Grenzen er selbst bestimmt, und soll so, gemeinsam mit dem Barchef und dessen Kreativität, den idealen Cocktail für sich (und für diese Stunde) finden. Der Wiener Bertold Migeel Hartmann meint, es gebe keinen Cocktail, der nicht verbessert werden könne. Wie dem auch sei - was man im Migeel zu kosten kriegt, ist auf alle Fälle bereits sehr, sehr gut.

Bleibt nachzutragen, daß sich das Migeel-Publikum meist aus jungen, schicken Paaren, einigen verirrten Szeneleuten und anderen netten Menschen zusammensetzt. Die Unterhaltungen plätschern ebenso dezent dahin wie die Musik. Ein letzter Pluspunkt: Auf den Tischen steht Salzgebäck zum Knabbern. Da hat mal einer weitergedacht.

BAR·CAFE	Migeel, Winterhuder Weg 79, Tel. 220 69 50
	tägl. 20 Uhr bis open end
	Winterhuder Weg: Bus 106, 172, 173; N 607
	versuchen Sie's doch einfach mal
	16 Sessel, 10 Barhocker, 20 Stehplätze
	clean-cut, young and fashionable, easy going
	vorhanden (4,00)
	auch da
	die Hausmarke sowieso
	na, und hier können Sie loslegen (ca. 10,00-16,00)
	für zwischendurch (auch alkfreie Cocktails)
	Kaffee, Tee
	Knabbereien
	sehr sauber
	und die Luft ist auch gut
	dezente Rock- und Pop-Ohrwürmer
	ach Gottchen, haben wir denn hier nichts Besseres zu tun?
	das beliebte "Was-ist-denn-alles-im-Cocktail"-Spiel
	aufmerksam und nett
	im Vergleich eher günstig

Die klappert ja gar nicht

Zwischen Stadtpark und Alster, zwischen City-Nord und City-Tortengrenze leuchtet Winterhude, südländisch-locker, eckenweise romantisch, mit viel Grün und von den Fleeten durchzogen. Mittendrin ein Knotenpunkt der Szene, die Kneipe Mühlenkamper. Die Shopper, Promenierer und Bummler, die zwischen 16 und 18 Uhr mit langsam heißer werdenden Sohlen auf dem Winterhuder Pflaster unterwegs sind (im Mühlenkamp defilieren sie garantiert irgendwann vorbei), sollten die Chance zur heimelig-urigen Einkehr nicht nur deshalb wahrnehmen, weil hier in dieser Zeit Happy Hours abgefeiert werden (dann sind alle Getränke eine Mark billiger), sondern weil es dann auch nicht so proppenvoll ist wie in Dämmerschoppen-Ausgehzeiten. Im Sommer bietet sich nach 18 Uhr zumindest auch noch die Vorwärtsflucht nach draußen an, denn bis zum Dunkelwerden sammeln sich im Mühlenkamper die Stammnachbarn, die Straßenpeople und die Mal-sehn-gehn-Leute auf keineswegs allzu breitflächigem Territorium. Zu populär ist die Ecke der Mühle, als daß man auf freie Plätze vertrauen könnte. Wer doch einen solchen ergattert hat, sitzt auf echtem Holz und kann sich endlich entspannt zurücklehnen. Nur auf das Feuer im offenen Kamin wartet man im Winter leider vergeblich, weil es den nämlich (noch?) nicht gibt.

Mühlenkamper, Mühlenkamp 40, Tel. 270 11 30	
So-Fr ab 16, Sa ab 12, die Küche kocht durchgehend	
Gertigstraße: Bus 106, 108; N 606	
don't worry, ...	
45 Sitz- und dreieinhalb Stehplätze plus Theke, umme Ecke 15	
wilde Mischung aus Normalkidhips und Stromern	
Beck's, Diebels, Guinness, Kräusen v.F., Maisel's (2,70-5,00)	
Billigsortenliste, für jeden etwas (4,80-5,50)	
Glas Sekt 6,00, M. Chandon, Deutz (Fl.38/45)	
15 Lange, Standard-Alk (2,00-8,50)	
MiWa, Limo billiger als Bier, Schweppes, Granini (2,00-5,50)	
Kaffee, Tee, Kakao, Milchkaffee, Lumumba (2,00-5,50)	
Salate, Croques, Knofibrot, Wochenspezialität	
schlicht und einfach gesagt: sauber	
den Husten darf man getrost zu Hause lassen	
angenehm mild, manchmal auch wild	
Zeitungen sollte man schon gelesen haben	
ein Flipper für Flippers	
gut bis pronto	
...be happy - besonders zur Happy Hour	

Mit 70 hat man noch Träume

Noch immer im Alt-Barmbeker Prolo-Barock, seit 1919 fast unverändert, weiterhin zwischen duster und düster, und doch immer noch behaglich (wenn man diese Sorte Schummer-Souterrain mag). Zeiten und Ziele ändern sich, das Niewöhner bleibt - und die heutige Szene ist schließlich genauso diskutierfreudig wie die working class heroes, die hier in jener bewegten Zeit zusammensaßen und soffen.

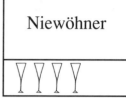

Niewöhner

Deren Geist sitzt immer noch in den vergilbten Mauern, man kann die Atmosphäre förmlich schmecken: Sozialgeschichte zum Anfassen, illustriert mit Bildern von geradezu historischem Wert.

Löblich, daß im Hinterzimmer keine Bomben gelagert sind ("atomwaffenfreie Zone"), aber ging's nicht auch eine Nummer kleiner - "rauchfreie Zone" zum Beispiel? (Vielleicht schwebt ja mal ein blauer Engel vorbei, dem gleichfarbigen Dunst den Garaus zu machen.)

Wenn die abendliche Bedienung einen Tick freundlicher wäre (etwa so wie die am Nachmittag) und sich die Qualität der Speisen etwas konstanter gestaltete - ich würd' glatt ein Sektglas mehr rausrücken. Und wenn das alles dann (und auch der Rest) bis zum Jahr 2019 so bliebe, wäre ich echt angetan. Schließlich brauche ich als Opa auch mal 'ne Stammkneipe...

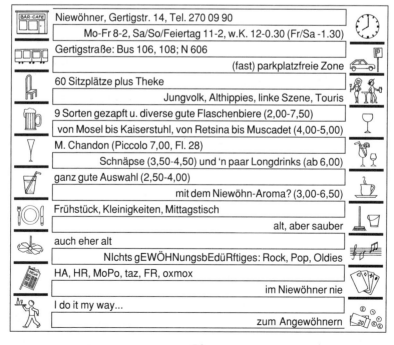

BAR-CAFE	Niewöhner, Gertigstr. 14, Tel. 270 09 90	
	Mo-Fr 8-2, Sa/So/Feiertag 11-2, w.K. 12-0.30 (Fr/Sa -1.30)	
	Gertigstraße: Bus 106, 108; N 606	
	(fast) parkplatzfreie Zone	
	60 Sitzplätze plus Theke	
	Jungvolk, Althippies, linke Szene, Touris	
	9 Sorten gezapft u. diverse gute Flaschenbiere (2,00-7,50)	
	von Mosel bis Kaiserstuhl, von Retsina bis Muscadet (4,00-5,00)	
	M. Chandon (Piccolo 7,00, Fl. 28)	
	Schnäpse (3,50-4,50) und 'n paar Longdrinks (ab 6,00)	
	ganz gute Auswahl (2,50-4,00)	
	mit dem Niewöhn-Aroma? (3,00-6,50)	
	Frühstück, Kleinigkeiten, Mittagstisch	
	alt, aber sauber	
	auch eher alt	
	NIchts gEWÖHNungsbEdüRftiges: Rock, Pop, Oldies	
	HA, HR, MoPo, taz, FR, oxmox	
	im Niewöhner nie	
	I do it my way...	
	zum Angewöhnern	

Der Puppenspieler von Barmbek

POPPEN-SPEELER

"Aber alles im Leben ist nur für eine Spanne Zeit" - heißt es in Storms Pole Poppenspäler. Das muß sich auch der frühere Betreiber des Poppenspeeler gedacht haben, als er nach fast 10 Jahren die "Fäden" aus der Hand gab. Doch die sind unter der neuen Leitung längst wieder "gezogen".

Wenn auch Poles Heimat weiter nördlich war, die Puppenköpfe sind offensichtlich hier gestrandet, im Poppenspeeler, einer Winterthuder Abendkneipe, und blicken den Gast von der Theke und aus einigen Ecken (je nach Drehbuch-Rolle ...) an. In sicherer Entfernung vom althippiesken Zille-Holzwurm und Omasofa-Ambiente, ist es hier dennoch mindestens so gemütlich. Die großen Rundtische blockieren das hanseatisch beliebte Allein-Aussitzertum und tragen zum Klönen, Frönen und Kennenlernen bei. Klar, hierher verirrt man sich nicht, um den neuesten Kurs der GAL-Fundamentalisten zu disputieren, sondern eher zum Plaudern mit einem/r guten Freund/in, zum Ausspannen mit dem/r Herzallerliebsten, zum Nippen an netten Feinheiten. Die Fortsetzung des Husumer Dorfkrugambientes mit metropolitanischen Mitteln. Oder so ähnlich.

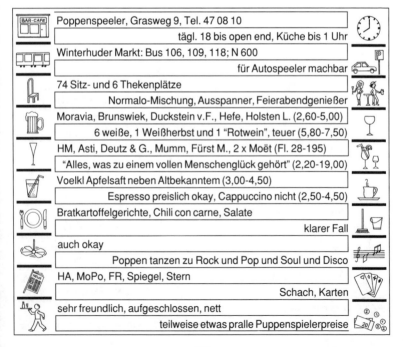

BAR-CAFÉ	Poppenspeeler, Grasweg 9, Tel. 47 08 10
	tägl. 18 bis open end, Küche bis 1 Uhr
	Winterhuder Markt: Bus 106, 109, 118; N 600
	für Autospeeler machbar
	74 Sitz- und 6 Thekenplätze
	Normalo-Mischung, Ausspanner, Feierabendgenießer
	Moravia, Brunswiek, Duckstein v.F., Hefe, Holsten L. (2,60-5,00)
	6 weiße, 1 Weißherbst und 1 "Rotwein", teuer (5,80-7,50)
	HM, Asti, Deutz & G., Mumm, Fürst M., 2 x Moët (Fl. 28-195)
	"Alles, was zu einem vollen Menschenglück gehört" (2,20-19,00)
	Voelkl Apfelsaft neben Altbekanntem (3,00-4,50)
	Espresso preislich okay, Cappuccino nicht (2,50-4,50)
	Bratkartoffelgerichte, Chili con carne, Salate
	klarer Fall
	auch okay
	Poppen tanzen zu Rock und Pop und Soul und Disco
	HA, MoPo, FR, Spiegel, Stern
	Schach, Karten
	sehr freundlich, aufgeschlossen, nett
	teilweise etwas pralle Puppenspielerpreise

Welches Schweinderl hätten's denn gern?

In der nach und nach doch reicher werdenden Barmbeker 'Dorf'-Szene nimmt das Schweinske noch immer eine Sonderstellung ein. Weiterhin außergewöhnlich die eigene Brötchenbäckerei am Ende des langen Tresens, der schwein zusehen und von der schwein naschen kann; erfrischend preiswert die Drinks und die großen und kleinen Schweinereien aus der Küche - vom kleinen Schweini aus

Kasseler über die 'echten' Holzkohlengrillferkeleien bis zu den Pfannen- und Ofensauereien: alles durchweg faire Portionen.

Das Publikum ist so gemischt wie das Angebot: Neben dem Soloschwein das Sparschwein, Business- und Alternativschweine ferkeln nebeneinander an den Rustikaltischen im Zille-Spätbarock, Sport- und Superschweine dagegen bevorzugen meist den 'Straßengarten', wo schwein den Lärm und die Brise umsonst 'genießen' darf. Auch Ferkelchen gehen hier gerne an den Trog, bestellen z.B. die kleine Portion Miß Piggy und rosarote Grütze. Und zum Frühstück treffen sich dann alle wieder zur kleinen Morgenferkelei, wobei man sich vor allem an Wochenenden sehr familienfreundlich gibt: Da zahlt das erste Ferkel den halben Preis, alle weiteren frühstücken gratis.

Also: Ein Hamburger, der keine Hamburger (mehr) mag, kann ja immer noch zu dieser einfach schweinemäßig anderen Küche überlaufen. Und: Ein Saustall ist der Laden nun echt nicht. Auch nicht die Filialen. Echt.

BAR-CAFE	Schweinske, Barmbeker Markt 19, Tel. 29 15 30	🕐
	Mo-Do 8-3, Fr 8-4, Sa 10-4, So 9-3	
🚇	Dehnhaide: U 2; Bus 37, 171; N 607	🅿🚗
	muß man schon Schwein haben	
🪑	50 drinnen, 50 draußen (... ein Hauch von Chicago), 30 Stehpl.	👥
	Gruppenbild mit Schwein: alle Gattungen vertreten	
🍺	Haake, Remmer, Guinness v. F., Weizen, Beck's (1,90-8,50)	🍷
	hier gilt: mehr Schwein als Wein (3,80-4,00)	
🍸	Glas Sekt 3,80, Hausmarke, Deutz & G., Veuve Emile (Fl. 22-48)	🍹
	genügend hochprozentiger Schweinkram (1,50-7,00)	
🥤	ferkelfreundlich: Glas Milch für 'ne Mark und viele Säfte (1,00-3,50)	☕
	Milchkaffee, Espresso, Cappuccino u.a.: preiswert (1,20-6,00)	
🍽️	steht doch schon im Text	🧹
	mittelprächtig	
🌀	also, zum Schinken-Räuchern reicht's noch nicht ganz...	🎵
	nach Geschmack des Tresenwirts, eher harmlos	
📰	HA, MoPo, FR, FAZ, Cassiber	🃏
	Flipper, Pool-Billard, Geldautomat	
🚶	pronto	💰
	saubillig	

Keller-Antike

Um in Hamburg Leute in den "Keller" zu holen, muß man sich schon Besonderes einfallen lassen, erst recht in dieser etwas feineren Ecke unweit der Alster. Das Souterrain, nur ein paar Schritte entfernt vom Dennis Swing Club, hat dies geschafft (wenngleich hier eigentlich gar nicht von Keller gesprochen werden kann, da das Lokal fast ebenerdig liegt). Eine auffallende Fassade mit schönem, rotem Schriftzug und ein paar Straßentische, die trotz der vielen vorbeirollenden Autos meistens belegt sind, stechen dem Passanten sofort ins Auge. Drinnen empfängt einen dann ein "Reich des Holzes". Daß die einzelnen Holzarten nicht so toll zusammenpassen, ist eine andere, sprich: Geschmacks-Sache. Hinter der Theke erfreut sich ein alter Kaufmannsladenschrank wesensfremder Nutzung. Fast das gesamte Lokal ist ringsherum halbhoch holzgetäfelt, die Tische sind rustikal, keiner gleicht dem anderen. Doch nicht genug: eine eingezogene Holzwand, an der weitere alte, offene Schränke aus vergangenen Zeiten Platz für Lektüre, Schreibmaschinen, Bierkrüge und andere stumme "Zeugen der Geschichte" bieten, schaffen ein absolutes Holz-Feeling. Wenn es die "Ölschinken" an den Wänden, die in rubenscher Prallheit Köstlichkeiten aus Küche, Garten und Natur zeigen, nicht schaffen, den Appetit des Betrachters anzuregen, dann sollten dazu zumindest die verlockend klingenden Gerichte auf der Speisekarte des Souterrains in der Lage sein.

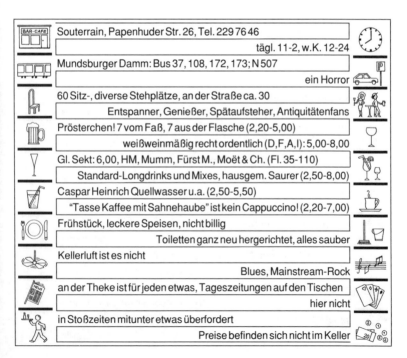

Souterrain, Papenhuder Str. 26, Tel. 229 76 46	
	tägl. 11-2, w.K. 12-24
Mundsburger Damm: Bus 37, 108, 172, 173; N 507	
	ein Horror
60 Sitz-, diverse Stehplätze, an der Straße ca. 30	
	Entspanner, Genießer, Spätaufsteher, Antiquitätenfans
Prösterchen! 7 vom Faß, 7 aus der Flasche (2,20-5,00)	
	weißweinmäßig recht ordentlich (D,F,A,I): 5,00-8,00
Gl. Sekt: 6,00, HM, Mumm, Fürst M., Moët & Ch. (Fl. 35-110)	
	Standard-Longdrinks und Mixes, hausgem. Saurer (2,50-8,00)
Caspar Heinrich Quellwasser u.a. (2,50-5,50)	
	"Tasse Kaffee mit Sahnehaube" ist kein Cappuccino! (2,20-7,00)
Frühstück, leckere Speisen, nicht billig	
	Toiletten ganz neu hergerichtet, alles sauber
Kellerluft ist es nicht	
	Blues, Mainstream-Rock
an der Theke ist für jeden etwas, Tageszeitungen auf den Tischen	
	hier nicht
in Stoßzeiten mitunter etwas überfordert	
	Preise befinden sich nicht im Keller

Froschkönigs Brunnen

Der Geheimtip für Fans von Gebrüder Grimm bis Franz Kafka: Die witzig-skurrile Einrichtung reicht von meditierenden Buddhas über alte Orgelpfeifen und japanische Schirme, die umgekehrt von der Decke schwingen, bis hin zu richtigen Baumstümpfen, die hier und da aus dem Boden wachsen, um einen der ur-ur-wüchsigen Holztische zu stützen. Magritte hätte seine Freude! Eine große Schultafel kündet vom Mittagstisch, Lampions und herabhängende (leere) Flaschen baumeln über der Theke und zeigen den Ort, wo die Quelle sitzt. Irrwitzige Wandgemälde machen das Panoptikum komplett.

Springbrunn

Ich war noch mitten im Staunen, als eine alte Frau an meinen Tisch kam, sich meine Finger besah, um dann nachzusehen, ob die Suppe schon soweit... Der nette Herr hinter der Theke rettete mich vor Alpträumen der kommenden Nacht. Dann fiel mein Blick auf zwei Bassins, in den mittelalterliche Fische und Schildkröten schwammen. In der hinteren Ecke beriet König Artus' Tafelrunde über mein zweites Bier. Urplötzlich verloschen die Kerzen auf den Tischen, und Edgar Allan Poe betrat den Raum. Thus spoke the raven...

Springbrunn, Barmbeker Str. 70-72, Tel. 27 53 36	
So-Do 18-2, Fr/Sa 18-4, w.K. bis kurz vor Schluß	
Borgweg: U 3. Semperstraße: Bus 108; N 600	
im Märchenland gibt's immer wieder Wunder	
in 3 Räumen 70 Sitzplätze, Stehplätze (Theke), 50 draußen	
Normalos, Kids, Nachbarn	
8 vom Faß (u.a. Bock, Guinness), div. Flaschen (2,50-11,50)	
gute Mischung plus Apfelwein (2,50-6,50)	
Glas Hausmarke für 3,80; Napoleon, Asti Cinzano (Fl. 28/30)	
auch hier: Mezcal und Tequila auf dem Vormarsch (1,80-10,50)	
sprudelt ganz normal vor sich hin (2,00-4,00)	
Kaffee, Tees, Schoko und Alk-Mixes (3,00-6,00)	
Normalo-Favoriten	
nicht unbedingt märchenhaft	
okay	
etwas laut, aber Brauchbares aus der Rock-Pop-Schublade	
HA, taz, Szene, oxmox, Spiegel, Stern	
Billard, Schach und Flipper, unser bester Freund	
unterschiedlich	
Goldesel unnötig	

Ohne Filter

In dieser Gegend hinterm U-Bahnhof Dehnhaide ist nach 19 Uhr ziemlich tote Hose (wenn wir mal vom Big Apple absehen und vom Schweinske). Da ist das Tobac ein erfreulicher Lichtblick im dicht und heftig bewohnten Barmbek-Süd-Bereich.

Tobacsüchtige, aber auch Gelegenheits-"Raucher" relaxen hier in diesem Pub-ähnlichen Kneipenschuppen, in dem es zwei Zentren gibt: zum einen die umlagerte Theke, zum anderen den Billardtisch, der dann auch selten verwaist ist. Die Billarderos bringen die eine Hälfte der guten Stimmung ins Haus, die andere Hälfte besorgt die musikalische Konservenpower. Wenn mir die NDR-RSH-Radio HH-Popquarkflachsoße auf den letzten Rest Geist geht, mich der Durst übermannt und der Billardarm juckt, dann entschlüpft dem Dr. Jekyll gerne der Mr. Hide - und ab geht's ins Tobac. (Das ist sonn- und montags zwischen 19 und 20 Uhr besonders häufig der Fall, denn da ist im Tobac so manches noch viel billiger als sonst sowieso schon. Sprich: Happy Hour.)

Da hier außerdem eins der besten Bockbiere gezapft wird, gibt's höchstens "one good reason to leave it", doch locker "ten good reasons to stay". Aber das wissen eh schon alle, die's wissen sollten. Eine Kneipe im ältesten Sinne des Wortes und ein Pub, wie ich ihn aus Irland her kenne: Hier bedienen die Stammgäste mit, wenn's mal eng wird. Und das ist praktisch jeden Abend der Fall.

Tobac, Gerstenkamp 19, Tel. 29 56 56	
	tägl. ab 19 Uhr, Küche durchgehend
Pfennigsbusch: Bus 171; N 607	
	leichter als anderswo
100 Sitz- und diverse Stehplätze	
	Billarderos, Apo-Opas, Punks, Hardrocker, Biertrinker
Einbecker, DAB Alt u. Pils v.F., Weizen (3,50-3,80)	
	4 versch. Weißweine und 1 "Rotwein" (3,50-4,50)
nur MM (Picc. 6,00) u. HM (Fl. 20)	
	für 'nen schweren Kopf reichts allemal (2,00-8,00)
Granini-Sisters und Schweppes-Brothers (2,00-3,00)	
	heiße Becher für wenig Geld (2,50-5,00)
Snacks und Tapas, auch für wenig Geld	
	interessiert doch hier keinen
mittelstarker Tobac	
	die Musik ist heavy und es macht ram-bam
HR, taz, Stadtmagazine, Infos	
	Poolbillard, Schach, Backgammon etc.
hier bedienen die Stammgäste schon mal mit	
	Tiefstpreise (Happy Hour So/Mo 19-20)

Verkehrsinsel

Durch die Barmbeker Straße, eine der heftigst pulsierenden Aorten, schiebt sich nicht einfach nur Feierabendverkehr, das ist traffic round the clock. Aber wenn man das geschäftig-hektische Herz Winterhudes entnervt hinter sich gelassen hat und knapp vor dem drohenden Infarkt kurzentschlossen auf halber Aorta-Länge ausschert, kommt man in den ersten Ruhezonengürtel der Nordstadt (bevor

dann die Schlafstadt beginnt). Und dort findet man schließlich eine Oase inmitten wüsten Verkehrsgeschiebes, in der eine Maß Erholung und diverse Prisen Stimmung zu tanken möglich sind.

Aus der Not der gestreßten Fahrer haben die drei Betreiber eine Kneipentugend gemacht und aus dem Nachlass eines spanischen Grottenlokals (mit einstmals gutem Ruf) ein Gemisch aus Café-Restaurant-Biergarten gezaubert. Ein reich bepflanzter Garten umgibt das gesamte Lokal, so daß auch Plätze abseits des mächtig verbleiten Luftabgasgemischs im Freien zu finden sind. Im wundersam-prachtvollen Bauch der Grotte fühlt man sich zurückversetzt in die Detailorgien eines italienischen Ausstattungsfilms aus den späten Fünfzigern resp. frühen Sechzigern (viel Glas und Metall, weiße, asymmetrische Tischchen, Spiegel ... und diese Theke!). Die Damen vom Service: jung-agil und ritter-sportlich. Hoffentlich wissen die Chefs, was sie an ihren "Frolleins" haben.

BAR·CAFE	Traffic, Barmbeker Str. 83, Tel. 270 24 04	
	Mo-Fr ab 17, Sa/So ab 10, Küche durchgehend	
	Borgweg: U 3; Bus 108, 179; N 600	
	sollte machbar sein	
	drinnen und draußen insgesamt 110 Sitzplätze, div. Stehplätze	
	viele junge Leute, Zwischendurchnascher, Pausenfüller	
	Warsteiner v.F., Flens, Becks, Guinness, Remmers (3,50-5,20)	
	guter roter Bordeaux, Soave, Chianti & Co. (4,00-5,50)	
	Gl. ab 4,00, M. Chandon, Mumm, Veuve, Moët (20-80)	
	"Southern Trip" mit "Charlie Chaplin" im "Side Car" (3,50-13,00)	
	auch hier kein Stau: fruchtig, fruchtig (3,00-5,00)	
	Milchkaffee, Espresso, Cappuccino, Alk-Kaffees (2,50-7,50)	
	ergiebige Frühstückskarte (Sa/So), Snacks, Pasta und Pizza	
	kein Straßenstaub	
	bleifrei	
	Jazz, Latin, Oldies, Soul	
	Voll-Treffer! So ziemlich alles, was man sich denken kann	
	2 Spielautomaten	
	ohne Staus auch bei hohem Verkehrsaufkommen	
	normalfließender (Geld-)Verkehr	

Allen Unkenrufen zum Trotz

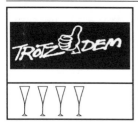

... findet sich in dieser (hübschen) Gegend so etwas wie ein Geheimtip: das Trotzdem. Mit Sicherheit eines der originellsten Kneipen-Cafés im Stadtgebiet Hamburg, ohne daß dabei Unsummen in Einrichtung investiert werden mußten (was unter dem Strich letztendlich sowieso bloß wieder der Gast mittels höherer Preise blecht). Es ist nicht nur die völlig aberwitzig-skurrile "Dekoration" (von alten Schirmen und Sägen bis hin zu einer angesengten Uralt-Ausgabe der Indonesia Times oder einem festgeklebten Markstück auf der Theke (das sicher jeder Gast schon einmal aufzuheben versuchte), die das Flohmarktgesicht des Trotzdem so kurios prägt. Auch die bis ins kleinste Detail einfallsreiche Grundausstattung aus Großvatertischen, Gartenstühlen und anderem wilden Sitzgerät (Vorsicht: der Tisch ganz hinten wackelt so stark, daß fast die Gläser umkippen!), scheint ein Oberwitzbold zusammengeklaubt zu haben und unterstreicht nur noch die außergewöhnliche Atmosphäre.

Ein prima Service kommt noch hinzu, der nicht nur "Jaffels" (heiße Sandwiches), "Ultra Toll" oder Dröhnung (heimtückisches Escorial-Gemisch) herbeischafft, sondern auch hundert Spiele aller Art. Den Naschkram (ab 10 Pfennig) müssen sich Schleckermäuler allerdings selbst am Tresen abholen.

Ob das besondere Ambiente dieser Kneipe auch nach dem geplanten und immer wieder hinausgeschobenen Umbau beibehalten wird? Ein neugieriger Testbesuch unsererseits ist jedenfalls garantiert.

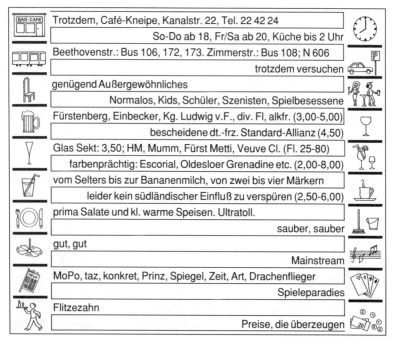

BAR-CAFE	Trotzdem, Café-Kneipe, Kanalstr. 22, Tel. 22 42 24	
	So-Do ab 18, Fr/Sa ab 20, Küche bis 2 Uhr	
	Beethovenstr.: Bus 106, 172, 173. Zimmerstr.: Bus 108; N 606	
	trotzdem versuchen	
	genügend Außergewöhnliches	
	Normalos, Kids, Schüler, Szenisten, Spielbesessene	
	Fürstenberg, Einbecker, Kg. Ludwig v.F., div. Fl, alkfr. (3,00-5,00)	
	bescheidene dt.-frz. Standard-Allianz (4,50)	
	Glas Sekt: 3,50; HM, Mumm, Fürst Metti, Veuve Cl. (Fl. 25-80)	
	farbenprächtig: Escorial, Oldesloer Grenadine etc. (2,00-8,00)	
	vom Selters bis zur Bananenmilch, von zwei bis vier Märkern	
	leider kein südländischer Einfluß zu verspüren (2,50-6,00)	
	prima Salate und kl. warme Speisen. Ultratoll.	
	sauber, sauber	
	gut, gut	
	Mainstream	
	MoPo, taz, konkret, Prinz, Spiegel, Zeit, Art, Drachenflieger	
	Spieleparadies	
	Flitzezahn	
	Preise, die überzeugen	

Ultraobercool

Zweimal versuchten wir vergeblich, den "angesagtesten Laden", ja "einen der strahlendsten Sterne an Hamburgs Diskothekenhimmel" der Neon-Neuzeit, wie diverse Stadtmagazine laut verkündeten, endlich kennenzulernen. Aber voilà, was nicht verraten wurde: Nur freitags/samstags ist im Voilà oberaffenmäßig was los. Aber dann hart am Rande des Wahnsinns - wovon wir uns im dritten

Anlauf (endlich) vergewissern konnten. Gesichtskontrolle passiert, die 15 Märker für's Billet hingeblättert (meine Begleitung ist weiblich, zahlt deswegen nichts) und hineingetaucht ins Gewühl von etwa dreitausend Beinen, Armen, Ellbogen. Man defiliert, flaniert, boxt sich durch den Disco-Raum, der eine marmorne Tanzfläche besitzen soll (- aber so tief reichte der Blick nie) und durch einfallsreiches Design besticht. Zu beiden Seiten eine lange, stark frequentierte Theke. Angenehme Blau- und Rot-Töne bilden einen etwas beruhigenden Kontrast zur allgemeinen hektischen Betriebsamkeit. Folgt man der Verlängerung der Theke, gibt es die 'Galerie' zu entdecken: Dort bekommt man die wirklich tolle Musikmischung zwar mit, es läßt sich dabei aber auch noch ein bisserl unterhalten. Dahinter wartet noch ein Raum der Stille und des Genusses - das Restaurant. Dort wird das Dance House zum Party House und man bekommt nicht mal mit, daß vorne der Boss himself gerade DJ spielt. Es ist wirklich verblüffend, mit welchem Einfallsreichtum die ehemalige Brotfabrik in die IN-Disco für Obercoole im Hanseformat umgewandelt wurde.

BAR·CAFE	Voilà, Musik Galerie, Conventstr. 8-10, Aufg. C, Tel. 250 53 86	
	Fr/Sa und an Abenden vor Feiertagen 22-5 oder 6	
	Wartenau: U 1; Bus 106. Landwehr: S 1; N 606	
	voilà: vor dem Haus	
	Platz für 1500 Leute (30 Sitzplätze im Restaurant)	
	Coole Yuppies, Pretty Girls, HipHopper, Dance-House-Freunde	
	KöPi, Warsteiner, Bud, Einbecker, Gatzw., Maisel (Fl. 5,00-6,00)	
	discomäßig wenig, aber Qualitätsweine (5,00)	
	Gl. Sekt: 6,00, Mumm, prima Champus-Auswahl (Fl. 45-170)	
	was Cocktails und Spirituosen angeht: oberaffengeil (5,00-21,00)	
	viele Säftchen fürs Herzchen, darunter Hitchcock (5,00-6,00)	
	Espresso, Cappuccino, Schokolade mit Sahne (3,00-4,00)	
	im Restaurant: Nudelgerichte (wirklich nicht übel) u.a.	
	excellent	
	starke Anlage	
	Dance-House-Hiphop-Latino-Soul-Funk-Rock-Disco-Music	
	rien	
	non plus	
	vielbeinig, schnell, konzentriert, freundlich	
	d'accord, 15,00 Eintritt (inkl. 2 Verzehrbons) für Herren	

Bombenleger

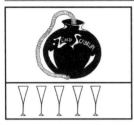

Nicht wenige werden die Zündschnur-Crew noch aus dem Sounds kennen - und schnell konstatieren, daß diese profimäßig die Fehler abgestellt hat, die dort den Weg zum optimalen Wohlfühlen verbauten. Vom selbstgezimmerten Tresen aus alt-abgelagerter Eiche über die originelle, eigens aus Britannien importierte Kühlerhaube am Eingang bis hin zu den witzig-daliesken Wandmalereien und einer beständig arbeitenden blauen Kunstwelle im Bassin - alles ist unkonventionell und atmosphäreschaffend, gut durchdacht und jeder Zentimeter genutzt. Die hinteren Zimmer sind den Spielernaturen vorbehalten: neben dem schon fast üblich gewordenen Billard wartet die Zündschnur auch mit einem Dartscomputer auf. Nun, jedem nach seinem Gusto, schließlich soll es ja selbst (oder erst recht?) im Computerzeitalter noch Leute geben, die nicht bis drei zählen können. Spielkneipe oder Klönkneipe? Die endgültige Etikettierung fällt schwer, zumal sich die Herren um Spiele bemühen, die es hierzulande (noch) nicht gibt. Aber auch sonst knistern die Zündschnüre vor Engagement und Begeisterung, der Service ist unermüdlich-aktiv, locker-eingespielt, aber gänzlich ohne peinliche Andienerei.

Wie man in dieses Kleinod der Hamburger Kneipenszene findet? Gute Frage...

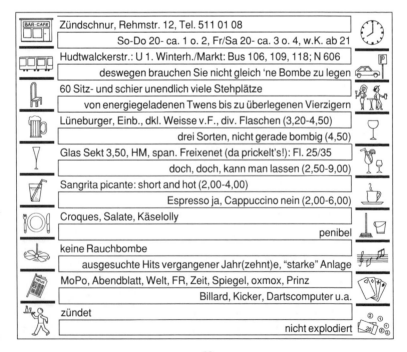

Zündschnur, Rehmstr. 12, Tel. 511 01 08		
	So-Do 20- ca. 1 o. 2, Fr/Sa 20- ca. 3 o. 4, w.K. ab 21	
Hudtwalckerstr.: U 1. Winterh./Markt: Bus 106, 109, 118; N 606		
	deswegen brauchen Sie nicht gleich 'ne Bombe zu legen	
60 Sitz- und schier unendlich viele Stehplätze		
	von energiegeladenen Twens bis zu überlegenen Vierzigern	
Lüneburger, Einb., dkl. Weisse v.F., div. Flaschen (3,20-4,50)		
	drei Sorten, nicht gerade bombig (4,50)	
Glas Sekt 3,50, HM, span. Freixenet (da prickelt's!): Fl. 25/35		
	doch, doch, kann man lassen (2,50-9,00)	
Sangrita picante: short and hot (2,00-4,00)		
	Espresso ja, Cappuccino nein (2,00-6,00)	
Croques, Salate, Käselolly		
	penibel	
keine Rauchbombe		
	ausgesuchte Hits vergangener Jahr(zehnt)e, "starke" Anlage	
MoPo, Abendblatt, Welt, FR, Zeit, Spiegel, oxmox, Prinz		
	Billard, Kicker, Dartscomputer u.a.	
zündet		
	nicht explodiert	

3
City

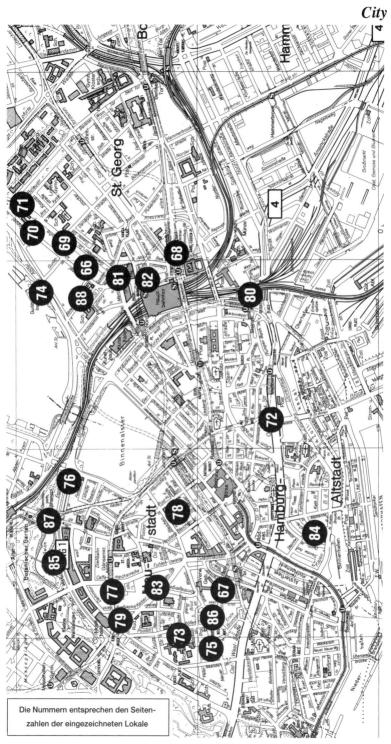

Die Nummern entsprechen den Seiten-
zahlen der eingezeichneten Lokale

In welcher Hitparade?

Ach, was ham wir hier gesessen, um zu trinken, Eis zu essen ... könnte man sentimental-rückwärtsgewandt beim nicht mehr ganz so überzeugenden Anblick des (selbsternannten) No.1 reimeln, dessen Name sicher (aber was ist schon sicher in diesen Zeiten) daher kommt, daß dieses Straßeneiscafé einstens die mutige Caféhaus-Vorhut war für Gebildete, originell Halbgebildete und Eingebildete aller Altersklassen. Das waren die Zeiten, als wir alle (Jungautoren, Neuhamburger, Pressepraktikanten, Neugierige) noch dem Ruf der alternativ-bürgerinitiierten Hamburger Rundschau folgten und uns hierher "einladen" ließen. Das war einmal. Unser Kulturpapst Singldinger entfleuchte in Richtung Süden, die HR ist auch nicht mehr das, was sie einmal war, und im No.1 zog der Gilb ein (was einige halbherzig verteilte Kunstobjekte kaum zu vertuschen vermögen). Der Post-Italo-Kaltbarockstil - hinter viel Glas und einer Pflanzengardine - wirkt heutzutage eher minimalistisch-belanglos, und die radikale Coolversion Herzog! ist da für die wirklichen Anhänger doch viel aktueller. Wie Wermutstropfen hängen die kleinen hellblauen Lämpchen von der Decke (auch die mehr vergilbt als strahlend). Klar, die Aussicht auf die Lange Reihe ist weiterhin bombig, der Inhalt der langen Glastheke ist verläßlich frisch und die Riesenbaguettes und Spezialsuppen tragen zum weiterhin guten Ruf bei. In unserer "Hitparade" nimmt das Café No. 1 aber dennoch keinen Spitzenplatz ein.

BAR·CAFE	Café No. 1, Lange Reihe 9-11, Tel. 24 69 25	
		Mo-Sa 9-20, So 12-20, Küche ebenso
	Hauptbahnhof: alle U- und S-Bahnlinien; N 607	
		Beten, Daumen drücken - vielleicht hilft's beim Runden drehen
	80 Sitzplätze drinnen, 2 Dutzend draußen	
		Lange-Reihe-Bummler, Touristen, Kulturschickeria, Oldies
	nur Flaschen: Ratsherrn, Einbecker, Bud, Perlweizen (3,00-3,90)	
		seltsame Art: Weine ohne Namensbezeichnung ("Rotwein"): 3,50
	billig: Flasche Sekt 18,00	
		Grundausstattung (2,50-4,50)
	die Queen ist, Mirinda ist, einige Nektärchen sind da (2,20-4,00)	
		alles, was es halt so gibt, auch Espresso, Cappuccino (1,00-6,50)
	Frühstück, Eierpfannkuchen, Salate, Suppen, Baguettes, Eis	
		Toiletten frisch aufpoliert
	trotz Rotor, Luft nicht besonders toll	
		Radiogedudel mit nervigen Werbespots
	Negativmischung (Bild und Lesezirkel)	
		fiepender Geldautomat
	fff (fix, flott, freundlich)	
		auch hier weder Spitzenreiter noch Schlußlicht

The Days of Wine and Roses

Den Vater der Hamburger Jazzszene hat man ihn genannt, den Mentor und Leiter des ältesten Jazzclubs der Stadt, W. Dieter Roloff, der 1974 sogar seinen Job an den Nagel hängte, um sich ganz dem Cotton Club zu widmen. Die erste Zeit war nicht gerade einfach für ihn, erzählt er. Doch with a little help from his friends gings dann bald bergauf - schließlich durfte und darf er einige recht promi-

nente Zeitgenossen zu seinen Verbündeten rechnen: Chris Barber, Mr. Akker Bilk, das Pasadena Roof Orchestra, Ken Coyler, die Dutch Swing College Band, Monty Sunshine und viele andere. Und diese Aufzählung ist nicht nur dazu angetan, den Rang des Clubs zu illustrieren - sie skizziert auch sehr treffend die ungebrochene Vorliebe des Betreibers für die traditionelleren Spielformen des Jazz: Dixie, Big-Band-Jazz, Hot Jazz, Ragtime, Jive, Swing, Low-Down-Canal-Street-Merry-Tale-Music, Hot Swing, Happy Oldtime a.s.o.

Hierhin strömen die Leute wie in einen Gottesdienst, wenn sie sich 'echte' Louisiana-Cotton-Jazzmusic oder 20er- und 30er-Jahre-Sounds reintun wollen. Der Cotton Club staubt nicht nur Großneumarktpublikum ab, sondern ist auch über Reisebüros geschickt an den Touristenstrom angekoppelt (da kommen dann die Neugierigen aus der Provinz, um mal die Atmosphäre eines Metropolen-Jazzclubs zu schnuppern und/oder um Prominenz auf der kleinen Bühne des verwinkelt-verrauchten Kellers zu erleben). Und natürlich versammelt er viele jazzfanatische Stammgäste.

Cotton Club, Alter Steinweg 10, Tel. 34 38 78	
	Mo-Sa ab 20, So Frühschoppen ab 11
Stadthausbrücke: S 1, 3; N 607	
	nicht so gut wie damals in den 20ern
180 Sitz- und 40 Stehplätze plus 40 im Freien	
	jüngere und ältere Freunde des älteren Jazz
Jever, Budweiser, Guinness v.F., Weizen (4,00-5,50)	
	Badische Weine ab 5,00
Henkell (Gl. 5,00, Fl. 30,00)	
	One for the Body, One for the Soul (3,50-5,00)
hier wird ein Standard gespielt (3,50-3,90)	
	viel heiße Musik, wenig heiße Getränke (2,50)
Kleinigkeiten	
	For Heaven's Sake, Vol. 1
For Heaven's Sake, Vol. 2	
	Jazz - live, gentle or hot, but never new
wär doch blöd, erst Eintritt zahlen und dann Zeitung lesen	
	dito, ersetze 'Zeitung lesen' durch 'spielen'
One Finger Snap reicht nicht aus	
	bleibt noch Geld für Icecream; Eintritt ca. 5,00-10,00

Destilliertes Kunstgewerbe

Daß die Hansastadt nicht eben arm an Museen ist, weiß fast jeder, nebbich! Daß sich mittlerweile parallel dazu eine eigenständige gastronomische Ruheoasenszene entwickelt hat, bekommt man nur durch Zufall mit, vielleicht beim Durchschlendern dieser oder jener Ausstellung. Nun gibt es möglicherweise originellere Etikettierungen als "Destille", wie sich die hier im Museum für Kunst und Gewerbe (gleich am HBF) beheimatete Lokalität nennt. Aber kaum ein anderes Museumcafé hat eine so lange Eigenhistorie wie eben die Destille, die sich "Privat-Restaurant ohne Tischbedienung" oder auch "museale Raststätte" nennt. Angesiedelt im 1. Obergeschoß, zwischen englischem Arts & Crafts des Jugendstils, ägyptischen Alabastergefäßen der Antike und den jeweiligen Sonderausstellungen, besticht diese "kulinarische Oase" nicht nur einfach durch die ruhigen Vibrations, die von ihr ausgehen und die dem von vehementem Kunstgenuß gestreßten Besucher Entspannung bieten, sondern auch durch Aura, Ausstattung (von Schmetterlingssammlungen bis zu Kunstobjekten an den Wänden), Stil und - nicht zuletzt - ein erstklassiges Angebot. Die Destille hat sich in mehr als 16 Jahren einen vorzüglichen Ruf erworben - und untermauert den durch ein erstaunliches Preis-Leistungsverhältnis. Ganz klar also, daß hier beileibe nicht nur Museumsbesucher zu den Gästen zählen. "Berechnet", so steht's auf der einzigen Karte der Destille an der Wand, "wird am Ende nach der Größe Ihres Appetits." Na denn, Mahlzeit!

Destille, Steintorplatz 1, Tel. 280 33 54	
Di-So 10-17, sonntags nur bei Ausstellungen	
Hbf: alle U-, S-Bahnlinien; Bus 31, 36, 37, 102, 109; div. N	
sehr schwierig	
140 Genießausruhplätze	
Museumsbesucher, VIPs, Studenten	
KöPi v.F. (3,50)	
Farben-Troika aus Elsaß, Baden, Saar etc.: 4,50-5,00	
MM Fl. 22,00, Piccolo 6,00	
breite Auswahl (3,00-6,00)	
Säfte und Kohlensäurewasser der Moderne (2,00-3,00)	
Pluspunkt: Cappuccino mit Milch (2,00-6,50)	
Selbstbedienung am Buffet	
picobello (Toiletten 1 Stock tiefer im Museum)	
läßt aufatmen	
Klassik, dezent und passend	
Abendblatt, MoPo, FR, FAZ, Zeit, Spiegel, Stern	
Lassen Sie bloß die Schmetterlinge an der Wand!	
Selbstbedienung, Personal nett und freundlich	
stimmt	

Wir Kellerkinder

Wer das "Dorf", wie die Weinstube unter Kennern heißt, auf der Langen Reihe sucht, wird zuerst einmal stutzen; selbst wenn er die Nummer weiß, wird er vor dem Gebäude stehen bleiben, die Apotheke sehen, an der Hausfassade emporblicken und verwundert den Kopf schütteln. Nichts deutet auf die Existenz eines gastronomischen Betriebes hin. Nur ein geübter Rechercheur wird die kurze Treppe hinter dem eisernen Schutzgitter hinab zum Souterrain (wie die Hanseaten vornehm sagen) steigen und auf einer massiven Holztür das handtellergroße, patinabezogene Messingschild mit der kaum leserlichen Aufschrift sehen: "Weinstube im Dorf. Inhaber: Herbert Menzer". Herbie, wie der Wirt von seinen Gästen genannt wird, möchte nicht für jedermann leicht auffindbar sein. Er zieht die Mundpropaganda vor - und die klappt vorzüglich. Kaum ist die schwere Eingangstür um 20 Uhr entriegelt, kommen schon die ersten Gäste, in Gruppen oder Paaren. Die seltener vertretenen Singles mischen sich, bei gelöster Stimmung, gedämpften Licht und dezenter Hintergrundmusik, bald unter die Anwesenden und gehören einfach dazu. Nach Theaterschluß im Schauspielhaus oder Thalia wird's voll. Dann finden sich Teti und Pleti, Schauspieler wie Publikum zum Nachttrunk oder -essen ein, um Eindrücke auszutauschen. Die anheimelnd-unübersichtlichen Räume, die schon 1850 mal ein Weinprobierkeller waren, wirken alt, und Leute, die es nicht besser wissen, behaupten, das Lokal habe vor 100 Jahren schon genauso ausgesehen.

Weinstube Dorf, Lange Reihe 39, Tel. 24 56 14	
	tägl. 20-2, Küche 20-0.30
Hbf: alle U-, S-Bahnlinien. Gurlittstr.: Bus 108; N 607	
	Parkhaus Schauspielhaus
100 Sitz-, 20 Stehplätze	
	Künstler, Schauspieler, Normalos, Geschäftsleute
Ratsherrn-Pils, Kurfürst-Kölsch vom Faß (0,3: 4,00)	
	Qualität aus Fr/It (Cru, Riserva, Superiore): 5,00-7,00, Fl. 20-39
dito - La Masottina, Passoni, Roederer, De Castallane (Fl. 35-80)	
	Longdrinks, Sambuca mit Kaffeebohnen, Grappa (4,00-6,00)
Säfte, Selters (3,00)	
	Kaffee (3,00)
exquisite ital. Küche (hausgemachte Nudeln, Fisch, Fleisch)	
	Lokal auf alt getrimmt, neue Toiletten, beides sauber
so lala - wenn's voll ist, wird's schon eher Stadtluft	
	Hintergrundmusik: Jazz, Chansons, Klassik, mod. Folklore
keine	
	auch keine
Gut. Wenn der Laden voll ist, kann's etwas dauern	
	da bekommt man was für's Geld

Aus Geel mach Weiß

Da staunt der Hamburger, und der Holländer darf sich gar wundern: Das Geelhaus leuchtet nämlich - seit es vor knapp drei Jahren in neue Hände geriet, die ihm dann auch gleich ein frisches Outfit verpaßten - in strahlendem Weiß. Auch die Einrichtung wurde modernisiert, imposante Ausstellungsobjekte zieren die Wände, und das alles ohne eine Spur fröstelnder 80er-Jahre-Coolness.

In der Küche werkelt ein Speisenpoet, der - wie alle genialen Künstler - sowohl kreative als auch schlechte Tage hat. An denen kocht er dann aber gar nicht, versichern die Chef-Brüder (denen übrigens gedankt sei, daß sie ihr Lokal ganz bescheiden als 'Schankwirtschaft' titulieren - so ein schlichter Titel tut gut inmitten all der Café-Bar-Restaurant-Marktschreierei). Salate und Kleinigkeiten gibt es immer, ansonsten wechselt die Speisenauswahl täglich, es gibt einfache Gerichte wie z.B. gefüllte Paprikaschoten mit Reis, es gibt Anspruchsvolleres wie z.B. Schwertfisch oder Kaninchenbraten.

Neben den allgegenwärtigen Hamburger Blättern liegen hier auch einige andere Sachen aus, die man nicht überall findet. Und an der Theke gibt's ganz witzige Postkarten (vielleicht auch bald die 'Sekt und Selters'-Postkarte - fragen Sie doch mal) zu kaufen (die Briefmarken gleich mit dazu). Außergewöhnlich auch der Service für Frauen, die's mal unverhofft überfällt: Auf der Damentoilette weist ein Schild darauf hin, daß "mann" an der Theke auch Tampons führe. Die denken mit, die Jungs.

Geelhaus, Koppel 76, Tel. 280 36 60		
	Mo-Fr 12-15 u. 19-2, Sa/So 11-2, Küche 12-15, 19-24	
Hbf: alle U-, S-Bahnen; Gurlittstr.: Bus 108; N 607		
	sehr, sehr schwierig	
50 Sitzplätze und rumstehn kann man auch		
	gemischtes Stadtteilvolk zwischen Volljährigkeit und Midlife-Crisis	
Bud, Jever, Warsteiner, Frankenheim u. div. Flaschen (2,00-5,80)		
	qualitätsvolle, modische Auswahl, richtig temperiert (4,00-5,50)	
hier prickelt nur die Hausmarke (Gl. 4,00, Fl. 25,00)		
	inspiriert (2,00-5,00)	
Woll'n Sie die Brause weiß oder geel? (2,00-4,40)		
	überzeugende Koffeinspritzen (2,00-4,40)	
So ab 11 Uhr Frühstücksbuffet, Speisen von Künstlerhand		
	geht in Ordnung	
sowieso		
	genau	
Abendblatt, MoPo, taz, FR, DVZ, Spiegel, Natur, Szene u.a.		
	Schach, Backgammon, Karten	
erstklassig		
	reelle Schankwirtschafts-Preise	

Gnosa Flieder

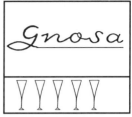

Glaubt man der "In"-Buschtrommel aus dem Dschungel der aktuellen Metropolen-PR, dann gibt es neben den Schönen Aussichten und dem Stradiwadi kein beliebteres Heimsuchungsobjekt für Café-Flaneure und Frühstückers als das Gnosa.

Vor etwa zwei Jahren übernahm ein engagiertes Schwulen-Triumvirat den traditionsreichen Laden, um die Gay-Szene mit einem phantastischen Angebot in angenehmer Atmosphäre zu verwöhnen. Doch die Rechnung ging nicht ganz auf, das Gnosa wurde, wie gesagt, zum absoluten 'In'-Renner, und die eigentliche Zielgruppe ob der herbeistürmenden Heteros und Frauen eher abgeschreckt. Um den eigenen Anspruch nicht aufgeben zu müssen, ging mann daraufhin dazu über, den in rote Seide gehüllten Mitteltrakt zu 'sperren': Die roten Kinostühle, gruppiert um viereckige Marmortischchen, sind seitdem ständig reserviert - fürs gewünschte Stammpublikum. Die anderen Gnosaisten - Modetrendler, Künstler, Zeitungsleute - stört's nicht. Die bevorzugen sowieso die hautnah an der Langen Reihe plazierten Sitzgelegenheiten.

Tagsüber plätschern vor allem Mitsummsongs aus den 20er und 30er Jahren durch den Raum, abends geht's dann etwas härter zur Sache. Was viele vielleicht nicht wissen: Im hinteren Saal finden immer wieder anspruchsvolle Lesungen, Kabarett-, Theater- und vor allem Videoabende (letztere jeden Mittwoch) statt.

Café Gnosa, Lange Reihe 93, Tel. 24 30 34	
tägl. 11-2, w. Küche 11-15 u. 18-24	
Lohmühlenstr.: U 1. AKH St. Georg: Bus 108; N 607	
eines der letzten wahren Abenteuer	
hinten 50, vorne 30, draußen 10 Sitzplätze	
Schwule, Caféstreuner, Kulturschickis, Geldschickis, Gnosaisten	
Kulmbacher, Beck's, Flens, Tuborg, Erdinger u.a. (3,00-4,50)	
kein Schwerpunkt, immerhin ein umbrischer Trebbiano (4,50-6,00)	
Glas Sekt 4,40, Hausmarke, Deutz & G., Veuve Cliquot (Fl. 28-90)	
19 Liköre und auch sonst gut sortiert (4,00-9,00)	
toll: Fliederbeersaft (klar!), 3 Wasser, Voelkel-Säfte (2,00-6,00)	
konkurrenzlos (2,00-6,50)	
1A-Frühstück (11-16 Uhr), Eis, selbstgeb. Kuchen, Tageskarte	
mann achtet sehr auf Kaffeehausniveau	
zwischen gut und naja	
tags Ur-Oldies, abends wird's moderner	
Abendblatt, HR, taz, Zeit, FR, SZ, Tempo u.v.a.	
braucht's ja nicht auch noch	
total auf Zack	
gnosarote Zeiten; Veranstaltungen ca. 3-12 DM Eintritt	

Teutsche Braukunst

Fragen Sie in der City einen Einheimischen nach dem Historischen Gasthof Anno 1750 oder nach Dehn's Privat-Brauerei Hamburg und Sie ernten höchstwahrscheinlich ein unwissendes Schulterzucken. Schieben Sie aber nach: Ost-West-Straße ... Brauerei-Gewölbekeller ... mit Aalkate, so werden sich die Gesichtszüge des Befragten bestimmt schlagartig aufhellen. "Ach so, Sie meinen den Gröninger beim alten Hopfenmarkt, wo man noch beim Brauen zusehen kann. Alles klar." Die Brauereifamilie Dehn hat vor Jahren den "Historischen Gasthof" übernommen, diesen in Anno 1750 umgetauft, die Aalkate unter dem Dach dazugeholt und den alten, riesigen Gewölbekeller wieder geöffnet (- die alten Wandmalereien auf dem Weg hinab sind erhalten geblieben und restauriert). Der Keller ist endlos lang, vorne sehr schmal und mehrfach aufgeteilt. Im hinteren Teil stehen zwei große Kupferkessel und Gärbottiche. Im vorderen laden halboffene, übermannshohe Fässer zum Sitzen ein. Bei Kerzenlicht kann man hier schlemmen und trinken und zuschauen, wie das Spanferkel auf der Fleischtheke Stück für Stück abgenagt wird. Bei den Restaurationsarbeiten im Keller stieß man auf die Rezepturen, nach denen das Original-Gröninger gebraut worden war - und man übernahm die Anleitung. Heraus kam und kommt jenes unfiltrierte, bernsteinfarbene, naturbelassene Gebräu (selbstverständlich nicht sterilisiert oder stabilisiert), bei dem sich viele Bierkenner die Lippen lecken.

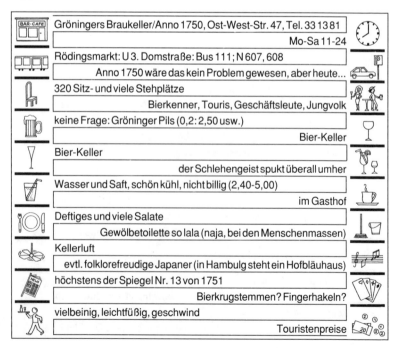

Gröningers Braukeller/Anno 1750, Ost-West-Str. 47, Tel. 33 13 81
Mo-Sa 11-24

Rödingsmarkt: U 3. Domstraße: Bus 111; N 607, 608
Anno 1750 wäre das kein Problem gewesen, aber heute...

320 Sitz- und viele Stehplätze
Bierkenner, Touris, Geschäftsleute, Jungvolk

keine Frage: Gröninger Pils (0,2: 2,50 usw.)
Bier-Keller

Bier-Keller
der Schlehengeist spukt überall umher

Wasser und Saft, schön kühl, nicht billig (2,40-5,00)
im Gasthof

Deftiges und viele Salate
Gewölbetoilette so lala (naja, bei den Menschenmassen)

Kellerluft
evtl. folklorefreudige Japaner (in Hambulg steht ein Hofbläuhaus)

höchstens der Spiegel Nr. 13 von 1751
Bierkrugstemmen? Fingerhakeln?

vielbeinig, leichtfüßig, geschwind
Touristenpreise

Der junge Mann und die Bar

Das Hemingway und das Meyer-Lansky's gehören demselben Besitzer. Beide führen die gleiche Karte (mit weit mehr als 100 Cocktails), und selbst die Anordnung der Flaschen hinter der Theke verrät die straffe Organisation. Das Hemingway ist kleiner, nicht so durchgestylt. Es kommt eine andere Stimmung auf als im Meyer-Lansky's, irgendwie kerniger und gemütlicher geht es zu. Ansonsten ist die

Qualität des Gebotenen ebenso gut wie in der anderen Filiale, also sehr, und die Barkeeper legen eine bewundernswerte Professionalität an den Tag.

Kein Wunder, ist doch der Chef, Hubert Sterzinger, auch gleichzeitig Gründer der ersten Hamburger Cocktailschule (Subdivision of the Intelligent Drinking Company). Für eine einmalige Gebühr von DM 250 kann der/die Interessierte die Grundbegriffe des Mixens und Rührens in vier Doppelstunden erlernen. Für den Hausgebrauch, versteht sich.

Eine geschwungene, hölzerne Theke, im hinteren Bereich ein paar Tische, unzählige Bilder von "Papa" himself, das war's, und das genügt auch. Der Gast wird nicht durch unnötige Accessoires abgelenkt und kann sich ganz den Kreationen hingeben. Mutige bestellen dann einen St. Pauli Killer (6 Rumsorten, Apricot Brandy, Zitrone, Limone, Orangensaft, Grapefruit, Maracuja, Grenadine) und killen damit schnell die eigene Nüchternheit. Hoffentlich ist man mit der U-Bahn gekommen, denn nach zwei solchen Bomben erinnert man sich nicht mal mehr daran, wo man seinen Wagen geparkt hat.

Hemingway, Classic Bar, Markusstr. 4, Tel. 35 24 48	
	tägl. 21-3
Michaeliskirche: Bus 37. Stadthausbrücke: S 1, 3. N 607, 608	
	in einem andern Land vielleicht
40 Sitz- und 20 Stehplätze	
	Männer ohne Frauen, Männer mit Frauen, vice versa, meist jung
hier schlägt nicht die Stunde des Biertrinkers	
	auf alle Fälle kein Wein aus Wyoming
Ein Fest fürs Leben: Hausmarke	
	Fiesta: Cocktails, Cocktails, Cocktails (13,50-30,50)
Cocktails ohne Alkohol (12,00-13,00)	
	Gott hab euch selig, ihr Kaffeetrinker
Snacks	
	A clean, well-lighted place
Across the river and into the trees?	
	swing and pop
weder 49 Depeschen noch andere Lektüre	
	no gambler, no nun and no radio
the light of the world	
	to have and have not

Reif für die Insel, Vol. 1

Was man für das Insel-Café an der Alster braucht, ist 'Summer in the City'. Ideal: ein warmer Sommerabend, viel Zeit (wegen der Entspannung - und wegen der Bedienung), und Sonne, die dann langsam hinter dem gegenüberliegenden Ufer abtaucht. Hier herrschen die Segler: Ein Teil des Insel-Cafés wird nämlich von der benachbarten Segelschule okkupiert. In Unterrichtspausen haben die Eleven 'Wege-' (heißt: Vor-)recht. Für einen Normalbesucher kann das bedeuten, daß er mitunter sehr lange warten muß, bis er seine Bestellung aufgeben kann, und noch länger, bis er das Gewünschte dann bekommt. Entschädigt wird man durch den schönen Panoramablick auf die Alster (wenn man draußen sitzt) oder durch die seemännische Dekoration der Kneipe (wenn man drinnen sitzt): Ruderteile, Knoten (Meisterstücke der Segelschule?), tote Hummer (wohl kaum aus der Alster).

Auch wenn man es nicht unbedingt wahrnimmt: Das Insel-Café liegt wirklich auf einer solchen, nämlich der Gurlitt-Insel. Von der verkehrsreichen Straße erreicht man über eine kleine Brücke den Bootssteg, auf dem das Café steht. Und schon bei normaler Hamburger Brise plätschert das Wasser laut genug, um die im Stau vor sich hin knatternden Motoren zu übertönen.

Es läßt sich hier auch zu Mittag essen - Spezialität der Küche sind in der Pfanne servierte Bratkartoffelgerichte. Und was trinkt man im Insel-Café? Na klar, Alsterwasser. So oder so.

BAR-CAFÉ	Insel-Café, An der Alster 47a, Tel. 24 60 58	
	tägl. 11-24, warme Küche 12-14 u. ab 18 Uhr	
	Gurlittstraße: Bus 108; N 607	
	da kann man allerdings reif werden	
	50 Sitzplätze innen und 80 Panoramasitze außen	
	Segler und Wasserratten	
	Jever v.F., Hannen, Tucher, Gerstel, Alsterwasser (sic!): 3,00-4,00	
	haut einen nicht gerade vom Stuhl (4,50-5,20)	
	Segler brauchen Mumm (Picc. ab 8,75, Fl. 22,50-32,00)	
	für jede Brise gewappnet (2,00-4,20)	
	korrektes Angebot (2,20-4,40)	
	nichts Außergewöhnliches zu berichten (2,20-6,00)	
	Frühstück, Kleinigkeiten, Nudeln, Bürgerliches	
	ach, wenn die Alster so sauber wär...	
	draußen besser als drinnen	
	weia: Radio	
	nur für Segler interessant	
	Schiffchen versenken? Aber nicht doch.	
	schleppend	
	für die Lage überraschend günstig	

Und Rudi ging zum Rosenmontags-Jimmy

Wochenende. Eine laue Sommernacht. Ein Mann schlendert über den inzwischen mächtig herausgeputzten Großneumarkt. Er wandert einmal darüber, dann noch einmal. Er ist traurig. Er hat mal wieder bei Schwender's und Konsorten keinen Platz gefunden. Er heißt Rudi. Er ist ratlos. Er sagt sich, aller guten Dinge sind drei. Und da, plötzlich, stolpert er über ein Bier-und Weinhaus namens
Jimmy's. Er geht hinein. Es ist nicht ganz so rappelvoll wie andernorts. Unterteilt in atmosphäreschaffende Einzelbereiche, ist es ansprechend-stilvoll eingerichtet, viel Holz, ultratoller Thekenschrank, überwiegend Steh-Tische mit Barhockern, großzügig verteilt. Viele Spiegel. An zwei exotischen Baumriesen, deren Äste sich überallhin strecken, "wachsen" gleichzeitig Buchen-, Ahorn- und Eichenblätter. Ein Blick in die Getränkekarte bremst seine aufkommende Hochstimmung wieder etwas: Ein "Weinhaus" ohne Bordeaux, Barolo, Rioja, Franken? Und für ein echtes "Bierhaus" fehlen wohl auch noch ein paar Exoten. In seinem Frust wählt er eine Maß Märzen. Auf dem notwendig gewordenen Gang zum WC grinst ihm Denn-er-weiß-nicht-was-er-tut-James-Dean mehrmals an. Wieder an der Theke, liest er "Concordia Domi Foris Pax" und kommt sich vor wie am Holstentor in Lübeck. Als der DJ dann Taschenlampen und Wunderkerzen austeilt, hört er auf, sich zu wundern. Beim Hinausgehen erfährt er das Motto des Lokals: "Ob Samstag oder Sonntag, bei uns ist immer Rosenmontag". Genau. Rudi nickt zustimmend.

Jimmy's Bier- und Weinhaus, Grossneumarkt 24, Tel. 34 51 43	
Mo-Do 11-2, Fr 11-4, Sa 18-4, So 18-1 (Küche ständig)	
Stadthausbrücke: S 1, 3. Michaeliskirche: Bus 37; N 607, 608	
Fehlanzeige	
70 Sitz-/25 Stehplätze, draußen 80 Sitzgelegenheiten	
Szene und Schickeria	
Moravia, Schlösser, Guinness, Märzen, Weizen v.F. (2,30-9,00)	
wie gesagt: für ein Weinhaus zu wenig, trotz Chablis (5,00-6,50)	
Gl. 5,50, HM, Mumm, Fürst M., Champus-HM, Veuve (Fl. 35-96)	
ein paar Mix-Drinks, Longdrinks, Kurzdrinks (2,50-10,00)	
Spezi und Apfelschorle preisgleich mit Bier (2,30-3,50)	
Riesenkaffeeautomat mit starken Extrakten (2,00-4,50)	
warme Kleinigkeiten, hervorragende Salate	
mit einigen Abstrichen o.k.	
nicht gerade wie auf einer Palmen-Insel	
Mainstram, Immerläufer. Weekend: DJ mit NDW, Oldies, Schlager	
ein paar Magazine und Lesezirkel, etwas dünn	
3 Billards, 2 Automaten mit langen Fingern, Backgammon, Knobel	
lobenswert	
fair	

Ene, mene, Miste

Stunden der Freude, Stunden des Glücks: Happy Hours, fünfmal die Woche, sechs Stunden am Tag (Mo-Fr 11-17 Uhr) - was bedeutet: vieles zu Sonderpreisen. Aber damit allein läßt sich der Erfolg der Klimperkiste sicher nicht erklären.

Aufstiegsorientiertes Jungvolk scheint sich hier besonders wohl zu fühlen, trotzdem ist das Publikum recht bunt gemischt. Die Wallanlagen, CCH und die Musikhalle spucken reichlich durstige Leute aus, und auch von der Alster rauf verirren sich immer mal wieder Guckies mit heißen Sohlen.

Der Kasten hat schon zwölf erfahrungsträchtige Jahre auf dem Buckel. Beim Eintreten stellt sich dann auch prompt das 'Ich-bin-in-einer-Zeitmaschine'-Gefühl ein. Eine Kneipe, die ich vor zehn Jahren vielleicht ganz gut gefunden hätte: dunkles Holz, Sitzpolster, Schummerlicht aus Oma-Lampen. Die Grotte mit dem speziellen 'Those were the days, my friend'-Flair erstreckt sich weit nach hinten, und alle paar Meter wächst eine plüschige 'Kellerlaube' ins Blickfeld. Da läßt es sich nett und 'klamm' heimlich kuscheln, mit den Wimpern klimpern und an Beziehungs-Kisten basteln. Doch nur, wer früh des Abends kommt, darf Hoffnung auf einen dieser lauschigen Plätze hegen.

Übrigens: Jedem Möchtegern-Sam steht das Klavier zur Verfügung. Also - Play it again.

BAR·CAFE Klimperkiste, Esplanade 18, Tel. 34 63 50	
Mo-Do 11-4, Fr 11-6, Sa 15-6, So 15-4, Küche dito	
Stephansplatz: U 1; Bus 36, 102, 109, 112; N 603-605	
mit etwas Glück bringen Sie Ihre Kiste unter	
100 Sitz-, außerdem Theken- und Stehplätze	
Tomorrow's Yuppies, Musik(hallen)freaks, Verliebte & Suchende	
vom Faß in den Stiefel: Hannen, Jever, Tuborg (3,30-24,00)	
linksrheinlastig, leicht überschaubar (0,15l: 4,00-4,50)	
Glas 5,50, große Champus-Sekt-Flaschen-Koalition (Fl. 45-150)	
bunte Cocktailtonleiter, mehrere Oktaven Geister (2,50-13,50)	
0,15l-Säfte für den hohlen Zahn (3,00-4,50)	
auch heiße Milch mit Honig und heiße Alks (2,70-10,00)	
Snacks - und die Klimperplatte	
Lokal alt, aber sauber, Klos alt, nicht ganz so sauber	
schwierig in dieser Grotte	
erfreulich vielseitig, mit Do-it-yourself-Option	
nur das "Notenheft"	
3 Geldautomaten, 1 Flipper, 1 Videospiel, 1 Klavier	
eene, mene, Muh, bedient wird man im Nu - zumindest meistens	
da klimpert's hinterher schon merklich weniger in den Taschen	

Helau! Alaaf!

Es gibt bestimmt viele Leute, die würden das Kölsch- und Altbierhaus als gemütlich bezeichnen. Es gibt auch Leute, die eine Einrichtung, wie sie dieses Lokal vorweist, bevorzugen. Dies muß man zweifelsohne bei einer Besprechung berücksichtigen.

Durch eine Glastür betritt man sozusagen das Reich des Holzes. Die Decke, der Boden, die Tische, die Theke, kurzum: alles Erdenkliche ist aus dunkel gebeiztem Holz. Und genau in dieser ungemein deutschen Atmosphäre wird dem Bier in seiner rein-rheinländischen Form gehuldigt: Im klassischen Gaffel kommt das kohlensäurearme Getränk angerollt. So ein Glas ist natürlich sehr schnell leer, deswegen kann der durstige Gast auch einen Meter Gaffel Kölsch bestellen. Und Kölsch fließt ohne Verzug. Die Lage und der Name des Lokals ziehen viele Vorstädter an, die in der Stadt mal auf die Pauke hauen wollen. So überwiegen die 20-30jährigen, die meistens in Grüppchen die Theke und die Tische bevölkern. Aber auch Besucher der nahe gelegenen Oper schauen nach der Vorstellung mal vorbei.

Bei unseren Besuchen war das Lokal voll, und die Stimmung schwappte feucht durch die dunklen Räumlichkeiten. Dabei rieselten Pop und Disco ziemlich penetrant aus den Lautsprechern.

Wer sich zu gnadenlos Deutschem hingezogen fühlt, wer rheinische Fröhlichkeit als kulturelle Eigenart schätzt, und wer Bier richtig abundant konsumieren will, der ist hier richtig aufgehoben. Unser Fall ist es nicht. Alaaf!

BAR·CAFE	Kölsch- u. Altbierhaus, Valentinskamp, Berolina-Hs., Tel. 35 23 87	
	Mo-Do 11-2, Fr/Sa 11-3, So 18-1, w.K. bis kurz vor Schluß	
	Gänsemarkt: U 2; Bus: 102, 109; N 603-605	
	nur in den umliegenden Parkhäusern	
	150 Sitz-, ca. 50 Stehplätze	
	Vorstadtpublikum, Opernbesucher u.a.	
	Kölsch und Altbier (2,30 bis 111,11 für das 10-Liter Faß)	
	hier weniger deutsch ausgerichtet (6,00)	
	M. Chandon, Metternich, Asti, Veuve Cliqout (Fl. 35-110)	
	Kurze, natürlich, die gern ein "Verhältnis" eingehen (3,00-6,50)	
	wie fast überall (3,00-4,00)	
	"frisch gebrühten Kaffee" (was denn sonst, bitte?): 2,50-5,00	
	Suppen, rund um die "goldene Bratkartoffel" etc.	
	deutsche Reinlichkeit	
	ist zu ertragen	
	Disco, Pop	
	im Bier liegt die Wahrheit	
	... und noch eins	
	flink, gibt sich Mühe	
	angemessen	

Geschmack einer neuen Generation

Inmitten der champagnerträchtigen Hamburger Passagen, am Ende der wohl yuppigsten von allen ('Galleria'), am Ufer eines von Büros und teuren Geschäften gesäumten Kanals, liegt das Modelokal Loft. Mode in doppeltem Sinne: Zum einen schickt und mickt das Publikum selbst, zum anderen gibt es da - neben dem langgestreckten, durch Spiegel künstlich gedehnten Kneipenraum - auch noch die Klamottenabteilung von 'Loft - Mode, Café, Galerie'. Die Einrichtung ist von jenem Typ Baustelle, wie er in der vorgeblich so mobilen In-Szene heute geschätzt wird. Gas-, Wasser- und sonstige Leitungen hängen offen von der Decke, die Farbe Grau dominiert, und runde Metalltische sorgen für eisige Gemütlichkeit. Etwas klein geratene Holzstühle im IKEA-Design fallen eigenartig aus dem Rahmen. Das einzige Grün im Saal, ein angefetzter Ficus Benjaminus, wird erbarmungslos von einem riesigen Ventilator angeblasen. Der Blick aus den halbrunden Fenstern auf den Kanal ist gefällig, die lange Theke ist parallel zur Wasserfront angelegt.

Wer in der Zeitung am liebsten die Kaufhausbeilagen liest, sich nicht daran stört, daß die Speisekarte für imageverdächtige Zigaretten einer neuen Generation wirbt, wer 'schöne Menschen' mag oder sich selbst für einen solchen hält, der wird vom Loft nicht enttäuscht werden. Im Sommer lockt draußen die Terrasse - zum Sehen und Übersehen werden (manchmal auch von der Bedienung). Dort ist das Angebot reduziert, dafür aber teilweise etwas teurer.

Loft, Große Bleichen 21, Tel. 35 43 37	
	Mo-Sa 10-20, warme Küche 11-19
Jungfernstieg: U/S-Bahnen. Große Bleichen: Bus 35, 111; N 602	
	Ph Alsterhaus
100 Sitz- und 150 Stehplätze, ca. 60 draußen am Kanal	
	Schickmick-Modefreaks, Yuppies
Stauder v.F., Flens, Schneider (4,00-5,00)	
	recht wenig für so einen noblen Laden (5,00-6,00)
HM, Heimerdinger, Brassart, L. Perrier (Gl. 5,50-10,00, Fl. 29-85)	
	große, durchdachte Spirits-Palette, einige Longdrinks (4,50-9,00)
ein wahres Vitaminparadies - viele Fruchtcocktails! (3,00-9,00)	
	südländische Freuden und mehr (2,80-6,50)
Frühstück (bis 16 Uhr), Eis, Salate, Snacks, Kuchen, Tageskarte	
	der Yuppie mag Sauberkeit ...
... und frische Loft	
	rockt und funkt ziemlich laut
Abendblatt, FR, FAZ, SZ und im Winter noch mehr	
	sehen und (nicht?) gesehen werden nimmt genug Zeit in Anspruch
fix, aber nicht immer souverän	
	angesichts der Lage und des Angebots o.k.

Living Madness

Wenn von den heißesten "Abrockläden" Hamburgs die Rede ist, fällt beständig ein Name: Madhouse! Seinen zwanzigsten Geburtstag kann es heuer bereits feiern, aber noch immer ist es mit das lebendigste "Tollhaus" der City.

Man durchschreitet einen langen Schlauch, der in etwa den Charme eines U-Bahn-Tunnels verströmt, und bevor es einem richtig auffällt, steht man schon mitten in dem reichlich merkwürdig aufgeteilten Raum und findet sich kurz darauf an der etwas zick-zackig angelegten Theke wieder. Erhöht, hinter einem, die Kabine des DJ, und vor einem, ebenso einige Stufen höher, wartet eine prall gefüllte Cocktailbar. Der längliche Raum wirkt ein bißchen wie eine metallausgelegte, aber interessante Groß-Garage, die Decke hängt ziemlich tief über den Köpfen, ein halbierter Schrott-VW und andere surrealistische "Kunst"-Objekte erinnern an die madness des Lebens draußen. Auch Magrittes halbierte Körper fehlen nicht (wenngleich an verrückten Körperstellen hübsch verschleiert). Wo man hinschaut - viel Blech, Blei und Chrom.

Legendär ist der Ruf der Discothek allemal: Mick Jagger, Boy George und viele andere Rock-Paradiesvögel haben hier schon die Piste getestet. Und weniger bekannte (und manchmal nicht ganz so verrückte) Vögel tanken hier täglich (und besonders bei den House-Partys) das Schräge, Schrille, total Abgefahrene, eben diese erfrischende Madness.

Madhouse, Valentinskamp 46 a, Tel. 34 41 93	
	tägl. 22-4, Wochenende bis 6
Gänsemarkt: U 2. Karl-Muck-Platz: Bus 35, 111, 112; N 603-605	
	mad: not bad
150 Sitz- und ca. 200 Steh- und Tanzplätze	
Dancers, Musikfreaks von 18-60, Fr/Sa regieren die Youngsters	
Budweiser, Flens, Einbecker, Jever light, Sol (Fl. 6,00-7,00)	
keine rühmliche Ausnahme: "discomäßig" nur 3 Sorten (6,00)	
Glas Sekt ab 6,00, M. Chandon, Asti, Moët, Veuve (Fl. 50-120)	
rund 40 klassische Cocktails (6,00-24,00)	
7 alkfreie Cocktails, Appollinaris (6,00-15,00)	
nobody is perfect	
No, Sir!	
ganz "normal" sauber	
je später die Nacht, desto heißer geht's her	
von Acid bis Funk und Wave, aber immer in Richtung Rock	
alle Texte kommen von der Platte	
nur das älteste "Gesellschaftsspiel" der Welt	
gut drauf	
eben Disco-Preise; Eintritt Do 6,00, Fr/Sa 12,00 (incl. Getränk/e)	

Markt der musikalischen Möglichkeiten

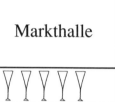

Markthalle

Seit mehr als 600 Jahren gibt es die Markthalle an dieser Stelle in der City, kaum 300 Schritte vom Hamburger Hauptbahnhof entfernt. Aber ebensowenig wie "beim Dom" noch ein solcher steht, findet in unserer heutigen Markthalle noch Markt statt. Den hat man längst ein paar Meter weiter die Straße hinunter verschoben. Die alten Räumlichkeiten (die tatsächlich ungeheuer geräumig sind) wurden vor gut einem Jahrzehnt von einer Betriebsgesellschaft gepachtet, und aus dem zuvor hier untergebrachten Kino wurde über Nacht ein "alternatives" Szene-Mammut-Musik- und Veranstaltungszentrum, in vielen Punkten (nur noch) mit der Fabrik in Altona vergleichbar. Sobald sich das große Eisenportal abends öffnet, ist der Weg frei für die Freunde der (Live-)Musik: Über eine steile, sehr breite Stahltreppe gelangt man zunächst in das großräumige Foyer (direkt um die Ecke liegt die kleine Café-Bar, vor der sich wiederum der erhöhte "Biergarten" ausbreitet); dann geradeaus, gut 100 Meter weiter, befindet sich die Abendkasse für die große Halle. Und links davor geht's in den "kleinen" Saal, der gut 300 Leute faßt. Musikalisch verkehrt hier weiterhin alles, was Rang, Namen und Qualität besitzt - alles, was "angesagt" ist -, von innovativer Avantgarde über aktuellen Rock bis hin zu britischem Punk der frischen Sorte (und das vor meist brechend vollem Haus). Die Markthallen-Betreiber haben ein schnelles, aber auch kritisches Auge bewahrt.

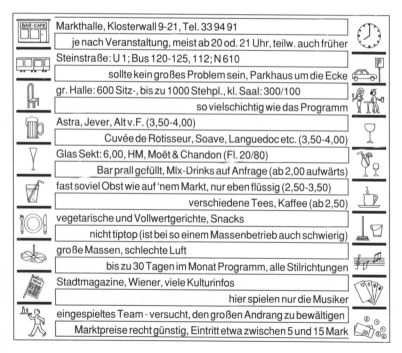

Markthalle, Klosterwall 9-21, Tel. 33 94 91		
	je nach Veranstaltung, meist ab 20 od. 21 Uhr, teilw. auch früher	
Steinstraße: U 1; Bus 120-125, 112; N 610		
	sollte kein großes Problem sein, Parkhaus um die Ecke	
gr. Halle: 600 Sitz-, bis zu 1000 Stehpl., kl. Saal: 300/100		
	so vielschichtig wie das Programm	
Astra, Jever, Alt v.F. (3,50-4,00)		
	Cuvée de Rotisseur, Soave, Languedoc etc. (3,50-4,00)	
Glas Sekt: 6,00, HM, Moët & Chandon (Fl. 20/80)		
	Bar prall gefüllt, Mix-Drinks auf Anfrage (ab 2,00 aufwärts)	
fast soviel Obst wie auf 'nem Markt, nur eben flüssig (2,50-3,50)		
	verschiedene Tees, Kaffee (ab 2,50)	
vegetarische und Vollwertgerichte, Snacks		
	nicht tiptop (ist bei so einem Massenbetrieb auch schwierig)	
große Massen, schlechte Luft		
	bis zu 30 Tagen im Monat Programm, alle Stilrichtungen	
Stadtmagazine, Wiener, viele Kulturinfos		
	hier spielen nur die Musiker	
eingespieltes Team - versucht, den großen Andrang zu bewältigen		
	Marktpreise recht günstig, Eintritt etwa zwischen 5 und 15 Mark	

Strammer Max

Als die Scene Ende der 70er Jahre diese günstige Ecke im Schlagschatten des Hauptbahnhofs als geeignetes Biotop entdeckte (und demzufolge die WG-Kultur zwischen Pulverteich und Langer Reihe erblühen ließ), witterten natürlich sofort einige (Neu-)Kneipiers die Marktlücke. Max war einer der allerersten und blieb auch über die Jahre - allen wechselnden 'Ins' und 'Outs' zum Trotz - eine der "ersten" Adressen in dieser Gegend.

Wir sehen: Abgetretene Dielen, dunkle, holzvertäfelte Wände, über den Tischen Lampen, so häßlich, daß sie schon wieder originell wirken, zwei Ventilatoren, Speisekarten in Bilderrahmen, ein großes Faß mit Tischplatte, die Urtiergerippe über der Theke, Plakate. Zeitungen. Eine Fensterfront, allerdings kaum zu sehen vor lauter Pflanzen. Und alte Destillen-Holztische zwischen bundesbahnverwandten, rotbräunlichen "Leder"-Bänken.

Auf letzteren lümmelt sich die Kultur- und Neosponticlique und genießt die anspruchsvolle Musik. Die Turnschuh-Aussteiger-Fraktion hat sich längst verabschiedet oder ist umgezogen. Max' Consorten zählen inzwischen ebenfalls zur Riege der un-uniformierten Individualisten, und wie fast überall, hat sich wohl auch bei den hiesigen Joint Ventures der Schwerpunkt weg vom Joint und hin zu den Ventures verlagert.

BAR·CAFE	Max & Consorten, Spadenteich 7, Tel. 24 56 17	
	tägl. 10 bisRausschmiß	
	Hbf: alle U- und S-Bahnlinien; div. Nachtbusse	
	positive Überraschungen möglich	
	60 Sitzplätze drinnen und 45 an der (ruhigen) Straße	
	St.-Georg-Freak-Gemeinde, Kulturschickeria, Studenten u.a.	
	Ratsherrn, Einbecker, Bud, Guinness v.F., T&T (3,20-5,20)	
	hoffentlich stimmt der Spruch auf der Karte nicht (4,50-5,00)	
	fast nix (wohl wegen der Insekten): Gl. 3,50, Fl. 22/28	
	von Åalborger Jubi bis Wodka-Lemon, very long (2,50-6,50)	
	saftig und schweppig (2,00-4,50)	
	heiß, stark, deutsch (2,00-6,00)	
	Tagesgerichte, Frühstück, So: Schlemmer-Buffet (10-15 Uhr)	
	leicht angestaubt	
	und ziemlich verräuchert	
	Jazz-Rock-Latin-Soul, büschen leise	
	MoPo, HA, HR, taz, FR, Stadtmagazine, Infos	
	Karten und Würfel an der Theke	
	locker und leger (manchmal arg locker)	
	Max & Consorten / woll'n ja nicht horten	

Ein Hammer

Wer würde schon sagen: "Wir treffen uns in der Bodega Nagel"? Nicht mal ein totaler Snob käme auf die Idee. Man geht schlicht ins "Nagel" (oder holt sich dort eine besondere Kleinigkeit zum Verschenken, z.B. einen 47er Rothschild - gibt's im Straßenverkauf). Und manche sitzen da oder kaufen ein und wissen gar nicht, welch traditionsreichem Laden sie hier die Ehre erweisen. Gegenüber dem Hauptbahnhof (U-Bahn-Ausgang Schauspielhausseite) gelegen, zieht er viel Laufkundschaft an, und die kommt sogar aus dem Atlantik-Nobelschuppen und den anderen Hotels in der Nähe. Vor allem die Schweden finden hier ein Paradies, in dem sie frohen Mutes dem Sündenfall entgegensehen. Aber auch der gediegene Zecher verfällt angesichts des phantastischen Sortiments in den hohen Regalen in gaumensinnliche Andacht. Seit 1848 besteht der Betrieb, und sein Inventar ist wohl mal erneuert, aber nicht verändert worden. Der Gastraum ist mindestens so hoch wie breit und die Atmosphäre ist behaglich und im besten Sinne traditionell. Hier kommt es schon mal vor, daß sich ein potenter Typ eine Flasche Champagner für 600 Märker bestellt, während zwei Meter weiter ein anderer mühsam die Groschen für eine Flasche Bier aus den Taschen klaubt (zum Henker, wer da sagt: 'C'est la vie'!). Für den Nagel-Wirt ist der eine wie der andere Kunde - und damit König.

Bodega Nagel, Kirchenallee 57, Tel. 24 71 21	
	tägl. 9-1, Küche 9-24
Hbf: alle U- und S-Bahnen; div. Nachtbusse	
	Ph Schauspielhaus oder in der Umgebung
90 Sitzplätze und nochmal 60 an der Straße	
	alles außer Punks, Rockern und Müslis
10 Sorten (4,40-5,90)	
	150 Sorten (Glas ab 4,50 bis 1000,00 für 'ne Flasche)
20 x Sekt, 15 x Champagner (Glas ab 6,50 bis 600 für 'ne Bottle)	
	240 versch. Spirits (Glas ab 2,50 bis 1100 für, Sie wissen schon)
ganz normal (endlich Schluß mit den Superlativen): 3,50-5,50	
	auch ganz normal (2,50-7,50)
Kleinigkeiten, Fleischgerichte, Hamburger Specials	
	tadellos
air-conditioned und tür-gelüftet	
	Stilmix im Hintergrund
viele, viele Etiketten	
	hier nicht
Profis im Zwei-Schicht-Betrieb	
	"in der Meile" ziemlich konkurrenzlos

Spätausgabe

Wer aus der Springerschen Bleiwüste herausge-
robbt kommt und nach Wasser lechzt, seine Träu-
me vom Gegenschlag contra imperio hinunterspü-
len will, findet gleich um die nächste Ecke einen
netten, lauschigen Platz, der zudem mit riesigem
und teilweise exotischem Lektüreangebot aufwar-
tet: Das news, die Alternativ-Kantine für Presse-
haie (die bekanntlich nie - nie! - schlafen) und

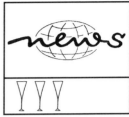

heranwachsende Zeitungsenten. Ach, täten doch hin und wieder diverse
Kolumnisten, Glossarier oder Leitartikler einen verschämt-lernwilligen Blick
in die Moskau-News...

Die Kneipe bietet mit ihren vielen Fenstern jedenfalls genügend Glasnost, der
Putzdienst ist immer und überall, der Service hurtig und das Angebot stimmt
auch.

Und so verwundert's auch nicht, daß der Laden - zumindest um die Mittagszeit
und dann wieder abends so ab 8 p.m. - immer gut gefüllt ist. Geschäftsleute aus
der Umgegend, Laufkundschaft, ein paar Touris und natürlich die bereits
erwähnte schreibende Zunft. Am Freitag und Samstag ist bis sechs Uhr
morgens geöffnet. Da treffen dann die, die - eingeholt von schrecklichen Dead-
und Headlines - aus ihren (gerechten!?) Alpträumen gefallen sind, auf die, die
es sowieso völlig unnormal finden, vor dem Morgengrauen schlafen zu gehen:
Zeitungsente meets Nachteule. Alles irgendwie recht nett. Aber eben nur
irgendwie.

BAR·CAFE	news, Kaiser-Wilhelm-Str. 51-53, Tel. 34 63 39	
	Mo-Do 8-2, Fr 8-6, Sa 19-6, So 18-2	
	Stadthausbrücke: S 1, 3; Gr. Bleichen: Bus 111; N 602	
	da hilft oft auch das "Presse"-Schildchen nichts mehr	
	75 Sitzplätze und natürlich eine Theke	
	Presseenten und Nachteulen	
	KöPi, Diebels, Guinness, Maisels Dampfbier v.F. (3,50-4,80)	
	von 'lieblich-süffig' bis 'rassig-trocken' (4,50-5,50)	
	MM, Moët & Ch. und manchmal muß es Mumm sein (Fl. 32-100)	
	reicht für 'ne Schlagzeile, pardon, Schlagseite (2,50-7,50)	
	neun Graninis und der Rest (3,00-4,70)	
	ja,ja, auch Kaffee ist schwarz und gefiltert...(2,00-6,50)	
	gute Auswahl, Tageskarte, Frühstück bis 18 Uhr	
	also nun wirklich kein Schmierblatt	
	ein frischer Wind in Hamburgs Presselandschaft	
	unaufdringliche Konsensklänge	
	newsnewsnewsnewsnewsnewsnewsnewsnewsnewsnewsnews	
	Monopoly wird nebenan gespielt	
	schnell wie 'ne Rollenoffset, aber viel freundlicher	
	Essen nicht ganz billig, Getränke o.k.	

Saitensprung in die Geschichte

Kein Mensch, der von den Landungsbrücken herüberwandert, um die älteste Ecke Hamburgs aufzusuchen, käme beim Anblick des monströsen Betonscheusals an der Ecke auf die Idee, hier den Einstieg in die geschichtsträchtige Deichstraße tatsächlich erwischt zu haben. Diese gilt denn auch als eher kontrastreiche Hamburgensie, und darüberhinaus als interessantes Investitionsobjekt für Immobilienhaie hanseatischer Prägung.

Die Nr.47 beherbergt seit geraumer Zeit ein Musikcafé-Restaurant namens Saitensprung. Das 1658 errichtete althamburgische Bürgerhaus zeigt noch stolz die Reste von Volutengiebel und barockem Portal. Als man es vor Jahrzehntesfrist innen restaurierte, beließ man auch dort, soweit möglich, die alten Dielen, Stuck- und Balkendecken. Eine Stiege führt zur "Galerie" hinauf, von der aus man, wie im "echten" Theater, vielfältigen (unregelmäßig stattfindenden) Show-, Zauberkunst-, Varieté- und Musikereignissen folgen kann. Varietéliebhaber und Theaterszenisten, aber auch Touristen, strömen abends hier herein und füllen die Wintergartenerkerecke an der Fleetseite und den winzigen Fleetbalkon, den Deichstraßenerker und die große Halle, in deren Mitte, leicht erhöht, ein großes, altes Klavier wartet. An der hohen Wand dahinter diverse Saiteninstrumente und drumherum zahllose Künstlerportraits von früheren Auftritten, aber auch Kino- und Varietéplakate (von Paula Wessely bis Eartha Kitt). Ein Saitensprung, den man nicht bereuen muß.

Saitensprung, Deichstr. 47, Tel. 37 26 07	
Mo 11.30-14.30, Di-Sa 11.30-14.30 u.18-1, Küche bis 23	
Rödingsmarkt: U 3; Bus 111; N 607, 608	
für Parklückenspringer interessant	
60 Sitzplätze sowie Balkon, Galerie, Samtsofa, Stehplätze	
Theater-, Musik-, Show- und Varieté-Szene, Bürger und Touris	
Brunswick, Holsten, Weizen (3,80-5,00)	
französische Landweine und so (5,00-6,50)	
Glas Sekt (5,00), Mumm Piccolo (12,00)	
kleine, feine Auswahl hilft manchem auf die Sprünge (2,50-8,00)	
Grundausstattung (3,00-4,00)	
bieder (2,50)	
echte HH-Spezialitäten (Saure Suppe, Labskaus, Scholle etc.)	
meisterproperclean von oben bis unten	
viel Luft, da hohe, weite Halle	
außerhalb der Veranstaltungen (Jazz) sanfter Pop-Mainstream	
nur MoPo und Abendblatt	
Schach, Backgammon, Würfel, Karten, Dame	
distinguiert-höflich, bei Andrang serviert die "Küche" mit	
den Saitensprung müssen Sie nicht teuer bezahlen	

A Place With a View

Schöne Aussichten

Keine Woche vergeht, in der diese "grüne Ge-wächshaus-Insel mit den Schönen Aussichten" auf Planten un Blomen und den alten Botanischen Garten nicht in den Veranstaltungsschlagzeilen wäre: Depeche Mode ist da, Alphaville tritt auf, Suzanne Vega, Ann Lennox, Harry Belafonte, Marius Müller-Westernhagen, Fleetwood Mac,... und immer wieder die legendären Spex-Parties, Hip Hopper-Nights,...aber auch die Ottos, von Donhanyis oder Joops lassen sich hier sehen, wenn eine der Aussichten-Parties angesagt ist. Tagsüber ist es einfach ein großes, weiträumiges Gartencafé mit zwei schönen Terrassen, an dessen Tischen zwischen Prallgrün Werbefreaks sitzen, ältere Damen, die eben auf einen Kaffee aus dem Park heraufkommen, Typen aus allen Etagen des Musik- und Rundfunkbetriebs zum Branchenklatsch und -tratsch, Schöngeister oder jene Spezies angehübschter Sonnenbankköpfe, die vor allem ihr Outfit spazierentragen. Was soll's, auf den über 500qm "Naherholungsgebiet" ist Platz für alle, und wenn's draußen stürmt oder zu eng wird, lädt ein angenehm-ruhiges Café zu ausufernden Frühstücksgelagen und interessanten Mittagsmenus ein.

Erst kürzlich sind alle Bereiche erweitert, ausgebaut und renoviert worden - und besonders das Café selbst wirkt jetzt mit der großflächigen Holz- und (vor allem) Glasfassade und den großen Pflanzen überall wie ein Treibhaus der Entspannung und der menschlichen Gelüste.

Café Schöne Aussichten, Im Alten Bot. Garten, Tel. 34 01 13	
tägl. 11-2 (v. 1.11.89-1.3.90 nur Fr/Sa/So 11-2) (WE oft bis 4)	
Karl-Muck-Platz: Bus 35, 111, 112. N 602	
gar keine schönen Aussichten	
Café 120 Sitz- u. viele Stehplätze, Garten 180 (ges. ca. 1000 Pl.)	
vom Waver bis zum Schicki, vom Opa bis zum Hippie	
Bit, Eibecker v.F., Erdinger, alkfr. (4,00-6,00)	
Rioja, Vinho Verde und 5 "Normalos" (5,00-6,00)	
Glas Sekt 4,00, MM, Deutz, Bollinger, Bruno Paillard (Fl. 24-90)	
einige Cocktails, bek. Spirits (4,00-13,00)	
Fruchtcocktails, Eismilchshakes etc. (3,50-10,00)	
versch. Tees, Espresso, Cappuccino (2,50-8,00)	
Frühstück, Tageskarte, Salate, Kleinigkeiten, Eis	
schöne Aussicht	
gut gelüftet	
gute Musik vom Band, sporadisch Live-Gigs u. Disco-Nights	
HR, MoPo, Abendblatt, taz, FR, Spiegel, Stern	
aussichtslos	
keine Tempo-Rekorde, dafür sooo coooool, babe	
leicht überteuert bis einigermaßen angemessen	

Groszneumarkt, Hausnummer 1

SCHWENDER's

Das Schwender's ist zweifellos das populärste, bekanntgepushteste Ding am Großneumarkt - einem an sich tollen Winkel mit Straßenkneipen, Cafés und Weinnischen noch und nöcher. Und zu Marktzeiten, wenn sich draußen bis zu 5000 Leute tummeln, rennen dann sämtliche Sonnenhungrige und Weintrinkerseelen, die schon irgendwo mal was davon gelesen haben, den Schwenderianern die in dunkle Holzecken aufgeteilte, große und jüngst renovierte, aber reichlich düster wirkende Bude ein. Dahinter verbirgt sich ja nun noch nicht die wahre Kunst der Kundenakquisition. Die bestünde darin, durch ein Gramm mehr Freundlichkeit und Service die Leute zu binden und sie so zu Stammgästen zu machen, auch bei der Laufkundschaft unter freiem Himmel. Schwender's ist der Klassiker hier am Markt, aber auch bei Johann Sebastian und Ludwig van machte erst der Ton die Musik.

Zum Angebot: Zumindest die Etikettierung 'Kaffeestuben' muß doch mal in Frage gestellt werden dürfen, denn was gibt es denn schon außer einer normalen Tasse Kaffee? Die 'Weinstuben' gehen angebotsmäßig in Ordnung, nur hatte unser (weißer) Landwein offensichtlich "etwas Temperatur". Die Pistengänger, vor allem AufreisserInnen aller Hamburger Ecken, stört's nicht. Sie strömen weiterhin hierher, flirten gerne draußen an den Straßentischen und lieben diesen Ort zum Verlieben. Macht Liebe blind?

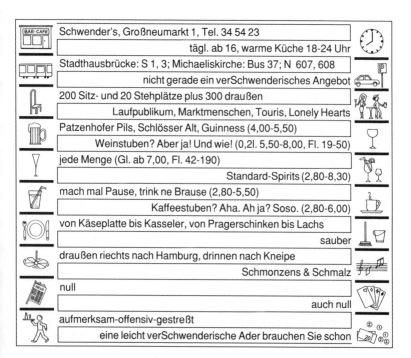

Schwender's, Großneumarkt 1, Tel. 34 54 23		
	tägl. ab 16, warme Küche 18-24 Uhr	
Stadthausbrücke: S 1, 3; Michaeliskirche: Bus 37; N 607, 608		
	nicht gerade ein verSchwenderisches Angebot	
200 Sitz- und 20 Stehplätze plus 300 draußen		
	Laufpublikum, Marktmenschen, Touris, Lonely Hearts	
Patzenhofer Pils, Schlösser Alt, Guinness (4,00-5,50)		
	Weinstuben? Aber ja! Und wie! (0,2l. 5,50-8,00, Fl. 19-50)	
jede Menge (Gl. ab 7,00, Fl. 42-190)		
	Standard-Spirits (2,80-8,30)	
mach mal Pause, trink ne Brause (2,80-5,50)		
	Kaffeestuben? Aha. Ah ja? Soso. (2,80-6,00)	
von Käseplatte bis Kasseler, von Pragerschinken bis Lachs		
	sauber	
draußen riechts nach Hamburg, drinnen nach Kneipe		
	Schmonzens & Schmalz	
null		
	auch null	
aufmerksam-offensiv-gestreßt		
	eine leicht verSchwenderische Ader brauchen Sie schon	

Tee ist ein Stück Lebenskraft

Nach hartem Konsumverhalten sucht der müde Einkaufsbummler nach einem ruhigen Plätzchen. Dort möchte er entspannen, die mehr oder weniger interessanten Eindrücke sortieren, die ihm das Herz der Hansestadt bereitet hat. Vielleicht verspürt er auch nur das Bedürfnis nach einer kleinen Pause, bevor es mit dem Geldausgeben weitergeht. Leider aber (und unverständlicherweise) ist das innerstäd-

tische Shopping-Areal nur sehr unzureichend mit Oasen versorgt.

Nun gibt es ein Geschäft namens Teestation. Dort wird, wie der Name schon andeutet, Tee und alles rund um diesen verkauft. Es ist zwar nicht gerade leicht zu finden (versteckt in der Volksbank-Passage auf der Dammtorbrücke), aber wer mal dort ist, wird nach einem tieferen Blick durch das Schaufenster erfreut feststellen, daß sich der Laden nach hinten zu einem Erkerraum öffnet, und daß dort runde Tische, Rattansessel, dampfende Tassen und lesende resp. plaudernde Zeitgenossen ganz eindeutig auf ein öffentlich zugängliches Wohnzimmer schließen lassen. Bei klassischer Musik darf man sich ein Kännchen Darjeeling - natürlich frisch zubereitet - servieren lassen, dazu am Gebäck knabbern und sich freuen, in dieser ruhigen Enklave zu sitzen, während draußen der rastlose Passantenstrom vorbeirauscht. Und spätestens dann kommt einem die ganze Großstadthektik ziemlich verrückt vor. Was sie ja auch ist.

Teestation, Stephansplatz 10, Tel. 35 20 09		
	Mo-Fr 10-19.30, Sa 10-14 (winters -18)	
Stephansplatz: U 1; Bus 36, 102, 109, 112; N 603-605		
	Sie belieben zu scherzen	
20 Sitzplätze		
	Innenstadtmischung der ruhigeren Sorte	
Flaschenbier		
	nichts Exotisches: Mosel, Nahe, Rhein (4,50)	
fehlt		
	Rum und so (2,20-3,50)	
auch Saft ist gut für die Nerven (2,20-2,80)		
	viel Tee (Kännchen 4,20-4,80), aber auch Kaffee u.a.	
Gebäck, Snacks, Suppen		
	Pekoe-bello	
fast wie auf dem Himalaja		
	Klassik	
Abendblatt, Spiegel, Stern, Brigitte u.a.		
	pssst!	
freundlich & familiär		
	brauchen Sie nicht zuviel assam Geldbeutel nehmen	

Die Ballade vom Villon

Als dem Dichter Peter Rühmkorf wieder mal ein Preis verliehen wurde, diesmal per Festakt im Rathaus, fiel auf, daß sich ein Großteil der geladenen Gäste mehr um eine attraktive Mitvierzigerin als um den Belorbeerten kümmerte - nämlich um Monika Rahn, die Wirtin der Kellerkneipe Villon. Das wunderte selbst Peter R. nicht, denn die "Sphinx von St. Georg" ist nicht nur hinter ihrer Theke eine anziehende Erscheinung.

Am 1.12.1976 öffnete sie zum ersten Mal die Tür zu ihrem Villon. Inzwischen ist der an die Hauswand gepinselte Namenszug verblaßt, und der ortsunkundige Gast muß sich an der kleinen, blaßgelben Laterne über dem Eingang orientieren, oder, noch besser, an den Veranstaltungshinweisen links und rechts am Treppeneingang (Kleinkunst wird hier nämlich oft ganz groß präsentiert).

Erster Eindruck: Gedämpftes Licht (aber keine Intimbeleuchtung), Enge (nichts für Klaustrophobe), behagliches Miteinander. Jeder redet mit jedem, fremd oder nicht fremd. Alter ist hier unwichtig. Anmache gibt es nicht. Wem das Geseire des Nachbarn nicht gefällt, rückt einen Gast weiter. Eine große Villon-Familie. Und selbst wenn der Betrieb fast überschwappt, verdurstet hier keiner, denn dann stellt sich auch mal ein Gast hinter die Theke und hilft beim Ausschenken.

BAR-CAFÉ Villon, St. Georgs Kirchhof 7, Tel. 24 92 93	
Mo-Sa 20-3, Küche bis 2	
Hauptbahnhof: alle U- und S-Bahnlinien; div. Nachtbusse	
mit etwas Glück in der näheren Umgebung	
60 Sitz- und auf Tuchfühlung etwa 40 Stehplätze	
Schauspieler, Literaten, Musiker, Maler, Normalos	
Flens v. Faß, Hefeweizen, alkfrei (0,5: 3,60-4,80)	
Monika legt Wert auf gute Rebensäfte (dt.-fr.): 4,50-8,00	
Sekt, frz. Sekt, Champagner (beliebt: Roederer): Fl. 30-90	
Longdrinks, 1A-Qualität u. Präsentation, Schnäpse (2,50-9,00)	
zwischen Saft und Selters (3,50-4,50)	
Kaffee, Tee, Eisbrecher (soll sogar am Nordpol wirken): 2,50-4,50	
Villon-Pfanne(!), Gambas in Knofiöl, Salate	
sauber, wirklich!	
2 Ventilatoren, wenn's schlimm wird, wird die Tür aufgemacht	
Jazz, Klassik, Soul, Pop, wenn live, dann laut	
nur Infomaterial (Theater, Stadtteilkultur)	
nur leise Spiele: Schach, Backgammon, Mühle, Dame	
okay, solange Moni nicht gestreßt wird	
o.k. - bei Auftritten wird mit Zylinder kassiert	

4

Eimsbüttel
Eppendorf

mit
Uni-Viertel

Eimsbüttel / Eppendorf

Die Nummern entsprechen den Seiten-
zahlen der eingezeichneten Lokale

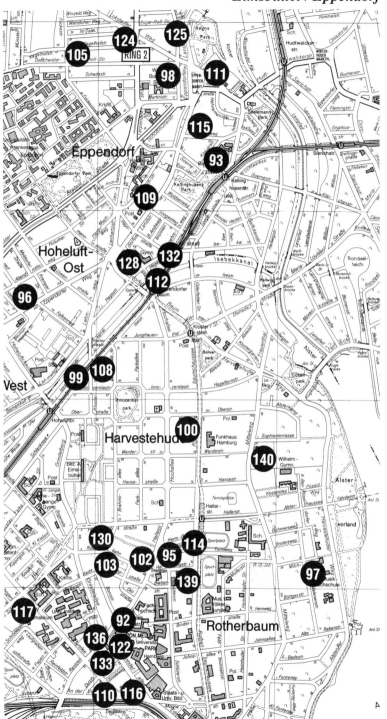

Alle Heiligen

Einmal mehr muß der Fremdwörterduden herhalten: Abaton, das ist "das ... Allerheiligste, der Altarraum in den Kirchen des orthodoxen Ritus". Und unser Abaton? Ein Refugium für Kino-Süchtige, ein Wein- und Bierumschlagplatz für Nachteulen, ein Zwischenstundenzufluchtsort für Studenten oder ein betriebsamer Hafen für Vollwertköstler? Wahrscheinlich alles in einem, und für viele Stammgäste bestimmt auch das Allerheiligste. Die Kneipe wurde neu gestylt, mit farblich ansprechenden Kompositionen, in leichtes Schummerlicht getaucht (jedenfalls im weiter hinten gelegenen langen Schlauch), interessant verwinkelt, so daß jede(r) einen passenden Platz finden kann inmitten nostalgischer Filmplakate. Annähernd 300 Plätze bietet das Abaton im 2. Stock des Kinos und es ist offensichtlich weiterhin ein Geheimtip, der nie geheim war. Leider sind in Stoßzeiten (auch nachts um zwölf) die vier Bedienungen überfordert. Und wenn man sich erst den armen Kerl hinter der Theke betrachtet (oder ihn gar mit Fragen belästigen muß)... Doch wer ein bißchen mehr Geduld mitbringt, wird mit Qualität belohnt: Pizza aus Vollkornmehl, köstliche Salate und Paste, vegetarische Gerichte, Wein aus biologischem Anbau oder Heilwasser zum Entschlacken. Dinge, die es nicht überall gibt. Und wochentags (zwischen 9.30 und 11.30) neuerdings: Morgenkaffee im Abaton. Dann gibts ein Abatinn-Frühstück für ganze dreieinhalb Märker. Aber: Selbstbedienung - damit niemand zu spät zur Vorlesung kommt!

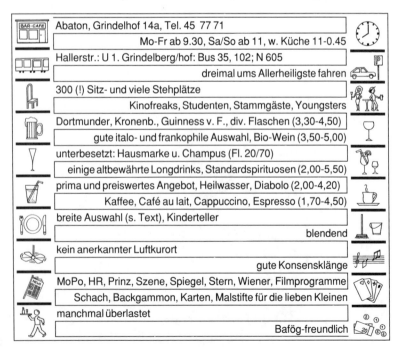

Abaton, Grindelhof 14a, Tel. 45 77 71
Mo-Fr ab 9.30, Sa/So ab 11, w. Küche 11-0.45

Hallerstr.: U 1. Grindelberg/hof: Bus 35, 102; N 605
dreimal ums Allerheiligste fahren

300 (!) Sitz- und viele Stehplätze
Kinofreaks, Studenten, Stammgäste, Youngsters

Dortmunder, Kronenb., Guinness v. F., div. Flaschen (3,30-4,50)
gute italo- und frankophile Auswahl, Bio-Wein (3,50-5,00)

unterbesetzt: Hausmarke u. Champus (Fl. 20/70)
einige altbewährte Longdrinks, Standardspirituosen (2,00-5,50)

prima und preiswertes Angebot, Heilwasser, Diabolo (2,00-4,20)
Kaffee, Café au lait, Cappuccino, Espresso (1,70-4,50)

breite Auswahl (s. Text), Kinderteller
blendend

kein anerkannter Luftkurort
gute Konsensklänge

MoPo, HR, Prinz, Szene, Spiegel, Stern, Wiener, Filmprogramme
Schach, Backgammon, Karten, Malstifte für die lieben Kleinen

manchmal überlastet
Bafög-freundlich

I'm Bad

Wie der Name schon ahnen läßt, findet man die Bad-Galerie unter einem Bad, nämlich dem Eppendorfer Holthusenbad. Eine etwas versteckte Seitentreppe führt hinunter in das Lokal, das sich zunächst durch große, spärlich möblierte Räume auszeichnet. Neben einer Art futuristischem Brunnen zieht sich die Theke hin, mit rhombusförmigen Aufbauten, aus denen mattes Licht flimmert. Chrom, Stahl, Spiegel und Kacheln als prädominierende Materialien. Die Decke ist tiefblau gestrichen, was das Gefühl, unter einem Schwimmbad zu sitzen, verstärkt. (Und gelegentlich weht auch eine unverkennbare Mischung aus Chlor, Feuchtigkeit und Desinfektionsmitteln durch die Räumlichkeiten.) Erinnerungen ans Raumschiff Orion, an Kirk und die Enterprise flackern auf, aber dann schaut man sich um und merkt, daß diese Assoziationen doch nicht ganz passen. Denen stehen schon die Wandmalereien von Horst Dotzauer, die eine Strandidylle der zwanziger Jahre nachempfinden wollen, entgegen. Das Speisen- und Getränkeangebot ist italienisch angehaucht. Pizza und Pasta. Aber es wurde auch an die sportiven Gäste gedacht, die mit noch feuchtem Haar allerlei gesunde Salate kosten können. Das Publikum rekrutiert sich bis 22 Uhr vornehmlich aus Badegästen. Danach trifft sich hier eine bunte Schar, die in ihrer postmodernen Undefinierbarkeit dem Charakter des Lokals entspricht. Und donnerstags, wenn bis 4 Uhr morgens Disco-Night angesagt ist, schwärmt und tanzt vor allem auch die Szene mit.

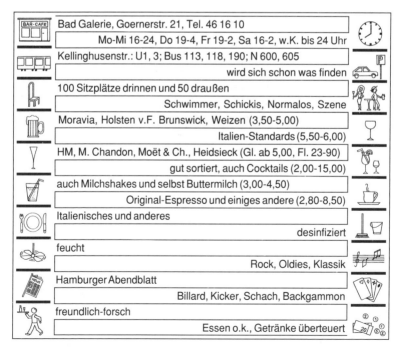

Bad Galerie, Goernerstr. 21, Tel. 46 16 10	
	Mo-Mi 16-24, Do 19-4, Fr 19-2, Sa 16-2, w.K. bis 24 Uhr
Kellinghusenstr.: U1, 3; Bus 113, 118, 190; N 600, 605	
	wird sich schon was finden
100 Sitzplätze drinnen und 50 draußen	
	Schwimmer, Schickis, Normalos, Szene
Moravia, Holsten v.F. Brunswick, Weizen (3,50-5,00)	
	Italien-Standards (5,50-6,00)
HM, M. Chandon, Moët & Ch., Heidsieck (Gl. ab 5,00, Fl. 23-90)	
	gut sortiert, auch Cocktails (2,00-15,00)
auch Milchshakes und selbst Buttermilch (3,00-4,50)	
	Original-Espresso und einiges andere (2,80-8,50)
Italienisches und anderes	
	desinfiziert
feucht	
	Rock, Oldies, Klassik
Hamburger Abendblatt	
	Billard, Kicker, Schach, Backgammon
freundlich-forsch	
	Essen o.k., Getränke überteuert

Conference of the Birds

Der kleine Keller ist mit dunklem Holz ausgetäfelt, Theke und Sitzgelegenheiten fügen sich harmonisch ein. Etwa ein Viertel des Raums beansprucht die Bühne. Und auf der spielen manchmal internationale Stars (z.B. Art Blakey, Woody Shaw), manchmal weniger bekannte Musiker, manchmal junge Nachwuchstalente. Von Donnerstag bis Sonntag gibt's Live-Musik, hauptsächlich Bop, Swing und Mainstream-Jazz. Donnerstags ist - Änderungen vorbehalten - offene Jam-Session. Da kann jeder, der sich traut, sein Instrument auspacken und einsteigen.

Das Publikum zollt den Musikern aufrichtigen Beifall. Viele Amerikaner sind unter den Gästen, auch die Lehrerfraktion ist stark vertreten. Ein paar Althippies wiegen das Wallehaar verträumt im Rhythmus der Musik. Erstaunlich die vielen jungen Frauen, die ohne Begleitung herkommen. Anmache ist hier nicht gefragt, und so kann frau unbelästigt einen guten Abend verbringen. Was nun wiederum nicht heißen soll, daß im Birdland alle inkommunikativ im Takte der Snare-Drum in sich selbst versickern. Die Atmosphäre ist familiär, und wenn die Band mal pausiert, hat man immer ein gemeinsames Thema, um sich zu unterhalten: den Jazz eben.

Getragen und gesponsort wird das Ganze von der Jazz Federation Hamburg, einem gemeinnützigen Verein zur Förderung der Jazzkultur. Wer 20 Mark zahlt, wird Mitglied und darf dafür fast allen Konzerte kostenlos lauschen.

Birdland, Gärtnerstr. 122, Tel. 40 52 77	
Do-Sa 20-2, manchmal Konzert-Sondertermine	
Kottwitzstraße: Bus 102, 106, 113; N 600, 604	
gut - zur Freude der Kontrabassisten	
60 Sitz- und 30 Stehplätze	
Jazzfans: Lehrer, Althippies, Amis, junges Gemüse u.a.	
Germania Edel Pils v.F., Budweiser (4,00-5,00)	
offen: 1 Waltz (leider keine Viertel) u. Flaschen (5,00-30,00)	
Picc. 8,00, Henkell, M. Chandon, Moët & Ch. (Fl. 30-90)	
da hätte Bird nach mehr verlangt (3,00-8,00)	
Take Five (3,00)	
das wär eher was für Steve Reich: minimalistisch (3,00-5,00)	
Nebensache: Gulaschsuppe, Würstchen und so	
in der Beziehung ist man ziemlich square	
nicht so Misty wie in anderen Clubs	
Jazz for Body and Soul	
kein Real Book, kein Jazz-Podium, kein Behrendt, nichts	
mitspielen können Sie bei den Sessions (wenn Sie's können)	
cool, aber freundlich	
kein Grund, den Blues zu kriegen	

Die Tapas-Frage

Wenn man spätabends noch einen kleinen Hunger verspürt, den gesehenen Film bei einem Glas spanischen Wein zerreden oder die lange Kneipentour mit einer Flasche Freixenet krönend beschließen will, dann ist die Bodega Castellana sicher nicht die schlechteste Wahl. Im vorderen Bereich der dem deutschen Empfinden angepaßten Tapas-Bar befindet sich die umlagerte Theke mit den dazugehörigen Hockern. Dort ergattert man äußerst selten einen Platz. Um am lebensfrohen Trubel im Thekenbereich trotzdem teilhaben zu können, muß man sich an einen der hohen runden Tischchen setzen oder stellen. Etwas weniger Andrang herrscht im hinteren Teil des Lokals, dafür ergießt sich aus einem strategisch schlecht plazierten Lautsprecher die südländische Musik unerbittlich über die dort Sitzenden.

Wichtig sind in der Bodega die Tapas - kleine Happen, die hier ebensowenig wie in Spanien den Hunger stillen sollen, sondern eine Ergänzung zum Getränk sind und die Geselligkeit fördern. Aber in der Bodega sind sie offensichtlich eine Glücksfrage: Gibt es welche, sind noch welche übrig? Bei unserem ersten Besuch hatten wir Glück: Klassiker, wie Oliven, Chorizo, Mandeln, Sardellen und Bocadillos verschönten unseren Aufenthalt. Beim zweiten Besuch mußten wir uns mit Mandeln zufrieden geben. Schade, denn, um mit einem (sehr) modifizierten berühmten Zitat Malcolm Lowrys zu sprechen: ¡No se puede beber sin tapas!

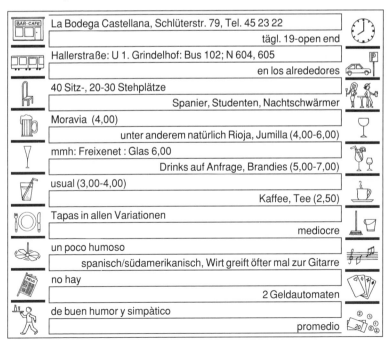

La Bodega Castellana, Schlüterstr. 79, Tel. 45 23 22	
	tägl. 19-open end
Hallerstraße: U 1. Grindelhof: Bus 102; N 604, 605	
	en los alrededores
40 Sitz-, 20-30 Stehplätze	
	Spanier, Studenten, Nachtschwärmer
Moravia (4,00)	
	unter anderem natürlich Rioja, Jumilla (4,00-6,00)
mmh: Freixenet : Glas 6,00	
	Drinks auf Anfrage, Brandies (5,00-7,00)
usual (3,00-4,00)	
	Kaffee, Tee (2,50)
Tapas in allen Variationen	
	mediocre
un poco humoso	
	spanisch/südamerikanisch, Wirt greift öfter mal zur Gitarre
no hay	
	2 Geldautomaten
de buen humor y simpàtico	
	promedio

Sesam öffne dich

Nicht an der Sesamstraße, sondern am endlosen Eppendorfer Weg hat sich der schnippisch-recht-haberisch-herablassende Vogel niedergelassen und begrüßt hier die Thekenbären, die sich als Samson-Genossen erweisen. Die Requisiten, bestehend aus Pflanzen, Spiegelwald, Flaschenarsenal und Film- und TV-Szenefotos vermitteln den Eindruck, in der Kulisse der nächsten Folge zu sitzen oder zumin-dest in der Anstaltskantine, wo sich die Stars gleich versammeln werden. Und die würden sich, von Lilo Pulver über Manfred Krug bis hin zu Henning Venske, hier bestimmt auch nicht unwohl fühlen.

An der Theke und an den frisch-schwarz-lackierten Tischen trifft sich von Bierokraten über Biergermeister bis hin zu den Bierologen jene Tresengemein-de, die nicht unbedingt 'in' sein will, nicht gesehen werden oder Ich-bin-echt-voll-drauf-Sprüche von sich geben muß, um sich top zu fühlen, sondern einfach den ausgesucht guten Oldies lauscht (oder diese als Hintergrundmusik schätzt) und sich wohlfühlt. Der kleine Biergarten um die Ecke erweitert das knappge-haltene Revier nicht unbeträchtlich, wenngleich dort, der lieben Nachbarn wegen, um 22 Uhr Schluß sein muß. Doch drinnen wie draußen ist der Publikumszuspruch beträchtlich, obwohl der Laden nicht zu den alteingeses-senen (und deshalb wohlbekannten) Oldies zu rechnen ist. Die Ambiervalence dieser Kneipe ist also nicht zu übersehen ...

v. Bödefeld, Eppendorfer Weg 231, Tel. 47 39 47	
tägl. 10-4, warme Küche bis 1	
Gärtnerstr.: Bus 102, 106, 113; N 600, 604	
nur Mut, mit etwas Glück und Spucke ...	
drinnen 30 Sitz- u. ca. ein Dutzend Stehplätze, draußen 25-30	
Tiffies und Samsons, Oldie-Fans, Biergartenfreunde, Biertrinker	
Guinness, Moravia, Krefelder v.F., Brunswiek u.a. (2,50-4,50)	
nicht viel, nichts Besonderes, franzosenlastig (4,00-5,00)	
nur Hausmarke und Mumm (Fl. 22/33), MM Piccolo 6,50	
Whisk(e)y-Klassiker und Geisterstandards (2,00-9,00)	
auch hier: viele altbekannte Oldies (2,50-4,50)	
vom Espresso bis zum Mandelkaffee in allen Größen (1,80-5,00)	
Sekt-Frühstück mit Tiff(an)y, herzhafte Brote und Eintöpfe	
bei Herrn von Bödefeld ist alles blitzblank ...	
... und gut durchlüftet	
Oldiesoldiesoldiesoldiesoldiesoldiesoldiesoldiesoldiesoldiesoldies	
HA, MoPo, HR, taz, FR	
Schach, Backgammon, Karten, 1 Geldautomatmatmatmat	
gar nicht hochnäsig, sondern sehr nett und bemüht	
eher auf dem unteren Drittel der Skala	

Wien, Wien, nur du allein

Inmitten einer gesichtslosen Ladenpassage bemüht sich das Wiener Café Bohème seine Umgebung vergessen zu machen. Der Gast taucht in ein scheinbar bourgeoises Ambiente der Jahrhundertwende. Plüsch und Nippes, Deckchen und Spiegel, ein buntes Stilgemisch, das doch kein speziell wienerisches Kaffeehaus-Gefühl aufkommen läßt. Eher den Eindruck musealer Wohnzimmeratmosphäre.

Das Wein- und Kaffeeangebot ist freilich stark österreichisch geprägt (was ist nochmal ein "Brauner"?). Die Bedienung gibt sich wienerisch gelassen, aber ohne den bekannten Wiener Charme. Überhaupt mag man hier fast alles finden: Schickis, Schnösel, Studenten, (Normal-)Sterbliche, nur sicherlich keine Wiener. Das verlangt aber auch niemand.

Zwei Nebensachen sind bei einem echten Wiener Café ganz und gar nicht nebensächlich: Ein weitgespanntes Zeitungsangebot und ein Glas Wasser zum Kaffee. Das Glas Wasser muß man ausdrücklich dazu bestellen. Und das Zeitungsangebot ist zu bescheiden und zu regional. Versorgt man sich jedoch vorab mit eigener Lektüre, läßt es sich, mit dem Rücken zum Fenster und bei immerjunger Musik, angenehm sitzen, trinken und lesen - quasi ein Stück hanseatisch-wienerische Kaffeehausphilosophie erleben. Samstags und sonntags zwischen 16 und 18.30 Uhr wird Wiener Musik live geboten. Und das läßt einiges verzeihen.

BAR·CAFE	Café Bohème, Das Wiener Café, Milchstr. 1, Tel. 45 07 83	
	So-Do 10-1, Fr/Sa 10-2, Küche bis 24	(Uhr)
(Bus)	Böttgerstr.: Bus 109. Alsterchaussee: Bus 115; Nb 605	
	abends steigen die Chancen für Fiaker	(Parken/Auto)
(Stuhl)	110 Sitzplätze drinnen, draußen 80 (Fußgängerzone)	
	keine Bohemiens	(Personen)
(Bier)	eigentlich nicht der richtige Ort - Moravia, Alt-Stern (4,20-6,50)	
	interessante Österreicher und mehr (5,50-8,40)	(Weinglas)
(Weinglas)	für einen Bohemien kein Problem (Fl. 42-210)	
	kann auch beim Bohemien Kater verursachen (2,80-11,80)	(Cocktail)
(Saft)	viele Milch-Shakes, Säfte (3,80-8,50)	
	breites Angebot, wienerisch-gut (3,30-10,50)	(Kaffee)
(Gedeck)	Frühstück, Eis, Mehlspeisen, Salate, auch Warmes	
	gutbürgerlich	(Putzzeug)
(Ventilator)	keine Probleme	
	Evergreens, alte Schlager, Sa/So/feiertags Live-Musik	(Noten)
(Zeitung)	HA, MoPo, Spiegel, Lesezirkel	
	a so a Schmarrn	(Karten)
(Personen)	freundlich, nur der Wiener Charme fehlt etwas	
	teuer	(Geld)

Billard ab 10

In längst vergangenen Tagen, genauer gesagt im wilhelminischen Jahr 1906, kam ein gewisser August Borchers auf die hervorragende Idee, in dieser schönen Ecke Eppendorfs seine Destillation zu eröffnen.

Auf der Karte des heutigen Borchers, das in dieser Form als Café und Destillation schon seit über 10 Jahren besteht, ist er ebenso verewigt wie an den langen Wänden der schlauchartigen Kneipe, wo man außer seiner noch jede Menge anderer, leicht vergilbter Original-Photographien aus jenen Gründertagen betrachten kann. Da erfahren wir, daß der Biergarten auch schon lange vor uns da war, in dem es sich so lässig und luftig sitzen läßt wie zu Urgroßvaters Zeiten, als hier noch die Pferdekutschen vorbeipreschten. Das sogenannte "französische Billard" hingegen ist wohl eine spätere Errungenschaft.

Borchers Handwurst jedenfalls gibt's noch immer - eine Spezialität des Hauses, die (für zwei Mark) besonders gut zum Bier schmeckt. Und daß das mit dem Beinamen 'Café' in Ordnung geht, beweisen die Betreiber lässig zu jeder Tages- und Nachtzeit. Für das große sonntägliche Frühstück ist das Borchers ebenso weithin bekannt wie für die Küche, die mehr bietet als das übliche Croques-Einerlei. Da sind echte Entdeckungen zu machen - bis hin zu 'Borchers Teller'.

Und manchmal, bei Straßenfesten und ähnlichen Anlässen, gibt's zum Nachtisch auch schon mal Live-Jazz.

Borchers, Geschw.-Scholl-Str.1-3, Tel. 46 26 77	
	tägl 10-2, w. Küche 17-Ende
Tarpenbekstraße: Bus 106, 113, 190; N 600, 605	
	weniger Parkplätze als 1906, aber durchaus was zu finden
man ist flexibel: 80-100 Sitz-, 50-70 Stehplätze	
	Kids, Studenten, Szene, Nachbarschaft und Borchersfans
Schultheiß, Patzenhofer, Schlösser, Guinness v.F.(3,00-5,20)	
	deutsch-französisch-italienische Normalos (4,00-5,50)
wenig: HM, Cord Stehr (Gl. 5,00, Fl. 24-65)	
	hält sich in Grenzen, ebenso wie die Preise (1,50-8,50)
vom Preisbrecher-Miwa bis zum frischen O-Saft (1,80-4,00)	
	alles da: Melange, Cappuccino, Café Orange (2,00-6,00)
Frühstück (So -buffet), Tageskarte, hausgem. Suppen	
	so sauber wie bei Muttern
und auch so gut gelüftet	
	gängige Klänge und manchmal Live-Jazz
MoPo, Rundschau, taz, Szene	
Pool- und Karambolage-Billard, Schach, Backgammon, Geldgrab	
flutscht	
	da bräucht sich nicht mal Werner was zu borchen

A Star Was Born

Ein shooting-star unter den Kneipen-Restaurants mit dem 'etwas anderen Image' ist zweifellos die Brücke. Die einen zählen sie längst zu einer der "wichtigsten Theken" Hamburgs, die anderen schwärmen von der gelungensten "wilden Mischung" in Eppendorf: Ein Tagesbiergarten wie im Süden, damit man das Marktflair von gegenüber live schnuppern und die nicht so selten scheinende Sonne

draußen genießen kann. Dann: ein Tagescafé mit außergewöhnlichem Angebot. Und ab 19 Uhr verwandelt sich die Brücke zum Abendrestaurant mit wirklich exquisitem Menü, wofür sie auch schon einen erstaunlichen Ruf zu verteidigen hat.

Der für die 'neue Szene' überdurchschnittlich anheimelnde Raum ist klein, anspruchsvoll renoviert und mit Geschmack ausgestattet (Marmortische und -theke, braune Polsterecken auf dem gesprenkelten Steinfußboden, dazu noch große Spiegel über den Postern an der Wand). Die Crew sprudelt vor Einfällen und beweist auch und gerade an der Bar Einfallsreichtum und Kreativität. Schickimicki-Gehabe lehnt man rundum ab und ist stolz auf die Mischung aus angesehenen Kultur-, Kunst-, Presse- und Gewerbetätigen, die bis weit in Deutschlands Süden PR unter Freunden betreiben. Recht so! Und qualitätsbetont kümmert man sich nicht bloß um den Gaumen der Gäste, sondern auch um ihren Geist: Eines der größten, ausgefallensten und originellsten Zeitungs- und Zeitschriftenangebote der Stadt beweist es.

Die Brücke, Innocentiastr. 82, Tel. 422 55 25		
	tägl. 12-2, warme Küche 12-15 und 19-22	
Klosterstern: U 1; N 605		
	an Nicht-Markttagen viel Platz, abends immer was frei	
25 Sitz- und 50 Stehplätze drinnen, draußen 25		
	siehe Text plus Normalos und anspruchsvollem Jungvolk	
Moravia, Feldschlößchen auch v.F., Bud, Weizen (3,70-5,00)		
	Veltliner, Pinot Grigio, Rioja u.a. (6,00-8,00, Fl.22-62)	
Glas ab 7,00; Crémant de Bourgogne, Taittinger (Fl.45/95)		
	kreative Barmixer, offen für jede Anregung (3,00-12,00)	
auf zum Schweppen und Beckern! (3,50-4,00)		
	vom kleinen Schwarzen bis zum großen Braunen (2,50-4,50)	
Frühstück So 12-15, tägl. wechselnde Menues mit je 4 Gängen		
	so porentief rein wie frisch aus der Waschmaschine	
stets gut gelüftet (auch mit Hilfe der 5 großen Fenster)		
	die Gäste bevorzugen Jazz, Funk, Soul und Latin	
vielleicht das größte und ausgefallenste Angebot der Stadt		
	man spielt Kontakt auf der Brücke, Flirts besonders beliebt	
fast überfreundlich, besessen aufmerksam, höchst zuverlässig		
	nicht ganz preiswert, dafür sehr anspruchsvoll im Gebotenen	

Der Schaubudenbagger

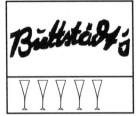

"Auf 90 Quadratmetern Wohnfläche hat man nicht genug Platz für alle seine Freunde, darum blieb mir nichts anderes übrig, als diese Kneipe aufzumachen. Und wenn man sich erst mal dazu entschließt, dann soll es ja etwas Vernünftiges werden. Ich habe keinen Bock drauf, jedes vierte Jahr die Möbel zu wechseln. Darum habe ich mich für eine zeitlose Einrichtung entschieden, für deutsches Gediegenes und Englisches mit Lederbezug. Eigentlich hätte ich ja Ingenieur werden sollen, aber da kam der Krieg dazwischen. Beim Ami in der Gefangenschaft habe ich Lagerradio gemacht. Hier in Deutschland habe ich 1946 mit Käutner zusammengearbeitet. Dann war ich auf der Rundfunkschule. Als Filmemacher habe ich mich auch versucht. Endgültig bei der Hamburger Fernseh-Schaubude landete ich 1960. Eigentlich wollte ich es nur zwei Jahre machen. Aber es brachte ungeheuer viel Spaß, und so blieb ich bis 1984. Als Schaubudenchef habe ich viele interessante Leute vor die Kamera gebaggert. Die Zeichnung dort hat der Kokoschka mir geschenkt. Aber nicht nur die Veteranen kommen, sondern auch die HSV-Leute. Außerdem ist der Rundfunk-Nachwuchs vertreten, denn der NDR liegt ja schräg gegenüber. Frauen kommen gern - auch allein oder zu zweit - weil sie hier nicht angemacht werden. Anmache und Randale passen einfach nicht in diese Umgebung. Laut wird es schon auch manchmal, vor allem, wenn der HSV einen Sieg feiert. Kommt ja auch vor. Da geb' ich gern mal einen aus. Haben Sie schon meinen Schaubudenbagger probiert?"

BAR·CAFE	Buttstädt's, Rothenbaumchaussee 183, Tel. 44 79 69	
	Mo-Fr 17-3, Sa/So 18-3, warme Küche 19-1	
	Hallerstraße: U 1; Bus 115; N 605	
	irgendwann wird man in der Nähe schon Glück haben	
	40 Sitz-, 100 Stehplätze, 40 können sich selbst an die Luft setzen	
	Sportler, Schreiberlinge und deren Fans	
	Jever, Hannen v.F., Pilsener Urquell (3,80-6,00)	
	ein Glas Chablis o. eine Fl. Fendant? (6,50-8,00, Fl.60-90)	
	Glas ab 8,00; 3x Sekt, 11x Champagner (Fl.75-270)	
	bagger dir einen ... (4,00-19,50)	
	happig: 0,2 Perrier, Fachinger, Granini für 5,00 (4,50-6,00)	
	mager: Kaffee, Tee, im Winter Glühwein und Grog (3,50-8,50)	
	und manchmal muß es doch Kaviar sein	
	alles sauber geschrubbt	
	immer wie frisch gelüftet	
	von Oldies bis Rock, von Disco zu Hitparade	
	nur die MoPo, und selbst die muß man kaufen	
	Bagger bitte selbst mitbringen	
	macht ihre Sache gut	
	sagen wir mal: ein etwas gehobeneres Preisniveau	

Das andere Geschlecht

Frauen. Frauen über Frauen, Frauen mit Frauen. Tausend Infos, Adressen, Bekanntmachungen, Aktionen, Broschüren, Bücher - alles, was Frauen betrifft, kannst du hier erfahren: im Frauenbuchladen & Café. Und dann nebenbei einen Kaffee schlürfen, zur Entspannung, damit du erstmal alles ordnen und sortieren kannst, vielleicht noch ein Stück Kuchen dazu oder eine andere Kleinigkeit,

Café im Frauenbuchladen

wie du willst. Aber: Bring lieber etwas mehr Zeit mit, es kann manchmal schon passieren, daß du ein bißchen warten mußt, bis du deine Sachen bekommst. Schließlich ist dies ein Buchladen mit Café und nicht umgekehrt. Derweilen setzt du dich einfach auf eines der alten Sofas, hinten, etwas erhöht, schnappst dir was zu lesen oder klönst mit deiner Freundin, oder du schaust dich in Ruhe im Laden um. Neben den obligatorischen Schmökern gibts dort Platten von diversen Frauenbands (und vielleicht wird auch gerade eine gespielt und dann hört frau einfach nur mal zu) ... Jedenfalls: Auf die eine oder andere Art könntest du eigentlich den ganzen Tag hier verbringen. Und solltest du dir einen Samstag ausgesucht haben, hast du wirklich Glück gehabt, denn da wird auch Frühstück angeboten. Vielleicht hast du gemerkt, daß Buchladen und Café nicht voneinander zu trennen sind und die besondere Atmosphäre eben durch diese Zusammensetzung entsteht. Das heißt aber auch: Irgendein tieferes Interesse an dir selbst und anderen Frauen solltest du schon mitbringen, wenn du hierherkommst.

Café im Frauenbuchladen, Bismarckstr. 98, Tel. 420 47 48	
Mo-Fr 10-18, Sa 10-14	
Christuskirche: U 2; Bus 181, 182; N 603	
so selten wie erwachsene Männer	
ca. 15-20 Sitzplätze	
Das andere Geschlecht	
nö	
kein Wein	
Glas Sekt 4,50, Flasche 14,00	
Inspiration nur durch Bücher	
neue Kraft durch Bio-Saft (1,50-2,00)	
Kaffee, Milchkaffee, Kakao - und zwar bitte mit Keks (1,50-2,50)	
Kuchen, Waffeln, Eis, Müsli, Sa. Frühstück	
Angst vorm Fegen? Ach wo.	
Bücherduft (90 g/qm, holzfrei) liegt in der Luft	
nur manchmal (- aber dann unbeschreiblich weiblich)	
alle möglichen Frauenzeitungen, Infomaterial	
Frau-ärgere-Dich-nicht: keine	
freundlich, aber die Buchhandlung geht vor	
Por(temonnaie leer?)No!	

Der Mensch in der Kneipe

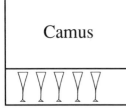

Camus

Eine Kneipe ausgerechnet nach Albert Camus zu benennen, der ja nun wirklich einer der klügeren Köpfe dieses Jahrhunderts war, läßt einen heute wohl kaum noch zu verwirklichenden Anspruch vermuten: das Café als philosophisch-literarische Stätte der Begegnung. Aber vielleicht schwirrten den Namensgebern auch ganz andere Assoziationen im Kopf herum (ein Kind von Traurigkeit war Camus schließlich auch nicht). Name hin oder her: Das Ergebnis kann sich sehen lassen. "Simpel, aber niveauvoll" sollte es werden, und so gehen mediterranes Ambiente und die spiegelnde Kühle einer Cocktailbar eine gelungene Mischung ein. Die Schlichtheit, die bei der Einrichtung so wohltuend ist, setzt sich aber keinesfalls beim Speisen- und Getränkeangebot fort: Im Gegenteil: Angeboten werden algerische Spezialitäten wie Couscous oder Teigrolle mit Lamm, aber auch Kreationen der französischen (italienischen) Küche. Und über einer der besten französischen Weinkarten Hamburgs - die natürlich auch Tropfen aus Camus' Heimat offeriert - läßt es sich gut den Kopf zerbrechen. Sowas gefällt nicht nur uns, sowas gefällt auch den in der Gegend ansässigen Fotografen, Journalisten und sonstigen Angehörigen des kulturschaffenden Establishments. Verwunderlich ist es allerdings angesichts dieser Klientel und angesichts der Tatsache, daß der Namenspatron des Cafés Zeit seines Lebens auch journalistisch tätig war, wie "seßhaft" die angebotene Lektüre ist: HA, MoPo, Prinz, Spiegel, Stern - Hamburg als Nabel der Welt?

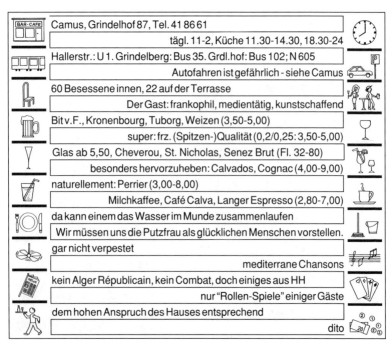

Camus, Grindelhof 87, Tel. 41 86 61	
	tägl. 11-2, Küche 11.30-14.30, 18.30-24
Hallerstr.: U 1. Grindelberg: Bus 35. Grdl.hof: Bus 102; N 605	
	Autofahren ist gefährlich - siehe Camus
60 Besessene innen, 22 auf der Terrasse	
	Der Gast: frankophil, medientätig, kunstschaffend
Bit v.F., Kronenbourg, Tuborg, Weizen (3,50-5,00)	
	super: frz. (Spitzen-)Qualität (0,2/0,25: 3,50-5,00)
Glas ab 5,50, Cheverou, St. Nicholas, Senez Brut (Fl. 32-80)	
	besonders hervorzuheben: Calvados, Cognac (4,00-9,00)
naturellement: Perrier (3,00-8,00)	
	Milchkaffee, Café Calva, Langer Espresso (2,80-7,00)
da kann einem das Wasser im Munde zusammenlaufen	
	Wir müssen uns die Putzfrau als glücklichen Menschen vorstellen.
gar nicht verpestet	
	mediterrane Chansons
kein Alger Républicain, kein Combat, doch einiges aus HH	
	nur "Rollen-Spiele" einiger Gäste
dem hohen Anspruch des Hauses entsprechend	
	dito

"Echt viele unechte ..."

Schade, daß Verhaltensforscher Konrad Lorenz zu Lebzeiten nie hier gewesen ist, hätte er doch so einiges über die Ethologie und ihre vier Triebe lernen können. Weniger über die Fortpflanzung, wohl aber eine Masse über Nahrungserwerb, Aggression und Flucht. Gelernt hätte er auch, daß Wespen Matjesheringe lieben. So sitzt man also sommmers bei Dieze im Garten und fängt mit einem herrlichen Schmalzbrot an. Alsbald tauchen Spatzen auf und betteln schilpend herum. Danach kommt die Matjesportion, und schon hat man auf dem Teller Wespen, die aggressiv ihren Anteil fordern. Was bleibt einem da anderes als die Flucht ins Lokalinnere?

Ein wenig erinnert das Dieze an eine Altberliner Kutscherkneipe, aber dort werden wohl kaum politisch derart unterschiedliche Tageszeitungen wie FR und Welt, FAZ und taz zu finden gewesen sein. Im etwas verräucherten Holzmilieu wirkt alles erträglich unordentlich. Ausgestopfte Fasane, Plüschpapageien und Plastikenten stehen herum, auf den Tischen und in Nischen "Echt viele unechte Blumen", wie uns eine vom Dieze-Team aufklärte. Der gemütliche Touch hat sich herumgesprochen, und jetzt fahren die Leute aus jeder Gegend Hamburgs gern "mal eben bei Dieze vorbei". Meist wird es länger, weil man flott bedient wird, sich nicht gegen überlaute Hifis 'phonisch' durchsetzen muß, und weil sich der Zoobesuch erübrigt, denn hier hat man ihn - einen echten und einen unechten.

Dieze, Rappstr. 1A, Tel. 45 52 55	
	tägl. 11-2
Grindelberg: Bus 35. Grindelhof: Bus 102; N 605	
	ein leider fast aussichtsloses Unterfangen
50 Sitz-, 30 Stehplätze, draußen nochmal 40	
	von normal bis etwas links
KöPi, Bud, Ginness v.F., Alt, Bock, Jever Light (2,40-4,80)	
	Vinho Verde, Soave, Retsina, Rioja (4,50-6,00)
Glas Sekt 3,50; Veuve, Moët u.a. (Fl. 22,50-210,00)	
	das Durchprobieren würde mind. 1 Woche dauern (2,50-10,00)
viel an Polizeifreundlichem: Graninis, Schweppes (2,00-5,00)	
	Espresso, Cappuccino, Café au lait, "Heiße Speeds" (1,50-6,50)
Frühstück, Suppen, Weiß- und andere Würste, Salate, Brote	
	echt wenig echter Staub hier
erträglich wie der Plastikzoo	
	gedämpft: Jazz, Oldies und etwas Disco-Soul
HA, HR, MoPo, taz, FR, SZ, FAZ, Welt, Spiegel, Stern	
	ein einsamer Flipper (genügt ja auch)
flott	
	angemessen bis fast günstig

Industrielle Revolution

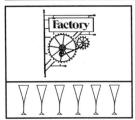

Das wunderschöne Gebäude einer ehemaligen Tabakfabrik wurde 1985 renoviert. Heute beherbergt es viele kreative Adressen, allen voran den Rasch & Röhring-Verlag und - eine Kneipe namens Factory. Deren Betreiber verlegten sich - frei nach Hoimar v. Ditfurth - mehr aufs Pflanzen von Apfelweinbäumchen, und was dabei herauskam, ist mittlerweile an höchsten Maßstäben zu messen: eine Trutzburg der schönen, hehren und günstigen Totalgenüsse (vom Spitzenkaffee bis zu Gourmetfreuden im Extra-Restaurant, vom gemütlichen Bierchen bis zum erzeugerabgefüllten Muscadet, und als Geheimtip sei der 'Bierschnaps' verraten, ein 'Abfallprodukt' bei der Gewinnung von Alk-freiem Maisel's). Ebenso positiv ist die Mischung des Publikums, das Bescheid weiß, kommt und genießt. Hier werden Verlagsgespräche streßfrei abgewickelt, hierher wird die Oma zum Muttertag eingeladen, hier treffen sich - laut Geschäftsführer - alle Schichten aller Stadtteile.

Versorgt vom perfekten, dabei aber äußerst menschlichen Service, darf man/frau dann in Dichterturmatmosphäre auf 2 1/2 Etagen wandeln und sich an Mainstream-Sounds und der gelungenen Inneneinrichtung erfreuen. Oder sich's, weitab vom Lärm der Straße, im Café-Biergarten gutgehen lassen. Ach, es ist einfach eine Freude. Und nachdem wir aus der Karte erfahren haben, daß auch Päpste manchmal vernünftige Sachen von sich geben, schließen wir mit einem Zitat von einem solchen: "Ergo bibamus! Also trinken wir!"

Factory, Hoheluftchaussee 95, Tel. 420 37 11	
Mo-Sa 10-2, So 9-2, Küche durchgehend	
Gärtnerstraße: Bus 102, 106, 113; N 600, 604	
machbar	
200 Sitz-, fast unbegrenzt Stehplätze; 100 draußen	
laut Factoryanalyse: alle Schichten, Klassen, Stadtteile	
Einbecker, Bit, Maisel's, Guinness, Kräusen v.F. (2,30-4,80)	
deutsche & französische & italienische (5,20-13,50)	
prickelt ganz nett (Glas ab 5,00, Fl. 32-270)	
qualitätsbewußte Auswahl, einige Longdrinks (2,50-9,00)	
Standard, Miwa etwa preisgleich mit Bier (2,00-4,40)	
Kaffee, nicht beutelnder Tee, Schokolade, Grog (2,30-6,00)	
so ziemlich das Gegenteil von Kantinenessen	
in der Fabrik könnte man selbst Mikrochips herstellen	
factory: aired for your protection	
Rock-Pop-Soul-Latin in exzellenter Wiedergabequalität	
Abendblatt, MoPo, HR, taz, FR, Zeit, Szene, Prinz, Spiegel u.v.a.	
seit wann wird denn in Fabriken gespielt?	
de facto riesig gut	
angemessen bis erfreulich	

Get Your Kicks at Fricke 46

Eine große, ausladend-einladende Sofaecke mit viel Platz und geräumigen Tischen, an denen man sich wie in einem interessanten Antiquitätenladen fühlt. An den Wänden und in den Ecken Möbel, Gebrauchsgegenstände aus den letzten hundert Jahren, mit ein bißchen Opa-Schnickschnack dazwischen. Zwei gesonderte Billardräume und jede Menge Spiele vervollkommnen das Inventar (hin und wieder sind sogar Spiele auf dem Tisch, die es noch in keinem Laden zu kaufen gibt. Dann hat ein befreundeter Spieletester wieder mal seine Hausaufgaben mit hierher gebracht...).

Wenn die "Karbolteams" aus den umliegenden Kliniken und 'Seniorenresidenzen' einfallen, eventuell zusammen mit den Lernschwestern, treffen sie auf viel Ruhe, studentisches Jungvolk und die Ureinwohner des Viertels. Und auf ein Frühstück (am Nachmittag - und nur am Nachmittag), zu dem aktuelle Tageszeitungen aufliegen. Bei schönem Wetter läßt sich dies, oder ein schwarz-blondes Guinness, auch im Freien genießen.

Und für plötzliche, unverzügliche Materialisation erfordernde Musenküsse stehen eine Gitarre und zwei Bongos bereit.

Fricke 46, Frickestr. 46, Tel. 47 21 15	
	tägl. 12 bis etwa 3 (je nachdem), Küche dito
Frickestraße: Bus 190	
	da schaut's eher schlecht aus
45 Sitzplätze plus Theke, draußen 20	
	Studenten, Nachbarn, Medizinmänner und -frauen
Duckstein, Guinness, Moravia v.F. (3,30-5,30)	
	Blauer Spätburgunder, Edelzwicker u.a. (um die 4,50)
Flasche Sekt etwa 35 Mark, der Champus etwa 80	
	die Cocktails und Drinks kosten so zwischen 10 und 15 Mark
aber für die Antis gibt's auch Alternativen (ca. 2,80-3,50)	
	Cappuccino, Bananenkaffee (ca. 2,50-6,00)
Frühstück, Suppen, Pizza, Toasts, Croques	
	da ist selbst das Klinikpersonal zufrieden
nicht so alt wie das Mobiliar	
	gedämpft, nachmittags auch schon mal Radio
in der Fricke, Lektüre dicke	
	Billard, Flipper, Automaten, viele Spiele
Fricke-Service nicht im Fracke, aber dafür zicke-zacke	
	da kriegt man kein Fracksausen

fiat lux via funzel

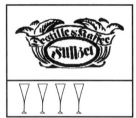

"Gemütlich wie zu Omas Zeiten", "urig-behaglich" - das sind so die Klischees. Und der Beiname 'Destille und Kaffee' könnte ja durchaus zu solchen oberflächlichen Plattheiten des Kneipenführerjargons verführen. Aber all das wäre hart am Rande einer Ente.

Der "Gründerstil", in dem die Funzel laut Eigenwerbung gehalten ist, hat (auch wenn das Buffet antiquarisch wirkt) nämlich wenig mit Zillescher Prolobarockmöbelkultur gemein. Wirklich sehr angenehm und lauschig eingerichtet, erstaunlich wenig rummelig und überhaupt nicht hektisch (woran die Musik ihren harmonischen Anteil hat). Große, kupferfarbene Ventilatoren (wie in altchinesischen Teestuben) fächeln mit ihren riesigen Rotorblättern auch bei höchsten Außentemperaturen genügend Frischluft durch den Raum, und die Bedienung scheint zumindest telepathische Grundkenntnisse zu besitzen.

Der Biergarten beherbergt ältere Out-door-Freunde ebenso wie Studenten, Schüler und Leute aus der Nachbarschaft. Und im Gegensatz zu Omas Zeiten - in denen wohl eher der Opa der Biergärtnerei frönte - funktioniert heutzutage die Quotenregelung wenigstens schon in manchen Kneipen - so auch in dieser hier.

All das zusammen ergibt einen guten Ruf. Und vier Sektgläser.

Funzel, Eppendorfer Weg 176, Tel. 420 18 50	
Mo-Fr 18-1.30 (o. länger), Sa/So 12-1.30 (dito), w.K. -1, Fr/Sa -2	
Hoheluftbrücke: U 3; Epp. Weg (Ost): Bus 102; N 604	
Nebelfunzeln einschalten und suchen	
100 Sitz-, 12 Thekenplätze, draußen 160	
gut durchgemischt	
toll: 9 Sorten (auch Exoten) vom Faß u. div. Flaschen (2,40-5,00)	
durchaus brauchbare D-A-F-I-P-Auswahl (4,50-6,00)	
da ist die Funzel kein großes Licht (Gl. 4,50, Fl. 25-35)	
wie sich's für 'ne Destille gehört & 'n paar Cocktails (2,50-9,50)	
viele, viele bun-te Graninis (3,00-4,00)	
alles da: Café au lait, heiße Milch, Alk-Kaffees, Tees (2,50-6,00)	
Salate, Croques u.a., pikant u. schön präsentiert, Sa/So Frühst.	
da können Sie auch mit 'nem Halogenscheinwerfer nachsehen	
selbst Rick würde vor Neid erblassen	
soft und sahnig kommt der Sound	
MoPo, Abendblatt, HR, taz, FR, Prinz, oxmox u.a.	
Schach, Backgammon, Mühle, Dame, Karten etc.	
schau mir in die Augen, Kleiner, und ich sage Dir, was Du willst	
die Preise der Funzel / vermeiden Stirnrunzel (ah! aua! Kalauer!)	

Im Gärtner's ist immer ...

... nein, nicht der Mörder, sondern der Höhepunkt manches Kneipenbummels in dieser Gegend. Was sich an Schick und Mick vorher in Szene-Kneipen, Cafés oder Bars tummelt, pilgert gegen später (und vor allem: bei Hunger) in das gekonnt, mit viel Know-How geführte Gärtner's.

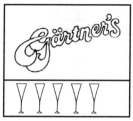

Das Lokal erstreckt sich auf zwei Ebenen (in der Weinkellerstube laden ein paar feine Rebensäfte

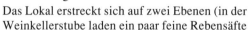

den Gast zum Probieren ein) - ist aber dennoch eher intim; klein, aber ziemlich oho. Geschmackvoll-unaufdringlich eingerichtet mit viel Holz, Glas und Spiegeln, bietet sich hier ein Ort der aufmerksam-dezenten Gastlichkeit. Der Service bleibt selbst dann noch hervorragend, wenn's proppevoll ist, und auch die Küche erfreut sich eines guten Rufs: Die Speisekarte ist für Italophile eine einzige Verführung (wenngleich die Preise schon eher in die Kategorie 'modern-angehoben' passen).

Und: Hier wird der Gast mit ungeschminkter Freundlichkeit empfangen, bekommt das Gefühl vermittelt, willkommen zu sein. Und das ist heutzutage bekanntlich nicht überall so.

Gärtner's, Gärtnerstr. 54, Tel. 491 61 76	
	So-Do 18-2, Fr/Sa 18-3, warme Küche 18-1
Gärtnerstraße: Bus 102, 106, 113; N 600, 604	
	suchen
Pflanzen Sie sich: 80 Sitz-, 20 Stehplätze und 20 im Garten	
	Kenner, Genießer, Probierer von normal bis schickimick
Faß: Königs Pils, Alt; Fl.: Guinness, Tuborg etc. (4,00-4,50)	
	ausgewählte ital. u. franz. Weine zu korrekten Preisen (5,60-6,30)
Deutz & G., C. Senez, Roederer, Ayala (Gl. ab 7,50, Fl. 38-92)	
	über 20 Mixturen, prima Marken-Spirits (3,00-18,00)
Perrier, Gerolsteiner,... und der Gag: kalter Kaffee (3,50-4,50)	
	Espresso, Cappuccino und Caffè Coretto! (2,50-6,50)
hervorragende, italienisch orientierte Küche	
	Schmutz ermordet! Wer war's? Richtig. Wie immer.
fast Gartenluft	
	Soul, Jazz, Cabaret- u. Musical-Songs, Latin, Oldies
niente	
	nicht mal Karten in dem Garten
bestellen ihren Garten bestens	
	gehoben

Frisch Gesellen, seid zur Hand

Die Glocke in der Klosterallee - ganz so heilig, wie die Sache zunächst klingt, ist sie nicht. Die auf Holztafeln gepinselte Ballade von Schiller gilt als Namensgeber dieser alteingesessenen Kneipe in Eppendorf. Doch die heutigen Betreiber wissen nicht mal mehr genau, wer eigentlich die Idee mit dem Schulbuchklassiker an der Kneipenwand gehabt hat.

Der Halbfinne Mikko ist nun seit 13 Jahren Besitzer - man kann ihn vor allem nachmittags, seltener abends hier antreffen. Womit schon anklingt, daß die Glocke beinahe rund um die Uhr geöffnet hat. Nur in den frühen Morgenstunden soll sie dicht haben - wir wollten es nicht nachprüfen.

Mittags läßt es sich draußen in der Sonne (falls sie mal scheint) oder im Schatten der Hochbahn sitzen, und wer Hunger hat, kann sich aus der lindgrünen Speisekarte modisch-ansprechende oder auch klassische Gerichte zu passablen Preisen auswählen. Drinnen ist es lauter, voller, enger. Besonders gegen Mitternacht. Beim Plaudern kann die zuweilen aufdringliche Oldiemusik schon mal nerven. Ein Plus: die zentrale Lage. Viele Hamburger, auch aus anderen Stadtteilen treffen sich hier. Die Kneipe gilt außerdem als Stammlokal vieler Journalisten, Anwälte und Ärzte - was aber nicht unangenehm auffällt. "Hier kommen auch viele Frauen allein her", heißt es. Na denn: "Frisch, Gesellen ..."

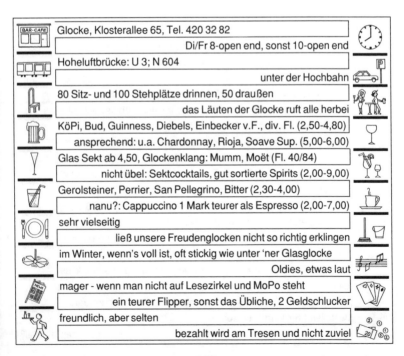

Glocke, Klosterallee 65, Tel. 420 32 82	
	Di/Fr 8-open end, sonst 10-open end
Hoheluftbrücke: U 3; N 604	
	unter der Hochbahn
80 Sitz- und 100 Stehplätze drinnen, 50 draußen	
	das Läuten der Glocke ruft alle herbei
KöPi, Bud, Guinness, Diebels, Einbecker v.F., div. Fl. (2,50-4,80)	
ansprechend: u.a. Chardonnay, Rioja, Soave Sup. (5,00-6,00)	
Glas Sekt ab 4,50, Glockenklang: Mumm, Moët (Fl. 40/84)	
nicht übel: Sektcocktails, gut sortierte Spirits (2,00-9,00)	
Gerolsteiner, Perrier, San Pellegrino, Bitter (2,30-4,00)	
nanu?: Cappuccino 1 Mark teurer als Espresso (2,00-7,00)	
sehr vielseitig	
	ließ unsere Freudenglocken nicht so richtig erklingen
im Winter, wenn's voll ist, oft stickig wie unter 'ner Glasglocke	
	Oldies, etwas laut
mager - wenn man nicht auf Lesezirkel und MoPo steht	
	ein teurer Flipper, sonst das Übliche, 2 Geldschlucker
freundlich, aber selten	
	bezahlt wird am Tresen und nicht zuviel

Schwätzchen mit dem Lördchen

Die Eppendorfer Landstraße zeichnet sich vor allem dadurch aus, keine solche zu sein. Sie ist schon eher eine echte Prachtmeile, besonders im oberen Teil, in dem das Herzog! residiert. Hier flaniert die Schickeria und alle, die sich gerne zu den Beautiful People rechnen oder wenigstens von deren Aura was abkriegen möchten.

Bei schönem Wetter legen sie dann auf der herzög!lichen "Straßenterrasse" ein Päuschen ein, um das Avenue-Panorama zu genießen und das eigene (natürlich immer brandneue) Outfit zu präsentieren.

Drinnen thront ein 'Glückspilz'-Kopf - um ihn herum lang-bunte Schärpen - mit einer Minivioline in der Hand, und lächelt geheimnisvoll-wissend auf gut gestylte Frisuren - pardon: Hair-Dressings - herunter. Hell bis grell die Wände mit hohen Spiegeln, alles sehr cool, etwas zugig, wohlig-abweisend und mit der prickelnd-cleanen Ausstrahlung eines Messecafés. Die Steinplatten auf den Tischen, die Easy-Soft-Musik: der Minimalcharme einer Sade.

Wer sich in dieser Kaufmannsstadt über den banalen Rest erheben möchte, fügt heutzutage dem eigenen Namen einfach ein ! an. Solch kalter Glanz mag Blauäugige blenden. Für Blaublütige mit praller Börse ist's jedenfalls ein Muß. Verarmter Adel, wie meine Wenigkeit, sucht eher pralle Atmosphäre... Empfehle mich.

BAR-CAFE	Herzog!, Eppendorfer Landstr. 31, Tel. 48 38 10	
	So-Do 10-2, Fr/Sa 10-4, warme Küche 10-22	
	Eppendorfer Baum: U 3. Kellinghusenstr.: U 1, 3; N 605	
	die Adelskarosse bitte vom Chauffeur weiterfahren lassen	
	45 Sitzplätze, an der langen Theke 20-25, draußen gut 40	
	beautiful people und wer sich's leisten kann, so zu tun	
	mageres Angebot: Bitburger, Diebels, Paulaner (3,70-4,90)	
	lobenswert: gut sortiert und mit Beschreibung (8,00-9,00)	
	Glas Sekt 6,50, HM, Deutz & G., Moët, Bollinger (Fl. 39-110)	
	geschmackvolle Aporitifs und Spirituosen (4,00-8,50)	
	auch frisch gepreßte Säfte (4,00-6,50)	
	herzög!lich-vorzüglich (2,50-7,50)	
	großes Frühstücksangebot (So Buffet), romanophile Freuden	
	na wie schon	
	huiiii! - sogar mit Gebläse	
	Killing me softly...	
	HA, Mopo, FAZ, Lesezirkel	
	man stelle sich hier eine Skatrunde vor...	
	dienstbarer Adel	
	es war schon immer etwas teurer...	

Asterix bei den Hamburgern

Wildschweinbraten gibt es nicht und auch keine lauwarme Cervisia. Statt dessen multiple-choice-Salate, Suppen, Croques (wobei natürlich der Hinkelburger nicht fehlen darf) und diverse kühle Biere vom Faß. Die Portionen (ah, dieser große Salat-Teller, beim Belenus!) jedoch sind durchaus Obelix-adäquat.

Allerdings befinden wir uns (natürlich) weder im Jahre 50 v. Chr. noch in einem kleinen gallischen Dorf. Wir sind in Hamburg, sitzen in einer waschechten Studentenpinte mit harten Holzbänken, wackligen Barhockern und absolut reellen Preisen. Die Kneipe ist in mehrere, kleine Räume unterteilt, allesamt einfach gestaltet. An der Wand dürfen wir solch beeindruckende Accessoires bestaunen wie die Emailletafel der Christlichen Bergarbeitergewerkschaft mit dem Motto "Zusammenschluß macht stark" (das hätte den Galliern bestimmt auch gefallen).

Und wie ist das Unterhaltungsangebot? Kein verdorbener Fisch, den man dem (ebenfalls nicht vorhandenen) Schmied über die Rübe ziehen könnte, keine frischen Römer, keine furiosen Schlägereien, dafür Flipper (einer der alten, fairen, bezahlbaren Sorte), Kicker (Fußballspielen soll ja Obelixschen Freßbäuchen entgegenwirken) und jede Menge Lektüre (Belisimaseidank schon auf Papyrus gedruckt und nicht in Stein gemeißelt).

Also, wenn uns der Himmel nicht auf den Kopf fällt, kommen wir bestimmt bald wieder.

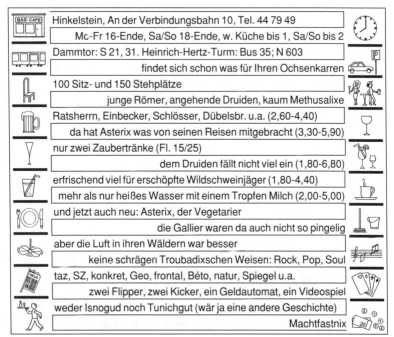

Hinkelstein, An der Verbindungsbahn 10, Tel. 44 79 49

Mc-Fr 16-Ende, Sa/So 18-Ende, w. Küche bis 1, Sa/So bis 2

Dammtor: S 21, 31. Heinrich-Hertz-Turm: Bus 35; N 603

findet sich schon was für Ihren Ochsenkarren

100 Sitz- und 150 Stehplätze

junge Römer, angehende Druiden, kaum Methusalixe

Ratsherrn, Einbecker, Schlösser, Dübelsbr. u.a. (2,60-4,40)

da hat Asterix was von seinen Reisen mitgebracht (3,30-5,90)

nur zwei Zaubertränke (Fl. 15/25)

dem Druiden fällt nicht viel ein (1,80-6,80)

erfrischend viel für erschöpfte Wildschweinjäger (1,80-4,40)

mehr als nur heißes Wasser mit einem Tropfen Milch (2,00-5,00)

und jetzt auch neu: Asterix, der Vegetarier

die Gallier waren da auch nicht so pingelig

aber die Luft in ihren Wäldern war besser

keine schrägen Troubadixschen Weisen: Rock, Pop, Soul

taz, SZ, konkret, Geo, frontal, Béto, natur, Spiegel u.a.

zwei Flipper, zwei Kicker, ein Geldautomat, ein Videospiel

weder Isnogud noch Tunichgut (wär ja eine andere Geschichte)

Machtfastnix

Auf in den Kampf

Wer in Eppendorf zu Abend gegessen hat und noch einmal zum letzten (?) Bier irgendwo einkehren möchte, der sollte irgendwann im Jablonsky's landen. Hauptattraktion ist hier die Musik, die keinen Wunsch offen läßt. Von der deutschen Schlagerschnulze bis zum anspruchsvolleren Rock ist hier alles zu hören. So etwa 30.000 Singles (eher bescheidene Schätzung) warten in den Regalen hinter der Bar darauf, abgespielt zu werden. Das Lokal ist im wesentlichen eine Stehkneipe, sieht man von ein paar Bänken an der Wand und ein paar Hockern ab. Am Wochenende ist der Laden brechend voll. Manchmal muß der Gast vor der Tür wartend ausharren, bis eine Menschenwoge freiwillig oder unter Protest aus der Kneipe gedrückt wird. Dann nämlich bietet sich die Möglichkeit, unter Einsatz der Ellbogen, mit der nächsten Welle in das Menschenmeer zu treiben. Zur Bar muß man sich ebenso durchkämpfen und hoffen, daß die Bestellung vom Personal registriert wird. Bei unseren Besuchen hatten wir stets Glück: Das Gewünschte wurde uns irgendwann in die Hand gedrückt. Anwesend ist viel Eppendorfer Publikum, doch das Gedränge ist bereits über diese Grenzen hinaus bekannt geworden. Jungs und Deerns stehen in der rauchigen Kneipe auf Tuchfühlung, darunter viele Stammgäste, die sich kennen. Wer also ins Jablonsky's geht, sollte sich auf eine sehr lebendige Atmosphäre gefasst machen. Zum Gespräch oder ruhigen Bier ist dieser Ort wirklich denkbar ungeeignet. Ein Tip: Je später, desto lustiger.

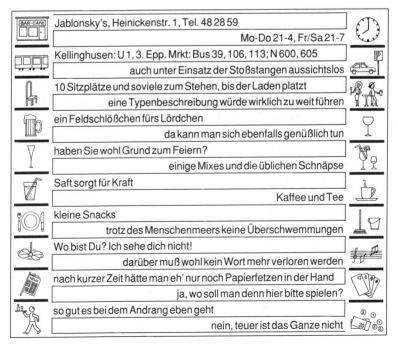

Jablonsky's, Heinickenstr. 1, Tel. 48 28 59
Mo-Do 21-4, Fr/Sa 21-7

Kellinghusen: U 1, 3. Epp. Mrkt: Bus 39, 106, 113; N 600, 605
auch unter Einsatz der Stoßstangen aussichtslos

10 Sitzplätze und soviele zum Stehen, bis der Laden platzt
eine Typenbeschreibung würde wirklich zu weit führen

ein Feldschlößchen fürs Lördchen
da kann man sich ebenfalls genüßlich tun

haben Sie wohl Grund zum Feiern?
einige Mixes und die üblichen Schnäpse

Saft sorgt für Kraft
Kaffee und Tee

kleine Snacks
trotz des Menschenmeers keine Überschwemmungen

Wo bist Du? Ich sehe dich nicht!
darüber muß wohl kein Wort mehr verloren werden

nach kurzer Zeit hätte man eh' nur noch Papierfetzen in der Hand
ja, wo soll man denn hier bitte spielen?

so gut es bei dem Andrang eben geht
nein, teuer ist das Ganze nicht

Verweile doch, ...

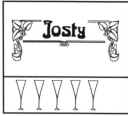

Gehören Sie zu den beneidenswerten Leuten mit Linksdrall? Dann finden Sie leicht zum Josty: U 3 bis Eppendorfer Baum (es gibt nur einen Ausgang). Treppe runter, dreimal links, und schon sind Sie bei Jan, Rita, Marina und anderen freundlichen Gesellen und Gesellinnen. Eine Kneipe von eher gepflegtem Typ. Da Jan sie schon seit 1977 leitet, darf man das Konzept wohl als 'bewährt' bezeichnen.

Etwas für Normalos, aber auch für die Kunst-Schickeria. Schlimmstenfalls grübelt neben Ihnen an der kurzen Bar ein Makler darüber nach, warum seine Treptolosino-Aktien am Vormittag um fünf Punkte gefallen und am Nachmittag nur um drei gestiegen sind. Auch die Publicity-Aktien von Künstlern stehen zur Debatte. Die Werbebranche kommt etwas lautstärker angezogen, manche haben Models mit - was wohl nimmersatte Journalisten zum Hineinschauen verleitet.

Bistronahe Teppichatmosphäre auf anderthalb Ebenen, leicht dunkle Möbel, flinke Bedienung, kein Lärm (dafür Soul, Latin und Oldies in gemäßigter Lautstärke), kein Küchendunst, kein Geschirrgeklapper, eine gut zusammengestellte Speisekarte mit allerdings auch eher bürgerlich angehobenen Preisen. Fesch-gemütlich. Ein netter Sommergarten erlaubt die Aussicht auf vorbeiflanierende - auch männliche - Schönheiten. Hier sagt man gern zum Augenblick: "Verweile doch, du bist so schön."

Josty, Isestr. 77, Tel. 47 40 81	
Mo-Fr 12-15 u. 17-0.30, So 17-0.30, w.K. 12-15 u. 17-23.30	
Hoheluftbrücke/Eppendorfer Baum: U 3	
mal um die nächsten zwei Blöcke rumkurven	
65 Sitz-, 8 Bar- und 70 Gartenplätze	
Normalos, Geschäftige, Kunstschickis, Werbefritzen, Journaille	
KöPi v.F., Tuborg, Diebels, Clausthaler (3,50-4,80)	
gute offene Weine aus F und D (5,20-5,80)	
Glas Sekt 7,50, Mumm, Veuve Cliquot (Fl. 46/85)	
Standard-Aperitifs und -Spirits (2,20-8,50)	
3 Wässer, auch frisch gepreßter Orangensaft (2,80-6,00)	
Auswahl klein, aber fein (2,30-5,50)	
Qualität wie Preise: bürgerlich-gehoben	
blitzeblank	
nur selten misty im Josty	
Soul, Latin, Oldies in kommunikationsfreundlicher Lautstärke	
keine Vogue für die Models, kein Capital für die Makler	
manchmal Selbstdarstellungsspielchen	
in jeder Hinsicht flott	
teils, teils	

Bolivianische Nächte

Das Lokal mit dem friedlichen Namen gehört seit Jahren zum festen Inventar dieses Stadtteils und zieht bevorzugt die alternativ orientierten Nachtschwärmer des Viertels an. Und da alte Gewohnheiten meist als gut empfunden werden, darf man sich im La Paz wohl sicher sein, daß das Stammpublikum (und das kommt nicht nur aus Eimsbüttel und Eppendorf) auch in Zukunft nicht ausbleiben

wird. Das ist ein gutes Gefühl. Schade ist's nur, wenn diese Sicherheit zu Nachlässigkeiten führt, die sich ein neuer Laden niemals leisten könnte.

Die Speisekarte orientiert sich überwiegend an süd- und mittelamerikanischer Eßkultur, von Tacos bis Tortillas, von Saltena bis Empanada. Die Live-Musik an den Wochenenden kommt natürlich auch aus diesen Breiten.

Inzwischen leider schon fast eine Seltenheit ist das betont linke und ausländerfreundliche Engagement der Betreiber. Springer- und ähnliche Presse findet man hier nicht. Plakate und Flugblätter weisen auf Diskussionsveranstaltungen (z.B. über Nicaragua oder Chile) hin, und umherschwirrende Gesprächsfetzen lassen keinen Zweifel daran, daß es für das La Paz-Publikum auch noch Probleme über die eigene Lebensinszenierung hinaus gibt.

BAR-CAFE	La Paz, Heußweg 49, Tel. 40 98 57	🕐
	Mo-Sa 17-open end, So 11-open end, warme Küche 18-24 Uhr	
🚃	Osterstraße: U 2; Bus 182; N 603	🅿
	wenn es der Zufall will	🚗
🪑	60 Sitz- und ziemlich viele Stehplätze, draußen 40 Stühle	
	Alt-Linke-Kneipen-Polit-Szene, Südamerikafans	
🍺	Ratsherren, Schlösser, Einbecker, Weizen (3,00-4,50)	🍷
	Franzosen, Italiener u. 1 argentinischer Rotwein (3,50-5,00)	
🥂	Hausmarke und Ende (Gl. 3,50, Fl. 22,00)	🍹
	karibische Nächte: Cocktails und Longdrinks (2,00-9,50)	
🥤	ein echter "Saftladen" (2,00-4,00)	
	Milchkaffee, Espresso, Cappuccino, Tee usw. (2,00-5,00)	☕
🍽	picante, bueno, pero poco, So Frühstück ab 11	
	nicht gerade unser Fall	🧹
	ein solcher sollte alles schaffen	
	Mittel- und Südamerikanisches, Sa live	🎵
📰	HR, FR, Volkszeitung., Infos	🃏
	es gibt manchmal wichtigere Dinge im Leben als Spiele	
🚶	der Wille ist da, aber bei der Ausführung hapert's manchmal	
	demokratisch	

Advent, Advent, ein Lichtlein brennt

... erst eins, dann zwei, dann drei, dann vier - und noch viel mehr. Und das nicht nur zur Adventszeit. Jeden Abend veranstaltet Wieland Vagts (der einst mit Uschi Obermaier durch Amerika bretterte und dessen Schwester mal mit Roy Black verheiratet war) an der Rothenbaumchaussee ein Lichtfest, das ihn - sogar bei Niedervoltbirnen - im Monat rund zwei Riesen kostet. Licht, wohin man auch sieht. In jeder Form und jeder Stärke (aber immer hübsch elektrisch). Sogar der Rothenbaum-Baum hat sein eigenes Licht - natürlich rotes. Und das abzischende Raumschiff hat Raumlicht, was sonst? Doch keine Bange, nichts ist grell. Eher stellt der gesamte Raum mit seinem gepflegtem Mobiliar eine merkwürdige, aber gelungene Mischung aus etwas poppig und recht gemütlich dar. Ebenso gelungen ist der Draußen-Teil, wo man auf der Terrasse zwar nahe der Straße sitzt, sich aber doch wie im Garten fühlt. Aber egal, wo man sitzt - die köstlichen Speisen schmecken überall.

Wielands selbsterdachter Gag: Er schneidet aus Fernsehsendungen, die er zunächst auf Video überspielt, witzige Szenen mit unfreiwilligem Slapstick heraus und montiert sie dann zusammen. Beim Elfmeter am Ball vorbeikicken genügt da nicht, es muß schon etwas hintergründiger sein. Pro Jahr kommt Wieland Vagts auf nicht mehr als eine Stunde Eigenbau. Diese Filme laufen dann (ohne Ton) auf zwei Bildschirmen.

Lichtfest, Rothenbaumchaussee 105, Tel. 45 50 85	
	So-Do 11-2, Fr/Sa 11-3, warme Küche bis 30 min vor Schluß
Hallerstraße: U 1; Bus 115; N 605	
	es gibt ja noch den Parkplatz Turmweg
75 Sitz- und 30 Stehplätze, auf der Terrasse 48	
	Journalisten, Musiker, Models, Kulturschickis, HSV-Spieler
Jever, Hannen v.F., Tuborg, Tucher, Clausthaler (3,80-5,80)	
	in der Überzahl beliebte Italiener und Franzosen (5,50-7,50)
fragen Sie doch am besten mal!	
	Blonder Engel mit Lockenwickler in Manhattan (3,50-14,00)
Graninis, Autofahrer-Cocktails u.a. (3,50-8,00)	
	Tasse o. Becher Idee-Kaffee, Irish Coffee und so (3,00-8,50)
5x Frühstück, Suppen Steaks, Nudeln, Scampis, Vegetarisches	
	Verbesserungsvorschläge sind unnötig
Luftfest im Lichtfest	
	neben Rock und Pop viele Oldies auf'm Teller
HA, MoPo, FR, Welt, SZ, Bild, Spiegel, Stern, Prinz, Tempo	
	überflüssige Lichteffekte: zwei Geldautomaten
nett, nahezu Lichtgeschwindigkeit	
	fast kein Stromkostenzuschlag bemerkbar

Nostalgie schadet nie

Nostalgiker und Kaffeehausgänger bekommen beim Namen Lindtner bestimmt feuchte Augen und einen wässrigen Mund. 1939 vom Konditorehepaar Lindtner gegründet, heute von den drei Töchtern geführt, feierte es vor kurzem sein 50-jähriges Jubiläum und beherbergte in diesem halben Jahrhundert ganz verschiedene Szenen. Alt-Intellektuelle zum Beispiel - hatte doch das Lindtner jahrelang den Ruf eines Literatencafés Wiener Typs, in dem man sich traf und seine Zeitung las. Alteingesessene Eppendorfer erzählen, daß es früher zu jedem Sonntagmorgen selbstverständlich dazugehörte, im Lindtner sein Stück Kuchen zu essen oder zu frühstücken. Und auch die (Alt-)Studenten verschmähten das in Rot gehaltene, mit vielen Spiegeln und Leuchtern ausgestattete Café nicht. Für alle galt: Torten schlachten, sehen und gesehen werden, aber mit etwas Niveau, bitte!

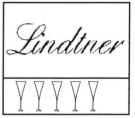

Der Beliebtheitsgrad des Lindtner hat sich nicht geändert. Das Publikum ist vielleicht noch etwas bunter geworden. Neben den typischen Kaffeehausdamen sitzen Germanistik-Studenten, die Regenmantel und Rucksack lässig auf den Polsterstühlen abgelegt haben - was in keinster Weise das Flair beeinträchtigt, denn den Stil halten mühelos die korrekten und freundlichen Servitricen aufrecht. Ein langer Blick auf die Tortenvitrine fördert unweigerlich den Kalorienkonsum, denn die Karte verzeichnet über 80 Torten, Stückchen und Schnittchen - ein wahres Schlaraffenland!

Konditorei-Café Lindtner, Eppend. Landstr. 88, Tel. 47 64 41	
Mo-Sa 8.30-20, So 10-20, warme Küche dito	
Kellinghusenstraße: U 1, 3. Eppendorfer Baum: U 3; N 605	
es gibt ja den Parkplatz bei Karstadt	
Café 75, Garten 85, Terrasse 32, macht 192 Sitzplätze	
weit und breit Kaffeehausfreunde	
König, Holsten, Jever Pils/light (Flaschenbiere): 4,50-4,80	
macht neugierig: Lindtner's Cuvée Privée (6,80-8,80)	
auch hier: Lindtner's Cuvée Privée und einiges mehr (Fl.32-70)	
Verdauungsschlückchen sind auch genügend da (3,00-8,50)	
Donath Säfte, kalte Ente (3,00-4,80)	
ein Paradies für Coffein-Fans (2,90-10,00)	
Frühstück(-sbuffet), kleine Gerichte und viele feine Torten	
natürlich sehr gepflegt	
fast Lindenduft	
nur manchmal sehr dezente Kaffeehausmusik	
Hamburger Abendblatt und Welt	
in dieser Umgebung spielt man doch nicht	
hat Stil, manchmal dauert's etwas	
dem Ambiente entsprechend	

Na logo

Hamburger Piste! Kein Begriff (mehr)? Na, Live-Musik à la Lindenberg, Atlantis, Oktober. Später dann die zweite Rockgeneration und die Punk-Welle! Klingelt's? Rock-Kabarett, Blues Revival. Nix mitgekriegt? Aber Wave! Hardrock! Fresh Music! New Wave! Rap & Funk! New Jazz! Back-to-the-U.S.S.R.-Rockshows! Trash & Speed Metal! Rhythm'n'Blues und...Ist doch logo, oder? Ach so: Logo! Du meinst diesen Uraltopabarockschuppen?

Von wegen Opa. Von wegen Barock. Das Logo ist immer noch eine der trefflichsten Mischungen aus Kneipe, Café, Bar und Musikschuppen. Die Besatzung des Rock-Raumschiffs hat immer noch offene Ohren, wenn es darum geht, neue Trends zu entdecken. Und dementsprechend treten auf dieser Bühne immer noch fast ausschließlich interessante Bands auf.

Ach, könnte sich nur mal einer der Verantwortlichen dazu durchringen, die sanitären Verhältnisse etwas zu verbessern und vor allem 'mehr Luft zu schaffen'. Manchmal können nämlich die Bands ihr Trockeneis gleich in der Kiste lassen, weil man vor lauter Smog sowieso nur noch die Bühnenscheinwerfer (als verschwommene bunte Punkte) erkennt.

Ein Pluspunkt zum Schluß: Es gibt ermäßigte Preise für Studenten, Schüler, Arbeitslose und Zivis.

Logo, Grindelallee 5, Tel. 410 56 58	
tägl. ab 20 Uhr, warme Küche 21-24	
Dammtor: S 21, 31. Staatsbibliothek: Bus 102; N 604	
also wirklich ganz schlecht	
Platz für mindestens 250	
Musik verbindet...	
DAB Pils u. Alt, Einbecker v.F., div. Flaschenbiere (4,00-5,00)	
nur Gravillac Rosé und Beaujolais fallen auf (4,00-6,00)	
Glas Sekt 5,00, M. Chandon, Veuve Cliquot (Fl. 35/98)	
normal inspiriert, etliche Longdrinks (2,50-12,00)	
breite Auswahl, günstige alkfreie Cocktails (3,00-3,50)	
Alk-Kaffee-Kakao-Variationen, Espresso, Cappuccino (2,50-5,50)	
Kleinigkeiten (Vorsicht: an den Tischen Verzehrzwang!)	
rockschuppen-mäßig	
Sauna mit Rauchbombe	
Rock, Heavy, Wave, Independent u.a. - live	
nichts, ist doch logo	
auch nichts	
o.k. (aber man muß die Musik überbrüllen - logo)	
auch o.k. (Eintritt ca 8,00-18,00)	

Nicht madig machen lassen

Das Mader, eine echte, "alte" Studentenkneipe: große Salate und Biere, merklich abgenutzte Getränkekarten und Tische, und die obligatorische, zerlesene taz vom Vortag. Der HR-Verkäufer schwärmt: Schon seit Jahren ist das Mader für ihn eine Goldgrube.

Die besten Plätze sind auch im Mader an der Theke, die sich in den Raum windet und an der sich dann auch täglich die Stamm-Szene trifft. An den Wänden hängt Kunst - kleine Masken und "Objekte" vor grauem Hintergrund. Kunstwerke anderer Art sind die Toiletten: Eine bunte Palette von Farben und Gerüchen erwartet jeden, der sich hier aus Versehen oder mit Absicht verliert. Aber ein Gutes haben die Mader-Klos doch: Die beiden Türen von M und F sind nämlich so einander gegenüber angeordnet, daß sie, gleichzeitig geöffnet, miteinander kollidieren müssen. Ungeahnte Möglichkeiten ...

Genug gemotzt. Das Essen ist gut, die Bedienung (meist Amateure) bemüht und nett, der Sommerbiergarten (zur Straße hin) unter grünen Rankenpflanzen gemütlich. Wenn nicht gerade der Strom ausgefallen ist, kann man hier sogar Pellkartoffeln mit Quark oder Matjes bekommen. Die für Studentenkneipen üblich gewordene Stilvermischung erlaubt es, hinterher einen der gut proportionierten Longdrinks zu bestellen.

Trotz allem also muß gesagt werden: Madig sollte das Mader hier nicht gemacht werden.

Mader, Beim Schlump 33, Tel. 44 96 90	
	Mo-Do 9-2, Fr 9-4, Sa 12-4, So 10-2
Bundesstraße: Bus 115; N 604	
	abends reichlich
40 Sitz-, 40 Stehplätze	
	Studenten, Alternativszene, linke Intellektuelle
Jever, Carlsberg, Alt v.F., div. Flaschen (3,30-4,00)	
	"grüner" Campelo, Corbières, Els. Gewürztraminer (4,00-5,80)
Glas Sekt: 4,00, HM, Deutz & G., Heidsiek (Fl. 25-80)	
	Longdrinks, 6 Cocktails, modische Kehlenbrenner (2,00-12,00)
O-saft Natur, eingeflaschte Früchte (total madenfrei): 2,50-4,00	
	seltsam: kein Espresso, aber Cappuccino (?):1,80-3,50
Frühstück, Suppen, Chili, Salate	
	entsprach nicht so ganz unseren Vorstellungen
kann stickig werden	
	rockig, poppig, unauffällig
HR, Mopo, HA, taz, SZ, Zeit	
	1 Flipper, Spielkarten
o.k.	
	erschwinglich

Ansteckend

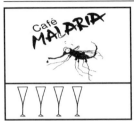

Moderne, mit buntem Stoff bespannte Stahlrohr-stühle um runde Steintische, der Boden schwarz-weiß gefliest, mit Spiegeln verkleidete Säulen und - huch, wie originell - an den Wänden Bogey und Jimmy Dean. Stein auch für die Theke, ein paar Hocker davor, und alles so ein bißchen abgenutzt, mit der Patina unzähliger Nächte überzogen. Ir-gendwie überkam uns das Gefühl, als lungerten vergangene Gesprächsfetzen herum, die keinen Frieden finden. Eine eigenar-tige Stimmung. Spät in der Nacht und vor allem am Wochenende, wenn das Malaria-Fieber die ganze Nacht durch anhält, mischen sich unter das buntge-mischte Völkchen die unermüdlichen Nachtgewächse und auch die Taxifah-rer und Kellner, die hier ihren Feierabend (bzw. -morgen) verbringen wollen. Das Angebot ist in jeder Beziehung bemerkenswert. Es gibt gute Sachen für den kleinen (der Renner: Knoblauchbrot) und größeren Hunger. Es gibt Frühstück und Eis. Es gibt einen Wassernapf für Vierbeiner. Es gibt Poolbil-lard, Flipper und auch was zu lesen. Und da wir uns ob der vielen Spirituosen und Cocktails, die die Karte offeriert, gar nicht mehr entscheiden konnten, fragten wir die coole, aber aufmerksame Bedienung, ob sie uns denn etwas Besonderes empfehlen könne. Sie brachte uns einen 'Dracula'. Das ist ein scharfer Ingwer-Pfefferschnaps, der einen nach Luft schnappen läßt. Nach dem zweiten merkten wir dann, daß man sich an das Teufelszeug recht gut gewöhnen kann, und nach dem dritten ... aber das ist eine andere Geschichte.

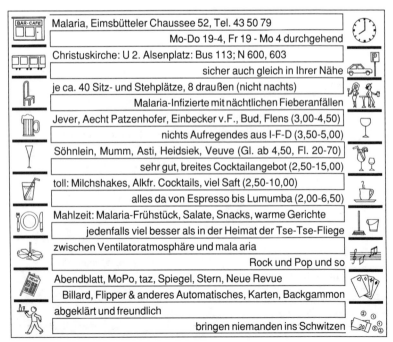

Malaria, Eimsbütteler Chaussee 52, Tel. 43 50 79	
	Mo-Do 19-4, Fr 19 - Mo 4 durchgehend
Christuskirche: U 2. Alsenplatz: Bus 113; N 600, 603	
	sicher auch gleich in Ihrer Nähe
je ca. 40 Sitz- und Stehplätze, 8 draußen (nicht nachts)	
	Malaria-Infizierte mit nächtlichen Fieberanfällen
Jever, Aecht Patzenhofer, Einbecker v.F., Bud, Flens (3,00-4,50)	
	nichts Aufregendes aus I-F-D (3,50-5,00)
Söhnlein, Mumm, Asti, Heidsiek, Veuve (Gl. ab 4,50, Fl. 20-70)	
	sehr gut, breites Cocktailangebot (2,50-15,00)
toll: Milchshakes, Alkfr. Cocktails, viel Saft (2,50-10,00)	
	alles da von Espresso bis Lumumba (2,00-6,50)
Mahlzeit: Malaria-Frühstück, Salate, Snacks, warme Gerichte	
	jedenfalls viel besser als in der Heimat der Tse-Tse-Fliege
zwischen Ventilatoratmosphäre und mala aria	
	Rock und Pop und so
Abendblatt, MoPo, taz, Spiegel, Stern, Neue Revue	
	Billard, Flipper & anderes Automatisches, Karten, Backgammon
abgeklärt und freundlich	
	bringen niemanden ins Schwitzen

Frisch expandiert

Neue Kneipen haben oft Einstiegsprobleme und steigen fix wieder aus. Nicht so das Manstein 50 - das Inhabertrio ist durchaus kneipenerfahren, gehören diesem "Clan" doch die etablierten Hamburger Etablissements Müller-Lüdenscheid und Brüggemeier. Gute Überlebenschancen also auch für diese grün angehauchte Kneipe mit der Salat- und Vollkornkarte. Die Küche ist schon zum Mittagstisch für Berufstätige und andere Hungrige geöffnet und präsentiert - täglich neu - auch (aber nicht nur) Vegetarisches. "Alles frisch - im Zug der Zeit", meint das Manstein-Trio stolz und selbstbewußt.

An den Wänden hängen alte Streichinstrumente und neue Lichtenstein-Bilder. Die Atmosphäre ist eher fein und soll demnächst durch Piano-Begleitung im Hintergrund noch weiter angehoben werden. Runde Stehtische verbreiten Bistrostimmung - das Manstein-Trio will weg vom kleinbürgerlichen Eckkneipenimage der Vorgängerlokale. Sonntags ab 10 gibt's Brunch bei dezenter klassischer Musik vom Band - dann kommt Kundschaft auch aus anderen Stadtteilen.

Wer also wissen will, was ein Balsamessig-Distelöldressing ist und wie gebackene Selleriescheiben mit Remouladensoße schmecken, oder wer auch nur eine halbe Maß Flens vom Faß trinken will, der ist im Manstein nicht verkehrt.

Manstein 50, Mansteinstr. 50, Tel. 491 49 61	
Mo-Sa 11-2, So 10-2, w. Küche 11-15 u. 18-24	
Eppendorfer Weg: Bus 181. Kottwitzstraße: Bus 113; N 604	
Alles voll - im Zug der Zeit	
80 Sitzplätze drinnen, 50 draußen	
so gemischt wie der kleine bunte Salat	
über 10 Sorten Bier, Mixturen (2,40-8,50)	
erzeugerabgefüllte Franzosen, teils biol. (5,00-6,00)	
Glas Sekt 5,00, HM, Deutz & G., Moët & Chandon (Fl. 30-97)	
Aperitifs und klassische Spirits (3,00-8,00)	
erstklassiges Angebot, aber nicht billig (2,80-6,00)	
alles da, Tees und Kaffees mit Keksen (2,20-6,50)	
'ran ans Frühstück, feine Speisen, alle mit Vollkornbrot	
die brauchen keine Mahnung: alles frisch	
dito	
rockig, nur sonntags wird's klassisch, ab Herbst 89 Jazz-Piano	
Abendblatt, MoPo, FR, SZ, Spiegel, Stern, Welt	
wenn Sie's nicht lassen können: Würfel gibt's	
gut	
fürs Essen ok., bei Getränken teils sehr im Zug der Zeit	

Margarethenduft

Um die dem Schanzenviertel eigene Kultur darzustellen und zu fördern, wurde Ende der 70er ein Kulturverein gegründet. Was lange Zeit jedoch fehlte, war ein zentraler, fester Ort für Ausstellungen, Feten, Konzerte und Vorträge. Seit 1981 gibt es nun den Stadtteilkulturladen, und mit ihm die Margarethenkneipe, von der hier die Rede sein soll.

Dort treffen sich die Leute aus den umliegenden Bezirken, um sich kennenzulernen, es bilden sich Arbeits- und Freizeitgruppen, oder man schaut einfach vorbei, weil es hier extrem Preisgünstiges (alkfrei) und Außergewöhnliches (naturbelassene Säfte) zu trinken gibt. Und das hat sich mittlerweile mächtig herumgesprochen. Um Schanzenluft mit Margarethenduft zu schnuppern, kommen die Leute teilweise von weit her. Schnickschnack ist hier nicht zu erwarten, alles ist recht einfach gehalten, jedoch keineswegs ohne Geschmack eingerichtet (und genau das macht den Laden für viele so ansprechend). Über eine kleine Treppe erreicht man einen heimelig-warmen Raum, eine Art Hinterzimmer, der häufig für kleinere Tagungen und Vorträge genutzt wird, aber auch so allen Gästen zur Verfügung steht, die lieber auf einem Sofa als auf Stühlen sitzen. Zur Kneipe gehört auch noch ein wunderschöner Garten im Hinterhofgelände. Zunächst scheint es, als könne man sich dort verlaufen, nach kurzem Suchen findet man sich jedoch schnell zurecht und kann die ruhige Atmosphäre genießen.

Margarethenkneipe, Margaretenstr. 33, Tel 43 57 11	
	tägl. 15-1, Im Winter 16-1, Garten bis 22
Christuskirche: U 2. Sternschanze: Bus 115; N 602	
	illusionär
40 Sitzplätze, großer Garten (auch zum Sonnen nutzbar)	
	Schanzenviertelleute, linke Szene
Jever v.F., Flens, Erdinger, Pinkus biol., alkfr. (2,50-4,00)	
4 gute C's: Chardonnay, Corvino, Chianti, Corbières (3,50-5,00)	
ein Preis wie in den 50ern: Fl. Sekt HM: 15,00 (Glas: 3,00)	
	nur Sherry und Port (3,00)
naturtrüber Apfel-/Birnensaft, Rhabarbersaft(!): 1,50-3,50	
Tees, Kakaos, Espresso, Cappuccino, Milchkaffee (1,50-3,50)	
selbstgebackene Kuchen, Brote, Würstchen	
	nicht geleckt, aber okay
keine spezielle Lüftung, aber Fenster nach vorn und hinten	
	versch. Cassetten, je nach Bedienung
MoPo, taz, Zeitschriften, Infos	
	schade!
nett! meist nur eine Person da	
	jugendfreundliche Preise

Piranhas in Buttersäure

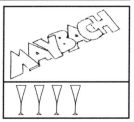

Das Maybach steht mit der eingesessenen alternativen Eimsbüttler Bevölkerung nicht gerade auf gutem Fuße. Obwohl sich die Betreiber konzeptionell nicht von vornherein auf eine bestimmte Zielgruppe festlegen wollten, sahen und sehen das sowohl Gäste als auch Bewohner der Umgebung etwas anders. Fest steht, daß Anfang 89 ein Anschlag mittels einer penetrant riechenden Flüssigkeit verübt wurde. Es ist dabei nicht auszuschließen, daß mit eben diesem Gestank den überwiegend abends auftauchenden Schickis die Lust auf den coolen Drink verdorben werden sollte. Die Räumlichkeiten mußten daraufhin wegen grundlegender Reinigungsarbeiten einige Tage geschlossen werden. Aber das ist Schnee von gestern.

Im Sommer verführt das Maybach selbst einige Erzfeinde mit seinem Garten. Ein Nachteil: Bei schönem Wetter ist dort kaum ein Plätzchen zu kriegen. Das vielseitige Angebot an Getränken und Speisen (die Makkaroni Mafiosi sollen sicherlich nicht als Abschreckung dienen) muß auf jeden Fall lobend erwähnt werden, und, nun ja, die Preise entsprechen dabei halt der Qualität. Die Bedienung ist freundlich und Verbesserungsvorschlägen gegenüber aufgeschlossen. Eine Hauptattraktion ist sicherlich das überdimensionale Aquarium hinter der Bar, in dem sich einige kapitale Piranhas tummeln. Diese sollen aber auch weiterhin nur mit Fischen gefüttert werden.

Maybach, Heußweg 66, Tel. 491 23 33	tägl. 11.30-2.00, Küche bis 1.30	
Osterstraße: U 2; Bus 182; N 603	maystens nicht ganz einfach	
drinnen 120, draußen 80 Sitzplätze	Schick-Schickeria, Normalos, Businesspeople	
Astra, Jever, Tuborg, Hannen, EKU v.F., div. bottles (2,20-5,00)	Normalo-Pfälzer,-Badenser,-Franzosen,-Italiener (4,50-5,50)	
Gl. Sekt ab 4,50, HM, Mumm, Fürst M., Castille, Moët (Fl. 27-95)	Mescal mit dem Wurm und anderes Edles (4,50-8,00)	
saftig, schweppig, zuckrig, aber teurer als Bier (3,00-5,00)	erweitertes Szene-Sortiment, teurer Espresso (2,00-7,50)	
Frühstück, ideenreiche, moderne Gerichte, die ihren Preis haben	gut, aber der Aschenbecher fehlt auf dem Klo	
trotz der nächtlichen Scharen noch relativ erträglich	bewußt keine Festlegung	
Abendblatt, Cosmopolitan, Brigitte, Lesezirkel	zwei Geldschlucker	
sehr um den Gast bemüht	nicht billig	

Das etwas andere Café

Rein zufällig wird frau sich wohl kaum hierhin verirren, denn das Meg Donna liegt nicht direkt an der Straße, und es findet sich auch kein Hinweis, kein Schild, nichts. Und selbst wenn frau bereits im Besitz der Adresse ist, muß sie, sofern sie nicht weiß, daß das Café Bestandteil des Frauenbildungszentrums ist, immer noch recht hartnäckig suchen.

Letzteres versteckt sich, neben diversen Firmen, in der Grindelalle Nr. 43 - einem Hinterhof -, und erst, wenn frau direkt vor der bildungszentralen Eingangstür steht, erblickt sie ein kleines Hinweisschild: Café Meg Donna / DenkTRäume.

Kein 'normales' Café also, sondern eines mit Räumen für DenkTräume, kein Trubel, sondern harmonische Ruhe. Der Raum ist nicht groß, dafür umso behaglicher, und auf den Tischen erfreuen Blumen die Gemüter.

Die weibliche Hälfte der Hamburger Menschheit kann hier nach der Uni oder in der Arbeitspause entspannen, eventuelle Hausarbeiten schreiben, sich durch das reichhaltige frauenspezifische Infomaterial wühlen oder einfach nur eine der frisch zubereiteten Kleinigkeiten zu sich nehmen.

Und die sind, ebenso wie der Rest des Angebots, viel besser, als die bei dem Namen Meg Donna sich unvermeidlich einstellenden - etwas andere Restaurants betreffende - Assoziationen befürchten lassen könnten.

Meg Donna, Grindelallee 43, Tel. 45 06 44	
	Mo-Fr 15-22
Grindelhof: Bus 102. Grindelberg: Bus 35; N 604	
	Madonna! Nicht mal Platz für meinen Panda!
35 Sitzplätze	
	ob blond, ob braun, ob Henna, sind alles keine Männa
Flensburger, Jever, Clausthaler, Weizen (3,00-4,00)	
	drei Farben aus drei Ländern (4,00)
Glas "Sekt" 4,50 (beim fünften Glas wird alles anders)	
	(Sekt-)Cocktails von "Blauer Engel" bis "Medusa" (3,50-6,00)
nicht sehr viel, aber Bio-Säfte (1,50-4,00)	
	Kaffees, Schoko, offene Tees, heiße Alk-Mixes (1,80-5,00)
selbstgebackene Kuchen, Kleinigkeiten	
	vgl. entsprechende Zeile im Artikel 'Frauenbuchladen'
gut dank großem Fenster	
	Klassik, Jazz, anspruchsvoller Pop
HR, taz, FR, clockwork, Frauenzeitschriften und -infos	
	in Räumen träumen, an Träume denken, vom Denken träumen...
sehr freundlich und aufmerksam	
	günstig

Hab'n Sie 'ne Meise?

Der Eppendorfer Weg ist lang und verbindet die Stadtteile Eppendorf und Eimsbüttel. An beiden (schließlich doch vorhandenen) Enden der eigentlich nicht enden wollenden Trasse bündelt sich das Kneipenangebot. Dazwischen hängt dem Wanderer die Zunge raus. Doch kurz bevor sich sein Unterbewußtsein den Wüsten-Film einlegen kann, steht er plötzlich vor einer Oase - dem Meisenfrei.

Wie immer es auch zu seinem Namen gekommen sein mag: Drinnen ist es gemütlich, einladend, harmonisch-ruhig. (Ein bißchen übertreibt man's fast mit der Ruhe: Die - wirklich gute - Musik rieselt so leise aus den Boxen, daß man fast nichts davon mitkriegt.) Hier darf sich der geschwächte Körper mittels selbstgebackenem Kuchen und einem starken Espresso regenerieren, hier kann man/frau aber auch gut frühstücken (z.B. "französisch" und "groß für 2"). Abends wird's dann schnell voll, doch im Sommer (und dann auch für Zugvögel) bieten sich draußen Ausweichtische an. Daß die meisenfrei sind, kann weder bestätigt noch dementiert werden. Schräge Vögel wurden jedenfalls nicht gesichtet.

Der verhinderte Vogelbauer mit dem seltsamen Namen ist zwar nichts übermäßig Aufregendes, aber trotzdem ein empfehlenswerter Zwischenstop auf der langen Kneipenmeile. Eben das, was man so sucht, um mal entspannt Pause einzulegen zwischen... (s.o.)

Meisenfrei, Eppendorfer Weg 75, Tel. 491 91 21	
	Mo-Do 11-2, Fr 11-3, Sa 10-3, So 10-2
Fruchtallee: Bus 113; N 600, 603	
	aus der Vogelperspektive leicht auszumachen
bis zu 35 Sitzplätze drinnnen, draußen ca. 50	
	vom Kid bis zum Apo-Opa
Thier Pils/Alt v. Faß, Einbecker Urbock, Weizen (3,00-4,50)	
	vom Landwein bis zum badischen Gutedel (4,50-6,00)
spärlich (Glas 5,00, Fl. 25-65)	
	'n paar Longdrinks u. Cocktails, Spirituosen-ABC (2,00-9,50)
Selters, Schweppes und Granini, Lemon Squash (2,00-4,50)	
	Cappuccino, Milchkaffee, Espresso (2,00-7,00)
selbstgebackener Kuchen, Kleinigkeiten, Chili (hot)	
	absolut Meisendreckfrei
fast wie in den Lüften	
	piepst arg leise vor sich hin
Stapel! Tages- und Stadtzeitungen, Spiegel, Stern, Vogue	
	Schach, Backgammon, Karten
flink und fleißig wie die A-Meisen	
	Elsternfrei

Vorhang auf!

"Wir haben uns zusammengetan: das Mon Marthe und das Kabarett Alma Hoppe, und das Ergebnis ist eine neue Kabarett-Bühne in Hamburg." - so stand es im Herbst-Programmheft von 1988 zu lesen. Fünfmal pro Woche kann man seither außer dem Hausensemble Alma Hoppe auch Künstler wie Kittner oder Ruge genießen (Letzterer übernahm die Regie für das Frühjahrsprogramm 1990).

Wirtin Marthe Friedrichs hat sich hier ein eigenes Reich geschaffen, eine etwas andere Kneipe. Die Einrichtung im Stil der zwanziger Jahre, ein liebevolles Arrangement von Tischen und Stühlen aus gutem, altem Holz. Hinten im Bühnenraum wird man durch eine lockere Anordnung von Bistrotischchen überrascht und muß auch dort nicht verdursten. Doch wem nicht nach Show zumute ist, kann sich ebensogut vorne im eigentlichen Kneipenteil amüsieren. Hinter der Theke, die wohl eher aus der Zeit der nierenförmigen Produkte stammt, funkeln allerlei Spirituosen, und in der Ecke summt und brummelt eine fast schon antiquarische Kaffeemaschine. Das Ganze ist irgendwie gemütlich, anheimelnd, ein idealer Platz zum Plauschen oder Nachdenken. Man fühlt sich zeitlich zurückversetzt und erwartet unwillkürlich, daß draußen eine bimmelnde Straßenbahn aus vergangenen Tagen vorbeirattert. Wenn dann aus den Lautsprechern auch noch die passende Musik schallt, etwa ein paar Lieder von den Comedian Harmonists, dann möchte man aus der behaglichen Atmosphäre gar nicht mehr auftauchen.

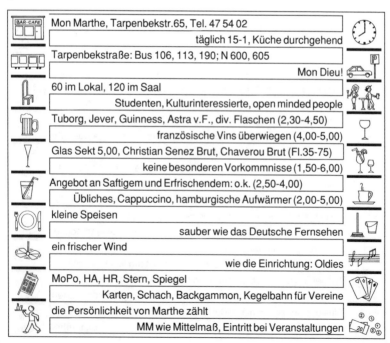

Mon Marthe, Tarpenbekstr.65, Tel. 47 54 02	
	täglich 15-1, Küche durchgehend
Tarpenbekstraße: Bus 106, 113, 190; N 600, 605	
	Mon Dieu!
60 im Lokal, 120 im Saal	
	Studenten, Kulturinteressierte, open minded people
Tuborg, Jever, Guinness, Astra v.F., div. Flaschen (2,30-4,50)	
	französische Vins überwiegen (4,00-5,00)
Glas Sekt 5,00, Christian Senez Brut, Chaverou Brut (Fl.35-75)	
	keine besonderen Vorkommnisse (1,50-6,00)
Angebot an Saftigem und Erfrischendem: o.k. (2,50-4,00)	
	Übliches, Cappuccino, hamburgische Aufwärmer (2,00-5,00)
kleine Speisen	
	sauber wie das Deutsche Fernsehen
ein frischer Wind	
	wie die Einrichtung: Oldies
MoPo, HA, HR, Stern, Spiegel	
	Karten, Schach, Backgammon, Kegelbahn für Vereine
die Persönlichkeit von Marthe zählt	
	MM wie Mittelmaß, Eintritt bei Veranstaltungen

Ein Lokal, ein Lokal!

Sie sind weder Lord noch Lady Hesketh-Fortescue, wohnen auch nicht auf North Cothelstone Hall. Sie vertreten unbedingt folgende Ansicht: Wenn man/frau im Bad die Wanne mit einer anderen Person teilen mag, kann man/frau auch den Tisch in einer Kneipe teilen. Sie meinen, daß ein guter Müller-Thurgau auf keinen Fall umkommen darf. Sie ziehen exotische Eintöpfe halbierten Kosakenzipfeln vor, auch wenn Ihr Leibgericht Kartoffelpuffer sind. Sie sagen selbst nach der fünften Sorte Faßbier noch "Wohlsein!". Ein Frühstücksei muß, finden Sie, auch an einem Sonntagmorgen und auch in einer gemütlichen Kneipe, weder ungefähr noch zufällig, sondern genau viereinhalb Minuten gekocht haben. Wenn plötzlich in einer Ecke Live-Jazz einsetzt, würden Sie die Stimmung nie durch den schnöden Ausruf: "Ein Klavier! Ein Klavier!" stören. Sie kennen auch als Bürger der freien Hansastadt Hamburg den genauen Unterschied zwischen einem Holleri du dödl do und einem Holleri di dudl dö. Während Ödipussi für Sie ein Schimpfwort darstellt, ist Champussi für Sie ein Kosename. Sie sind immer noch der altmodischen Auffassung, daß eine Liebeserklärung am romantischsten mit einer Tasse Espresso und einer Nudel im Mundwinkel ausgesprochen werden kann.

Herr Doktor Klöbner, Sie sind unser Gast!

Müller-Lüdenscheidt, Eppendorfer Landstr. 157, Tel. 47 79 76	
Mo-Fr 16 - open end, Sa/So 10 - open end, Küche dito	
Eppendorfer Markt: Bus 39, 106, 113, 190; N 600/605	
Der Parkplatzsucher	
50 Sitz-, diverse Steh- und Thekenplätze, draußen gut 50	
Menschen wie Loriot und ich, Studenten, Schüler, Waver	
5 Faßbiere, diverse Flaschenbiere (2,50-5,00)	
quer durch die Hänge (um die 5,00)	
Glas Sekt 5,00, Mumm, Fürst M., Moët (Fl. ca. 25-90)	
gebrannte und teilweise eisgekühlte Kinder (ca. 3,50-5,00)	
viel Fruchtiges, Mixturen (ca. 2,50-3,50)	
Einen Espresso, bitte! Kaffee m. Keks, Tees (ca. 3,00-7,00)	
zwar keine Kalbshaxe Florida, aber v.a. (Sa/So Frühstück)	
ist doch gar keine Frage: selbstverständlich gut	
aktiv	
Rock-, Jazz- und Soul-Mainstream, sonntags: Live-Jazz	
Pralle Karte, Stapel von Magazinen und Tageszeitungen	
Geschenk von Tante Berta(?): Ein Klavier! Ein Klavier!	
Anstandsunterricht, Teil 2: mit Auszeichnung bestanden!	
auch für Kleinsparer geeignet	

Altmodisch? - Ja bitte!

Old Fashion
Bar

Cocktails, das sind nicht einfach nur Drinks, die einen schweren Kopf machen. Cocktails gehören vielmehr zu einer Lebensart, die sich in der Bundesrepublik bislang noch nicht ganz durchsetzen konnte. Irgendwie sind Cocktails dem Normalbürger suspekt. Wer trinkt schon sowas? Reiche Leute, Spione in englischen Filmen, J.R. aus Dallas und viele andere Amerikaner, die ja sowieso einen gar verschrobenen Geschmack haben. Und überhaupt, Cocktails passen in die Karibik und zum Swimmingpool.

Zum Glück gibt es auch hierzulande Menschen, die anders darüber denken. Einige davon finden Sie in der Old Fashion Bar. Wie der Name schon andeutet, ist dies kein Schicki-Micki-Treff, in dem Stahl und Chrom die Coolness der Gäste unterstreichen. Vielmehr findet man hier eine Mischung aus gemütlicher Kneipeneinrichtung und traditioneller amerikanischer Bar vor. Setzen kann man sich an die hufeisenförmige Theke oder an einen der Tische im vorderen Bereich. Von dort kann dem Meister beim Mixen zugeschaut werden. Vom Klassiker Singapore Sling, den schon Somerset Maugham im berühmten Raffles Hotel genoß, bis zum trendigen Margarita, in verschiedenen Ausführungen, - alle (Cocktail-)Träume lassen sich hier verwirklichen. Die schön gestaltete Bar-Zeitung "Old Fashion News" gibt darüber und über Wissenswertes, die Ingredienzen betreffend, Auskunft. Und auch über die unglaubliche Spirituosen- und Champus-Auswahl.

Old Fashion Bar, Eppendorfer Weg 211, Tel. 422 02 27	
	Mo-Sa ab 19 Uhr
Gärtnerstr.: Bus 102, 106, 113; N 600, 604	
	machbar
30 Sitzplätze an der Bar und 40 an den Tischen	
	Cocktailfreunde, Eppendorfer Jungs und Deerns, Geschäftsleute
KöPi v.F., Guinness, S. Adams, Jever, Schneider (4,50-6,00)	
	für unverbesserliche Weinseelen: Pinot Grigio u.a. (8,00-8,50)
konkurrenzlos: 18(!) versch. Sorten (Glas ab 9,50, Fl. 45-195)	
	weit über 100 Cocktails, Ultra-Spirituosen-Angebot (4,50-48,00)
(nur) für Autofahrer: 7 alkfreie Cocktails, Säfte (4,50-15,00)	
	gar nicht konservativ: Espresso, Cappuccino etc. (3,50-12,50)
ui, ui: Lachs, Lobster, Steak, Curry, Käse, Salat	
	in gutbürgerlicher Tradition: sauber
die Glimmstengel machen sich schon ein bißchen bemerkbar	
	Jazz, Pop, Oldies
Old Fashion News	
	spielen Sie doch mal Lotto mit den Brandy-Flaschen
alte Schule	
	aber Hallöchen!

Still Alive and Well

Das alte Pö war ja bekanntlich eine Legende. Viele namhafte Künstler wurden dort entdeckt - man denkt sofort an Udo Lindenberg, Al Jarreau, Helen Schneider. Aber wir wollen nicht in einer glanzvollen Vergangenheit herumwühlen, nicht das Ende einer Epoche beklagen. Das wäre wohl auch nicht im Sinne von Onkel Pö, der in seinem neuen Lokal die Fehler von einst nicht wiederholen, sich auch

nicht mehr "linken" lassen will. Wichtig ist, daß jetzt ein Club für Nachwuchskünstler entstanden ist (getragen von einem gemeinnützigen Verein, Mitglieder zahlen bei Veranstaltungen halben Eintritt). Und es besteht kein Mangel an auftrittswilligen Musikern. So ist fast jeden Tag was los, das geht von russischen Feten über 'Ladies swingen' bis zu den offenen Sessions und Pös Blues Ltd.. Fast jede Musikrichtung ist hier vertreten, Blues, Rock, Pop, Jazz natürlich - Hauptsache, die Bands werden Mr. Pös Qualitätsansprüchen gerecht.

Das Lokal ist klein, die Einrichtung eher profillos, aber 'Pö' unterrichtete uns, daß er bis zu 200 Leute hier verstauen könne, und zur Not würde er das auch alles allein schmeißen. Man glaubt es ihm. Wenn er erzählend und schwadronierend hinter der Theke agiert, dann spürt man förmlich die Energie und den Idealismus, die von diesem Mann ausgehen, und man weiß, daß er schon dafür sorgen wird, daß auch weiterhin alles klar geht.

Onkel Pö, Henriettenweg 11, Tel. 40 43 96		
	Mo-Sa ab 21 Uhr, open end	
Christuskirche: U 2. Schulweg: Bus 113, 183; N 600, 603		
	Onkel Nö	
70 Sitz- und doppelt so viele Stehplätze		
	Musikliebhaber von 18 bis 80	
Bull Ale (engl.), Wolters (4,00-5,00)		
	romanophil, um die 6,00	
prickelt nicht übermäßig		
	Pö mixt alles (wenn er da ist)	
Pö mixt auch alkfreie Cocktails (wenn er da ist)		
	Kaffee und Tee (um die 3,00)	
ständig wechselnde Snacks		
	Reinschiff	
auch die Luft ist klar...		
	verschiedenste Stilrichtungen, fast täglich live	
Was woll'n Sie jetzt? Musikhören oder lesen?		
	Billard, Darts, Schach, Backgammon, Karten	
Onkel Pö und Team - das sagt alles		
	O(n)k(el)-Preise, Eintritt bei Konzerten	

Frisches Früchtchen

"Speisekarte gibt es nicht, Sie müssen nach Augenschein bestellen oder die Bedienung fragen. Ich kann doch meine Gäste nicht enttäuschen. Wenn auf einer Karte Pflaumenkuchen steht, dann muß er auch da sein. Aber ich verbacke nur frische Früchte. Gibt es keine frischen Pflaumen, dann habe ich keinen Pflaumenkuchen. Getränkekarte brauchen wir auch nicht, denn sehr viele Besucher sind Stammgäste, die wissen genau, was sie wollen - und häufig wissen auch wir es schon. Unsere Schwierigkeit ist eher, daß wir so viele kuschelige Ecken haben. Wenn die Leute dann fast lautlos hereinkommen, bemerken wir sie erst später. Manche haben sich dann schon so in ihre Lektüre vertieft, daß sie aufschrecken und erst einmal überlegen müssen, was sie eigentlich haben wollten. Unsere Akzente liegen eindeutig auf petit und café. Darum kommen die Leute zu uns. Frisches Obst, nichts Eingefrorenes, keine Konserven, keine Aromastoffe oder sonst irgendein Teufelszeug. Alkohol haben wir auch. Der ist aber selten gefragt, eher schon Kleinigkeiten zum Essen. Manche kommen zum "Relachsen". Den Lachs importiere ich selbst aus Norwegen, wo ich oft hinfahre. Von dort stammt auch die Idee, alle Holzflächen in natura, die Wände in schlichtem Weiß und den Übergang zur Küche fließend zu halten. Nur der Garten, der ist eher hamburgisch, denn Pflanzen aus Norwegen kann man schlecht importieren. Überhaupt: Sie sollten mal ein Buch darüber schreiben, wie Menschen ihren Lebensstil von Ländern beeinflussen lassen, die sie besucht haben."

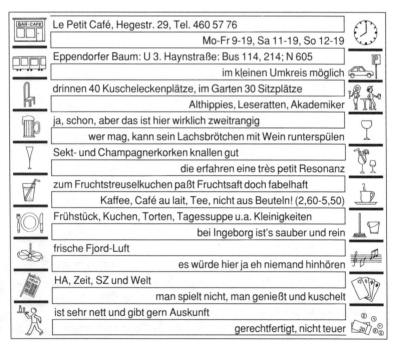

BAR-CAFÉ	Le Petit Café, Hegestr. 29, Tel. 460 57 76	
	Mo-Fr 9-19, Sa 11-19, So 12-19	
	Eppendorfer Baum: U 3. Haynstraße: Bus 114, 214; N 605	
	im kleinen Umkreis möglich	
	drinnen 40 Kuscheleckenplätze, im Garten 30 Sitzplätze	
	Althippies, Leseratten, Akademiker	
	ja, schon, aber das ist hier wirklich zweitrangig	
	wer mag, kann sein Lachsbrötchen mit Wein runterspülen	
	Sekt- und Champagnerkorken knallen gut	
	die erfahren eine très petit Resonanz	
	zum Fruchtstreuselkuchen paßt Fruchtsaft doch fabelhaft	
	Kaffee, Café au lait, Tee, nicht aus Beuteln! (2,60-5,50)	
	Frühstück, Kuchen, Torten, Tagessuppe u.a. Kleinigkeiten	
	bei Ingeborg ist's sauber und rein	
	frische Fjord-Luft	
	es würde hier ja eh niemand hinhören	
	HA, Zeit, SZ und Welt	
	man spielt nicht, man genießt und kuschelt	
	ist sehr nett und gibt gern Auskunft	
	gerechtfertigt, nicht teuer	

Schach-Matt den Zockern

Gespielt wurde an der Ecke Weidenallee 20 schon immer - allerdings mehr mit dem Herzen. Bei "Elfriedes Witwenball" vergossen hier so manche Witwen und Witwer nach dem ersten und zweiten Weltkrieg Tränen, und manchmal verloren sie auch wieder ihr Herz. Heute trennt die Weidenallee das häuserbesetzte bunte Schanzenviertel vom weißgetünchten Bürgerviertel Eimsbüttel. Weiden sind keine mehr zu sehen, aber immerhin kann man im Vorgarten des Schach-Cafés unter einigen Bäumchen sitzen.

Das geräumige Lokal hat Jürgen Zimm vor zwei Jahren mit kräftigen Holztischen ausgestattet, die auch schon mal einen begeisterten (oder energischen) Fausthieb vertragen können. Eine Hauptattraktion ist das riesengroße Spiele-Angebot: Hier kann gespielt werden, was Stimmung und Uhrzeit hergeben - sprich: von 6 Uhr morgens bis 4 Uhr morgens. Das Publikum wechselt so schnell, wie der Zeiger auf der Uhr voranschreitet. Vom nachtschichtfahrenden Taxifahrer über die Mittagspausengeschäftsleute bis hin zu den Studenten und Schülern, die ohne Störung eines aufdringlichen "Kann-ich-noch-was-bringen"-Service ihrer Spiellust stundenlang zum Preis eines Bananensaftes frönen können. Zocker haben hingegen schlechte Karten: Sie müssen ihre Leidenschaft anderswo ausleben. Passend zum Publikum ist auch der Service - richtig schön normal-menschlich-freundlich. Und da hier rundherum alles paßt, müßte eigentlich auch noch was im Sinne von "Elfriede" zu machen sein.

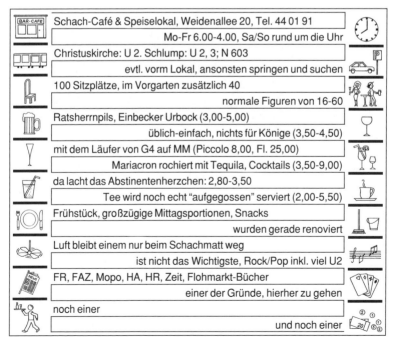

BAR·CAFE	Schach-Café & Speiselokal, Weidenallee 20, Tel. 44 01 91	
	Mo-Fr 6.00-4.00, Sa/So rund um die Uhr	
	Christuskirche: U 2. Schlump: U 2, 3; N 603	
	evtl. vorm Lokal, ansonsten springen und suchen	
	100 Sitzplätze, im Vorgarten zusätzlich 40	
	normale Figuren von 16-60	
	Ratsherrnpils, Einbecker Urbock (3,00-5,00)	
	üblich-einfach, nichts für Könige (3,50-4,50)	
	mit dem Läufer von G4 auf MM (Piccolo 8,00, Fl. 25,00)	
	Mariacron rochiert mit Tequila, Cocktails (3,50-9,00)	
	da lacht das Abstinentenherzchen: 2,80-3,50	
	Tee wird noch echt "aufgegossen" serviert (2,00-5,50)	
	Frühstück, großzügige Mittagsportionen, Snacks	
	wurden gerade renoviert	
	Luft bleibt einem nur beim Schachmatt weg	
	ist nicht das Wichtigste, Rock/Pop inkl. viel U2	
	FR, FAZ, Mopo, HA, HR, Zeit, Flohmarkt-Bücher	
	einer der Gründe, hierher zu gehen	
	noch einer	
	und noch einer	

Mediterranes an der Rutschbahn

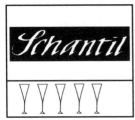

Sie kennen sich schon seit Jahren, sind in Hamburg zueinandergestoßen und haben 1981 gemeinsam das Schantil aufgemacht: Mohammed und Rachid - aus der Kneipenszene des Univiertels nicht mehr wegzudenken. "Schickeria haben wir nicht. Wir bemühen uns auch gar nicht, diese Gäste anzulokken. ... wenn man sich als Wirt auf sie einzustellen beginnt, dann muß man zwangsläufig das Stammpublikum vernachlässigen. Eines Tages kommt dann die Schickeria nicht mehr - und die Gäste von früher kehren auch nicht wieder." Keine schlechte Philosophie, wie wir meinen.

Durch das Schantil weht ein Hauch Mittelmeer, den gerade die Hamburger in langen Regenwochen so dringend brauchen. Marmorplatten auf Gußeisenfüssen, gerahmte Faksimiles bekannter Poster aus dem Europa der 20er Jahre, große Fenster mit Blick auf einige Autos und etwa gleich viele Radfahrer, die gemütlich die kleine Kreuzung Rutschbahn/Heinrich-Born-Straße passieren. Zugegen sind Leute jeglicher Art: Künstler und Maler, Models und Fotografen, Studenten und ein paar Geschäftsleute. Noch mehr von ihnen finden sich eine Stunde vor Mitternacht ein, woraufhin das Gedränge zuweilen enorm wird. Dann schäumt das Bier, und die Weingläser klirren, und manch einer dieser Nach-Mitternachtsgäste kehrt nach dem Aufstehen zum Frühstück (das verständnisvoll bis 16 Uhr serviert wird) wieder zurück. Vielleicht zum fatziele pti dehjönehr a la Schantil: Milchkaffee, Croissant und eine Gauloises.

BAR-CAFE	Schantil, Heinrich-Barth-Str. 17, Tel. 44 61 76	
	tägl. 10-2, warme Küche bis 1	
	Grindelberg: Bus 102. Parkallee: Bus 115; N 604	
	am besten die Nebenstraßen abklappern	
	50 Sitz-, 50 Steh- und 50 Plätze draußen	
	Hamburger Allerlei	
	Dortmunder, Guinness v.F., Weizen, Clausthaler (3,50-5,00)	
	feine Italiener u. Franzosen (4,50-6,00, Fl.26,00-31,50)	
	Chaverou und Christian Senez (Glas 5,00/12,00, Fl.30/80)	
	genügend Spirits, 9 Cocktails und 7 Longdrinks (2,50-24,50)	
	frisch gepreßte Zitrone u. Orange, Shakes u.a. (2,50-5,00)	
	Espresso Coretto, Cappuccino, Heißer Ofen u.a. (2,50-7,50)	
	Frühstück bis 16, So Brunch ab 10, Salate, Pasta, Fisch	
	glänzt vor Sauberkeit	
	könnte etwas besser sein	
	von jedem etwas in angemessener Lautstärke	
	HA, HR, FR, SZ, MoPo, taz, Zeit, Spiegel, Wiener etc.	
	da schaut's um so dünner aus	
	gentil	
	Preise machen keine zu hohen Sprünge	

Schott Horst? Is das nich' der, na ...

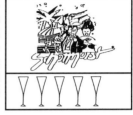

... Nein, isser nicht. Müssen Sie sich täuschen. Schotthorst schreibt man zusammen. Ist nämlich ein Trinkfachgeschäft, von dem viele schon mal gehört haben, meist Lobendes bis Überschwengliches. Und das Urteil eines Kollegen - "Mischung aus Stehbiersaal und Bahnhofshalle" entstieg wohl direkt dem Grund des vierten geleerten Glases und kann so nicht unwidersprochen stehen bleiben:

1A-Atmosphäre in eindeutig südländischem Stil, arrangiert wie ein Kaphenion, aber eher mit italienischem Pfiff, die Innenfassaden hübsch treffend angepaßt. Auch der Spearmint-Automat aus den 50ern paßt gut dazu. Und sogar die Karte ist ein Kunststück für sich. Den 'Hügel' hinauf wachsen Palmen in den Raum, und an der hinteren Wand prangt ein wild-bunt-schrilles Graffiti-Chaos.

Die Auswahl ist prall, die Abendkarte leicht exotisch angehaucht, Vegetarisches wird auch angeboten. Mittags gibt es täglich wechselnde Gerichte und draußen lauert ein - im südeuropäischen Sinne waschechtes - Straßencafé auf durstbefrachtete Flanierer.

Das isses.

BAR-CAFE	Schotthorst, Eppendorfer Weg 58, Tel. 491 81 21
	Mo-Do 12-2, Fr 12-4 oder 5, Sa 10-4 oder 5, So 10-2
	Christuskirche: U 2. Bismarckstraße: 181
	vielleicht, vielleicht auch nicht
	120 Sitz- und 20 Stehplätze, 50 Sitze an der Straße
	Trinkfachgeschäftsleute aller Couleur
	Beck's, Diebels, Guinness v.F., Bud, Flens, Weizen (3,50-4,50)
	viele weiße und wenig rote Weinkörperchen (4,50-6,00)
	Glas 5,00, Lebrade, Deutz & G., Veuve, Moët (Fl. 28-85)
	Schotten trinken nicht nur Whisk(e)y! (2,50-11,00)
	wie sich's für ein Trinkfachgeschäft gehört (2,50-4,00)
	alles da, auch Alk-Kaffees (2,50-6,00)
	international-gehoben, auch veg., Tageskarte, Sa/So Frühstück
	sauber, aber nicht pedantisch
	beim Ventilatoren-Sonderangebot zugeschlagen?
	powert
	HA, MoPo, HR, taz, FR, viele Zeitschriften
	Spearmint-Automat, Schach, Backgammon, Karten
	Flotthorst
	keine Schotten-, aber korrekte Fachhandelspreise

Gerüchte, alles nur Gerüchte

Schröder

Totgesagte leben bekanntlich umso länger. Und hier haben wir es mit einem Fall zu tun, der noch dazu totgeschrieben werden sollte. Der Wirt beklagt zu Recht die Ignoranz verschiedener Journalisten, die seit Jahren nicht zur Kenntnis nehmen wollen, daß aus der früheren Zockerkaschemme eine echte Szenen-Kneipen-Alternative entstanden ist. Die schlauchartige Kneipe wurde restauriert und renoviert (in allen Räumen wurden beispielsweise parodistische Bar-Motive der 20er Jahre schrill-schön mit schrägem Strich an die Wände gemalt), das Konzept wurde weiterentwickelt, dabei immer das Motto vor Augen: Snacks und Schnacks. Der neue, äußerst nette Wirt ist in wenigen Jahren zur Seele des Geschäfts geworden, man besucht ihn, den Schröder, nicht irgendeine Kneipe. Die eingesessenen "Hege"-Monisten diskutieren lebhaft das verstärkte Auftreten der "Cool-Ruinen" (wie die um die Ecke, das Herzog! oder das Mezzanotte), sind aufgebracht über den Boom der "Kuchenmafia", in der es keine "echten" Kontakte mehr gebe. Im Schröder bevorzugt man Sein statt Haben, Beweglichkeit, Toleranz, Individualität - Faktoren, die sich auch im Angebot der Kneipe äußern, das nie statisch-festgeschrieben bleibt. Dem feineren, selbsternannten "Herzog!-tum" setzt man bewährte "alte Vorzüge" (wie z.B. familiäres Wohlbefinden) entgegen.

Aber die Gerüchteküche brutzelt weiter.

Schröder, Hegestr. 44, Tel. 46 28 02	
	tägl. 12-4, Wochenende open end
Eppend. Baum: U 3. Haynstr.: Bus 114, 214; N 605	
	gar nicht so schlecht in der näheren Umgebung
60 Sitz-, 15 Stehplätze, draußen 40 Stühle	
Charlie, Snoopy, Lucy, Linus, Peppermint-Patty u.a. Individualisten	
4 Zapfhähne: Bit, Diebels, Guinness u. 1 x wechselnd (2,50-4,80)	
	bewährte Kneipentropfen (4,00-5,00), gute Auswahl in Flaschen
Schröder trinkt doch Milch!	
	Kir Royal nicht nur im TV, viele internationale Geister (2,20-5,50)
Heute schon geschweppt? Oder granint? (2,50-4,20)	
	Cappuccino mit Milch, schottischer Kaffee (2,00-6,00)
Frühstück (7 versch.), Suppen, Salate, Croques	
	noch brauchbar
in der Nähe der Eingangstür ganz gut, zur Theke hin schlechter	
	Reggae, Jazz, Soul, Rock, Pop und Beethoven für Schröder
HA, MoPo, taz, Szene, oxmox, Spiegel, Stern, Lesezirkel	
	1 Geldautomat, Schach
2 Leute schmeißen den Laden: gelassen, souverän, liebevoll	
	fern von Nepp

Wüstensymphonie

Der Name Stradiwadi ist ein gelungenes Wortspiel aus Stradi (-vari, berühmter ital. Geigenbauer) und wadi (Trockental in der Wüste, das durch Bewässerung zur Oase wird) und liefert somit subtil die nötigen Assoziationen für ein Caféhaus mit Kleinkunstbühne. Niemand würde hinter der nichtssagenden Neubaufassade im Univiertel eine solche Oase für Treffs, Kunst und Entspannung vermuten.

Ins Auge fallende Gestaltungselemente im Innern des Lokals wurden von Künstlern entworfen und realisiert (Wandgemälde, Stahlskulptur, Deckeninstallation). Im Caféraum, der am Wochenende durch eine Trennwand zum kleinen Theater wird (Klaus Behner, der Wirt mit dem großen Herzen auch für kleine Künstler, sorgt das ganze Jahr über für ein abwechslungsreiches Programm), sind ständig wechselnde Gemäldeausstellungen zu sehen. Die internationale Tagespresse gibt es ohne Frage zum Nulltarif. Wenn man sich auf der gartenähnlichen Dachterrasse (von der man Eckart Kellers 100qm großes Wandgemälde auf dem Nachbarhaus bewundern kann) an den schön präsentierten, auf Vollwertbasis zubereiteten Speisen und dem ideenreichen Angebot an Getränken labt, kann man sich erquickt dem bunten Bild der anderen Gäste widmen: Kulturschickis, Künstler, Studenten und Schüler vor allem. Ich fühlte mich den Künstlern dieser Welt im Stradiwadi dann auch um einiges näher: Immerhin saß ich nur drei Tische entfernt von einem Mann, der erst letzte Woche ein date mit "dem Hundertwasser" hatte - was nicht zu überhören war.

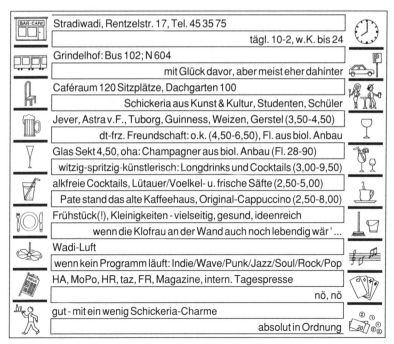

Stradiwadi, Rentzelstr. 17, Tel. 45 35 75		
	tägl. 10-2, w.K. bis 24	
Grindelhof: Bus 102; N 604		
	mit Glück davor, aber meist eher dahinter	
Caféraum 120 Sitzplätze, Dachgarten 100		
	Schickeria aus Kunst & Kultur, Studenten, Schüler	
Jever, Astra v.F., Tuborg, Guinness, Weizen, Gerstel (3,50-4,50)		
	dt-frz. Freundschaft: o.k. (4,50-6,50), Fl. aus biol. Anbau	
Glas Sekt 4,50, oha: Champagner aus biol. Anbau (Fl. 28-90)		
	witzig-spritzig-künstlerisch: Longdrinks und Cocktails (3,00-9,50)	
alkfreie Cocktails, Lütauer/Voelkel- u. frische Säfte (2,50-5,00)		
	Pate stand das alte Kaffeehaus, Original-Cappuccino (2,50-8,00)	
Frühstück(!), Kleinigkeiten - vielseitig, gesund, ideenreich		
	wenn die Klofrau an der Wand auch noch lebendig wär'...	
Wadi-Luft		
wenn kein Programm läuft: Indie/Wave/Punk/Jazz/Soul/Rock/Pop		
HA, MoPo, HR, taz, FR, Magazine, intern. Tagespresse		
	nö, nö	
gut - mit ein wenig Schickeria-Charme		
	absolut in Ordnung	

Den Kopf aus dem Sand

Café Strauss

Die Ursprünge dessen, was wir heute 'Szene' nennen, stammten aus Altona und Eimsbüttel, schwappten als Trend nach Eppendorf und Winterhude, nach St. Georg und St. Pauli, um schließlich vor ein paar Jahren an ihren 'Geburtsort' zurückzukehren - in lust- und luftbetonter, neu-modischer Variante. Gemeint sind jene Biergarten-plus-Café-Klönschnack-Restaurant-Treffs, deren Betreiber sich etwas mehr vorgenommen haben, als ihre Gäste mit Bölkstoff und Dröhnmaterial zu versorgen und vier Wände zum Diskutieren anzubieten. Die 'neuen Macher' bemühen sich, neben einem breitgefächerten Angebot vor allem Ambiente mitzuliefern. So auch im Café Strauss.

Hell, licht und beinahe ein bißchen leer an den Nachmittagen, reichlich gefüllt und nett illuminiert an den Abenden, findet man sich in einer etwas versteckten grünen Lunge wieder, dem Biergarten, hier 'Gartenrestaurant' genannt. Das Café selbst ist etwas cooler gehalten (eben dem neuen Trend entsprechend), wirkt aber keineswegs unterkühlt. Eine sehr brauchbare Küche zu bezahlbarem Preis erwartet darüberhinaus den Besucher.

Besagter Trend beinhaltet eher das Nippen als das Kippen, das Relaxen in ruhiger, entspannter Atmosphäre - und die Bedienung hebt die "good vibrations" hervor, die ungebrochen positiven Schwingungen, die man/frau hier mitbrächte: "Selbst bei Vollmond, wenn anderswo die Scheiben zu Bruch gehen und - wie in St.Pauli - sogar bei Ebbe die Wellen höher schlagen..."

Café Strauss, Wiesenstr. 46, Tel. 49 31 31	
Mo-Do 11-2, Fr-So 10-2, w.K. 17-24, Fr/Sa bis 1	
Osterstraße: U 2. Schulweg: Bus 113, 182; N 603	
wenn Sie den Kopf nicht in den Sand stecken ...	
65 Sitz- und 15 Thekenplätze; draußen 50 Sitzplätze	
Kulturschickeria, Biergartennormalos, Sterngucker	
Bit, Maisel's, Diebels v.F., Flens, Issumer (3,50-5,00)	
überschaubar, aber nicht langweilig, echte Schoppen (6,50-7,00)	
Glas Sekt 5,00, HM, Deutz, Moët, Veuve (Fl. 25-90)	
ob man nach 15 Longdrinks den Kopf noch oben hält? (2,50-10,00)	
frische Fruchtcocktails, Milchshakes, Selters (3,00-8,00)	
trägt den Namen "Café" zu Recht (2,50-8,00)	
So Brunch, schöne Frühstückskarte, viele Salate u.a.	
Lokal sehr hui, Toiletten nicht ganz so	
nicht ganz wie in freier Wildbahn	
locker-rockige Anti-Dröhn-Auswahl	
MoPo, FAZ, Spiegel	
nichts, was stören könnte	
fast so schnell wie der Vogel Strauß, meistens	
man bekommt was für sein Geld	

Sweet Ice - Paradise

Ein wenig versteckt in Eppendorf: Das Café Sweet Virginia, ein kleiner Laden mit ganz besonderem Charme. In einer verkehrsberuhigten Gegend mit viel Grün verführen viele Tische und Stühle schon vor dem Café zum Niederlassen, sofern das Wetter mitspielt.

Schon ein Blick auf die Karte verrät, daß es hier ziemlich vegetarisch zugeht, denn allerlei Gemüse wird zu Taschen, Kuchen, Pizzen und Strietzeln verarbeitet. Und für die Frühstücker gibt es einiges zum Durchprobieren: vom Einfachen bis zum mehr oder minder Opulenten. Nur das Sektfrühstück fehlt, geht man doch im Virginia sehr sparsam mit Alkohol um. Aber das stört keineswegs in einer Umgebung, die anheimelnd, überschaubar und einfach gemütlich ist. Vorn am Eingang der Ausschank mit einer gläsernen Auslage, wie man sie in italienischen Eisdielen findet, dann ein paar Tischchen und noch mehr davon weiter hinten, auf einer niedrigen Empore mit Holzgeländer. Das Neonlicht flackert still vor sich hin, paßt aber hier genau zur Stimmung. Ein Café an der Ecke eben.

Die Hauptsache ist hier im Sommer das Eis und die Eiskarte ist auch entsprechend lang. Da gibt es Big Bär und Addi de Coco, den Cocktail-Eisbecher und den Grashopper, um nur einige wenige aufzuzählen. Und bei den über 30 Eiskompositionen kommt auch derjenige nicht zu kurz, der die kalten Köstlichkeiten lieber mit Schuß genießt.

Café Sweet Virginia, Bismarckstr. 10, Tel. 40 61 95		
	tägl. 9.30-24	
Christuskirche: U 2. Bismarckstraße: Bus 181		
	machmal geht's davor, meistens aber in der Nähe	
40 Sitzplätze drinnen und 60 draußen		
	Müslis, Denker, Studis und Eis-Fans	
drei alkfreie: Issumer Alt, Löwenbräu, Clausthaler (3,00)		
	kein einziges Tröpfchen	
gibt's nur als Gemisch mit Eis, Obst und Likör (8,00)		
	und Liköre nur im Eisbecher oder als Eisflip (5,00)	
viele Säfte und eisige Getränke (1,50-5,50)		
	italienische Kaffees, versch. Tees u.v.m. (2,00-6,50)	
7x Frühstück, Suppen, Gemüse, Kuchen und Eis, Eis, Eis		
	ein Preis für Sauberkeit wäre gerechtfertigt	
dicke Luft hat hier keinen Zutritt		
	Rock und Jazz und nicht zu laut	
Abendblatt und MoPo		
	Schach und Karten	
freundlich, aufmerksam, schnell und zuverlässig		
	zivile Preise	

Victor Victoria

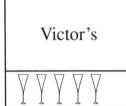

Wo so viele neue IN-Kneipen und (post-)moderne Cafés eröffnen, wer spricht da noch vom Victor's? Ganz einfach: Seine Gäste! Ein Stamm- und weiterhin zunehmendes Laufpublikum, das diesem Lokal noch immer und ungebrochen ein volles Haus beschert. Erfolgsgeheimnis? Nein. Um nicht zum vic-tim zu werden, befolgte man nur die Regeln der römischen Siegesgöttin Vic-toria und war den anderen einfach immer einen Schritt voraus. Das liest sich hier so: Beste italienische Speisen für den Kenner plus liebevoller Service in sympathisch lockerer Umgebung ziehen jene Schicht von Konsumenten an, die als besonders ausgehfreudig gilt: junge Leute, die abends keine Lust mehr auf Selberbrutzeln haben, Studenten mit leerem Magen und fast leerem Geldbeutel - nette Menschen, die nach ihresgleichen suchen und nicht pikiert aufsehen, sollte sich jemand erdreisten und sich zu ihnen an den Tisch setzen, so als falle dieser unter hanseatisches Privatrecht. Wer durch die Schwingtür hereinswingt, gehört sofort dazu und kann sich in die angenehme Sitzlandschaft integrieren oder in eine der verschwiegenen Nischen verdrücken. Abends werden italienische Schlagerparodien live und ironisch-witzig serviert - und den italienisch aussehende 'Herr', den man wie einen Schutzheiligen direkt vor die Theke auf eine hölzerne Insel gestellt hat, blickt lächelnd aus seinem gläsernen Schrein auf die (Neu-)Victorianer herab. Dem gefällt's hier auch!

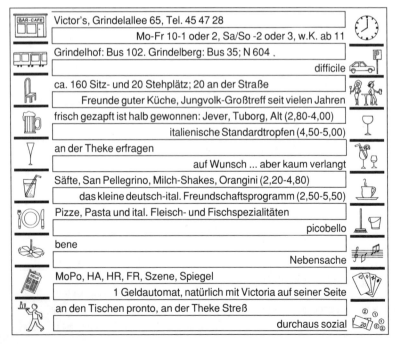

Victor's, Grindelallee 65, Tel. 45 47 28	
Mo-Fr 10-1 oder 2, Sa/So -2 oder 3, w.K. ab 11	
Grindelhof: Bus 102. Grindelberg: Bus 35; N 604 .	
difficile	
ca. 160 Sitz- und 20 Stehplätz; 20 an der Straße	
Freunde guter Küche, Jungvolk-Großtreff seit vielen Jahren	
frisch gezapft ist halb gewonnen: Jever, Tuborg, Alt (2,80-4,00)	
italienische Standardtropfen (4,50-5,00)	
an der Theke erfragen	
auf Wunsch ... aber kaum verlangt	
Säfte, San Pellegrino, Milch-Shakes, Orangini (2,20-4,80)	
das kleine deutsch-ital. Freundschaftsprogramm (2,50-5,50)	
Pizze, Pasta und ital. Fleisch- und Fischspezialitäten	
picobello	
bene	
Nebensache	
MoPo, HA, HR, FR, Szene, Spiegel	
1 Geldautomat, natürlich mit Victoria auf seiner Seite	
an den Tischen pronto, an der Theke Streß	
durchaus sozial	

Vienna kocht auf

Wer das Café Vienna noch von früher kennt, erinnert sich an einen angenehm-ruhigen Ort, der nachmittags zu Kaffee-Kuchen-Konferenzen aufgesucht wurde und des Abends echte Eimsbütteler Kneipe war, ohne Schmuddel, Schmock und Skatbrüder.

Dann gab's den großen Etikettenwechsel hin zum Gourmet-Restaurant-Café, den große Teile des alten Stammpublikums mit knurrig-eisernem Fernbleiben quittierten - und die echten Gourmets verschlug es offenbar anderswohin. Der alte Chef gab nach einem Jahr des Experimentierens auf und den Laden ab.

Die heutigen Betreiber des Café Vienna (Bar - Restaurant) huldigen zwar auch der gehobenen Küche, aber ihre vorzüglichen Kompositionen und ihre hervorragenden, hausgemachten Suppen in Verbindung mit zelebrierter Caféhaus-Kultur "rufen" die (Szene-)Gäste längst wieder in Scharen herbei. Das mag vielleicht auch am neuen, etwas unkonventionellen 'Outfit' des Lokals liegen, das der Hamburger Kunstprofessor Werner Büttner (mit-)kreierte.

Das Lokal besteht aus drei Teilen: einem kleinen, unterkühlten Neoncafé mit Minitheke; einem nicht wesentlich geräumigeren Mitteltrakt, den man frisch holzverkleidete, rundherum mit schmalen Spiegeln versah und der gerade so zehn hübsch-neuen Holztischchen Platz bietet; schließlich einem heimelig-schattigen, märchenhaft zugewachsenen, etwa zehn Meter langen Gartenlaubengang mit fünf etwas derberen Tischen, von denen man teilweise Einblick in die ohne Verkehrslärm daliegende Fettstraße hat.

Vienna, Fettstr. 2, Tel. 439 91 82	
	Di-So 13-2, w.K. ab 19 Uhr
Christuskirche: U 2. Sternschanze: Bus 115; N 603	
	a Auto is doch eh a Schmäh, herst!
30 Sitz- und 15-20 Stehplätze, 25 in der Laube	
	Culture meets Chic in Vienna
Veltins u. Bud v.F., Pilsener Urquell, Weizen (3,50-5,00)	
	Veltliner, Muscadet, Zweigelt, Bordeaux (5,00-6,00)
a Glaserl trockener Sekt mocht 35 Schülling (5,00)	
	Qualität vor Quantität (3,00-7,00)
üppig ist das gerade nicht, aber Perrier gibt's (3,00-3,50)	
	Espresso, Melange u. Verlängerter m. Glas Wasser! (2,50-4,50)
zwar nicht wienerisch, aber was für Feinschmecker	
	Motto: wienern, wienern und nochmal wienern
nicht gerade Praterluft	
	softiger Mainstream, aber ohne Sahnehäubchen
MoPo, taz, Zeit, FR, Spiegel, Stern, Prinz, Süddeutsche u.a.	
	spui ma hoit a bisserl Koart'n
ja servus, san die ober cool	
	und die echt weanerisch

Wenn ich ein Vöglein wär ...

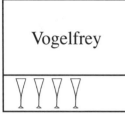

Vogelfrey

... flög' ich schnurstracks zum Vogelfrey. Schon im Anflug entdeckt man genau davor eine optimale Landemöglichkeit, wo man bei einer kleinen Erfrischung zunächst das Gefieder ordnen kann. Bei nicht mehr so freiluft-freundlichen Temperaturen macht man sich's am besten gleich im kleinen, aber feinen und liebevoll eingerichteten Nest gemütlich. Entsprechend klein und einladend die Theke, an der man dem flinken Personal beim Zapfen zuschauen kann. Rechts vom Eingang, in einem quasi separaten Unterschlupf in Jugendstilmanier, stehen noch ein paar Tischchen, die zum Verweilen auffordern. Und wenn eine Vogelschar mal ganz unter sich sein möchte, hat sie die Möglichkeit, den Raum zu mieten, so daß kein Unbefugter den Schnabel hineinstecken kann.

Alles in allem ideal für Besucher, die einen gemütlichen und nicht zu turbulenten Kneipenabend in schöner Atmosphäre verbringen wollen. Die hier vertretenen Arten tragen keine protzigen Schmuckfedern zur Schau, sondern tendieren eher zur unauffälligen Eleganz, was für eine normale Kneipe ja keinesfalls üblich ist. Der Ton des Gezwitschers ist cool und trendy.

Stimmung kommt in diesem anheimelnden Lokal früher oder später bestimmt auf. Wie gut, daß man erst um vier Uhr morgens zum Start ansetzen muß. Dann wird der Laden nämlich wieder vogelfrei.

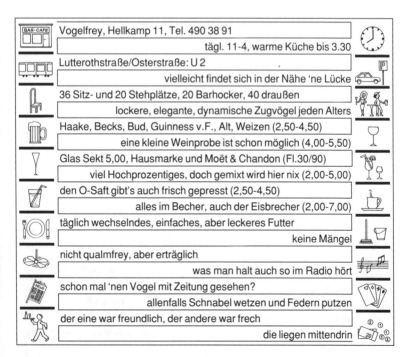

BAR·CAFE	Vogelfrey, Hellkamp 11, Tel. 490 38 91	
		tägl. 11-4, warme Küche bis 3.30
	Lutterothstraße/Osterstraße: U 2	
		vielleicht findet sich in der Nähe 'ne Lücke
	36 Sitz- und 20 Stehplätze, 20 Barhocker, 40 draußen	
		lockere, elegante, dynamische Zugvögel jeden Alters
	Haake, Becks, Bud, Guinness v.F., Alt, Weizen (2,50-4,50)	
		eine kleine Weinprobe ist schon möglich (4,00-5,50)
	Glas Sekt 5,00, Hausmarke und Moët & Chandon (Fl.30/90)	
		viel Hochprozentiges, doch gemixt wird hier nix (2,00-5,00)
	den O-Saft gibt's auch frisch gepresst (2,50-4,50)	
		alles im Becher, auch der Eisbrecher (2,00-7,00)
	täglich wechselndes, einfaches, aber leckeres Futter	
		keine Mängel
	nicht qualmfrey, aber erträglich	
		was man halt auch so im Radio hört
	schon mal 'nen Vogel mit Zeitung gesehen?	
		allenfalls Schnabel wetzen und Federn putzen
	der eine war freundlich, der andere war frech	
		die liegen mittendrin

Frühlingsluft im Wintergarten?

Nachdem das Café Wintergarten bereits über 10 Jahre lang ein Begriff an der Rothenbaumchaussee war, wurde im März unter einem anderen Management ein Neuanfang gewagt. Der alte Name blieb, aber ein anderer, frischer Wind will seitdem wehen. Angesprochen wird ein breiteres, vor allem junges Publikum, wobei die relative Uni-Nähe als Standortvorteil gewertet werden dürfte.

Die guten Ideen des Betreibers hinsichtlich Raumgestaltung haben ansprechende Voraussetzungen geschaffen. Ein Hauch von Jugendstil, der nicht erschlägt, und etwas moderne Kühle, die beruhigt, bestimmen die Einrichtung. Ein breites Frühstückssortiment paßt sich jedem Geldbeutel und Magen an, davon abgesehen ist das Speisenangebot allerdings etwas dürftig. Wenn die Mikrowelle, und damit auch die Suppen, ausfallen, bleiben nur ein Sandwich oder Kuchen übrig. Dem Kaffeetrinker hingegen bieten sich große Auswahlmöglichkeiten. Zum perfekten Kaffee-Genuß fehlte allerdings, auch sechs Wochen nach der Eröffnung, noch eine (möglichst breit gefächerte) Auswahl an anregender Lektüre.

Doch ob der neue Winter-Garten länger währt als einen Sommer, muß sich erst zeigen. Hoffen kann man jedenfalls, daß der Service noch etwas freundlichere Routine erlangt.

Café Wintergarten, Hartungstr. 1, Tel. 410 39 48	
Mo-So 10-1, Küche dito	
Hallerstraße: U 1; Bus 115; N 605	
Glückssache	
80 Sitzplätze drinnen, 16 draußen	
Youngsters, angeschickt	
KöPi, Warsteiner, Ratsherrn v.F., 12 Flaschenbiere (3,50-4,50)	
Chardonnay, Landweine, Edelzwicker (5,00-9,00)	
Glas 5,50, Kessler, Schlumberger, viel Champus (Fl. 35-195)	
lobenswertes Spirituosenangebot (2,50-12,00)	
Perrier, frisch gepreßter O-saft (3,00-6,00)	
Schümli, Tee mit Rumkirschen, Milchkaffee (2,50-8,00)	
gutes Frühstück, Kuchen selbstgebacken, Suppen, Snacks	
keine Klagen	
dito	
Jazz, Soul, Funk, Rock, Pop, freitags Musik vom DJ	
kommt vielleicht noch	
ein Daddelautomat	
freundlich zerstreut bis unaufmerksam flapsig	
akzeptabel, Happy Hour wochentags 18-19	

Zeitlos

Ist die Zeit hier stehen geblieben? Von einem Ehepaar namens Zwick vor mindestens einem viertel Jahrhundert am Mittelweg gegründet, besteht diese Kneipe trotz wechselnder Besitzer unverändert und unbeirrbar weiter. Chrom, Metall und andere Mode-Trends haben hier nichts ausrichten können. Die Einrichtung hat sich seit 15 Jahren scheinbar nicht verändert, die dunkel gebeizten Holzdecken und -wände sind unbestechliche Zeugen. Time goes by, und die "Sounds-" und "Castrol"-Aufkleber an den Hängelampen vergilben einträchtig übereinander. Auch was die Wohnlichkeit des Ortes und seiner stillen Örtchen angeht, herrscht etwas Luschigkeit vor. Aber das wird die eingesessenen Zwicker kaum stören; mit den Jahren verliert sich oft der Blick für solche "Kleinigkeiten", man gewöhnt sich eben dran. Die Stammkunden, die zum Teil aus der Medien- und Musikbranche kommen, fühlen sich bei Heino, dem Wirt, sauwohl, und offensichtlich auch die übrigen, die der Mittelweg des Nachts bis in die frühen Morgenstunden so anschwemmt.

Ließe die Getränkekarte auf die Gäste schließen, so würde man hier auf Tafelfreunde und Liebhaber härterer Drinks tippen. In dieser Hinsicht ist das Angebot wirklich reichhaltig, ansonsten muß man sich mit einem Standardsortiment zufrieden geben.

Zwick, Mittelweg 121b, Tel. 44 32 67	
	tägl. 17-4, w. Küche 18-3
Alsterchaussee: Bus 109, 115; N 605	
	düster, düster
100 Sitzplätze drinnen, 70 draußen	
	Kulturfreaks, Musiker, Journalisten, Stammgäste
Jever, Astra, Hannen Alt, Weizen (3,80-5,50)	
	7 Sorten (5,80-10,00)
Glas Sekt ab 7,00, Sekt und Champus (Fl. 70-100)	
	und wenn die Leber zwickt (4,50-10,00)
zwick mich mal (4,50-5,00)	
	Tasse Kaffee 3,30
hervorzuheben, wirklich gut	
	nicht so lobenswert
je später der Abend	
	Pop/Rock/Disco
hier gibt es nur von den Gästen Neuigkeiten	
	1 Geldautomat
Lichtblick, zwicken nicht nötig	
	bringt manchen in die Zwickmühle - geht noch einer oder nicht?

5
St. Pauli

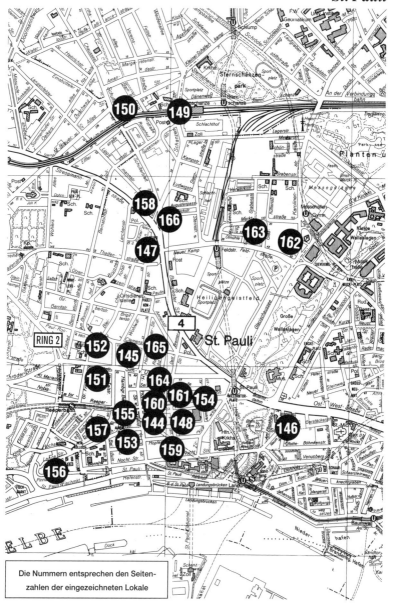

Die Nummern entsprechen den Seiten-
zahlen der eingezeichneten Lokale

Bitches' Brew

After Shave

Kein Mensch weiß mehr so genau, wie lange es das "Shave" in Hamburg schon gibt. Sicher aber seit Mitte der 70er Jahre, als die Discowelle noch in voller Blüte stand und man überall, wo tanzende Leute um einen Plattenspieler mit entsprechend großer Anlage herumhopsten, sofort Wände drumherum baute und am Eingang Disco drüberschrieb. Als das Saturday Night Fever nachließ, mußte man sich im Shave - damals noch am Pferdemarkt - wie anderswo seine Gedanken über die Zukunft machen. Und das neue After-Shave-Konzept war ein Sprung ins verdammt kalte Wasser: Unter Verzicht auf die discoüblichen 'musikalischen' Ingredienzen sollte unter dem Motto 'Jazz rocks' eine Discothek der Sonderklasse entstehen. Das After Shave wurde so mit zum Trendsetter des 'anderen St. Pauli', das (gottlob!) von Jahr zu Jahr weiter um sich greift. Inzwischen ist der Jazzrock-Palast aus Samt und Stahl eine feste Institution, die man spätestens dann aufsucht, wenn zuhause mal wieder die Nachbarn mit dem Besenstiel gegen Wände und Decken pochen. Inmitten des sparsam-coolen Ambiente donnern dann bis 4 resp. 6 Uhr morgens brachiale Phongewitter auf das hier überwiegend vertretene Jungvolk herab (aber auch Mittdreißiger tanzen sich die Seele aus dem Leib). Dienstags gibt's Jazz pur und donnerstags heißt's 'Funk You Very Much', ansonsten darf man sich bei eben der Art von Musik vergnügen, die Miles Davis, als er sie erfand (worüber man natürlich wieder trefflich streiten könnte), ein Hexengebräu nannte.

After Shave, Spielbudenplatz 7, Tel. 319 32 15		
	Di 23-2 (o. länger), So/Mo, Mi/Do 22-4, Fr/Sa 22-6	
St.P.: U 3. Reeperb.: S 1, 3; Bus 36, 37, 112; N 601, 607-609		
	besser als in Chicago	
50 Sitz- und 350 Steh- bzw. Tanzplätze		
	Mysterious Travellers und Virgin Beauties	
Flens, Einbecker, Schlösser, Alkfr., Kapuziner (6,00-7,00)		
	Winelight: Muscadet, Weißherbst u.a. (6,00-7,00)	
Glas Sekt 8,00, Flasche Metternich für 60,00		
	satt, Longdrinks aller 4 Windrichtungen (6,00-15,00)	
Graninis: 6,00		
	Kaffee: 3,00	
essen müssen Sie schon Pre-Shave		
	keine 100 % saubere Rasur	
Same Shame wie in (fast) allen Discos		
	Steps Ahead vom gängigen Einheitsbrei	
nicht mal 'n Weather Report		
	hier hat man andere Decoys	
locker, freundlich und schwerhörig (wen wundert's)		
	für 'ne Disco o.k. (Verzehrbon Mi/Do/So 6,00, Wo-Ende 12,00)	

Der Reiz

Was reizt eigentlich an der Bar Centrale? Die Musik dröhnt von bedrohlich großen Lautsprechern aus allen Himmelsrichtungen, normalerweise ist es knackevoll, der Zigarettenqualm brennt in den Augen. Auch von außen nichts Einladendes: Die Fassade ist eine lebende Plakatwand, die Bar wirkt wie eingewickelt. Trotzdem ist sie das Lieblingslokal von Sanktpaulianern unterschiedlichster Couleur.

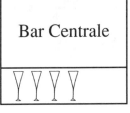

Ist es vielleicht die coole Einrichtung, die nur aus lässig-chaotisch plazierten Stühlchen und Tischchen, einigen Comiczeichnungen hinter Glas an der Wand und einer attraktiven, reichbestückten Bar besteht? Oder das bunte, freundlich-undogmatische Publikum, bei dem man sich nicht "out of scene" fühlt, weil hier viele Szenen gleichzeitig anwesend sind? Oder sind's die Servitricen, die trotz höchsten Andrangs weder Übersicht noch Contenance noch Charme verlieren?

Jedenfalls bekam ich fix das Frischgezapfte und den leckeren Salat, der genauso wie alle warmen Gerichte aus der Küche des benachbarten "Noodles" stammte. Dank dieses Kneipen-Teamworks kann man in der Bar Centrale noch sehr spät zum Flüssigen was Festes bekommen. Das ist nicht ganz unwichtig, wenn man ein paar der über 40 reizvollen Cocktails ausprobieren will.

Was an der Bar Centrale reizt? Ich werde wohl noch oft hingehen, um das herauszufinden.

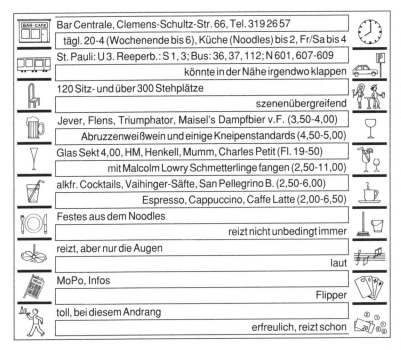

Bar Centrale, Clemens-Schultz-Str. 66, Tel. 319 26 57	
	tägl. 20-4 (Wochenende bis 6), Küche (Noodles) bis 2, Fr/Sa bis 4
St. Pauli: U 3. Reeperb.: S 1, 3; Bus: 36, 37, 112; N 601, 607-609	
	könnte in der Nähe irgendwo klappen
120 Sitz- und über 300 Stehplätze	
	szenenübergreifend
Jever, Flens, Triumphator, Maisel's Dampfbier v.F. (3,50-4,00)	
	Abruzzenweißwein und einige Kneipenstandards (4,50-5,00)
Glas Sekt 4,00, HM, Henkell, Mumm, Charles Petit (Fl. 19-50)	
	mit Malcolm Lowry Schmetterlinge fangen (2,50-11,00)
alkfr. Cocktails, Vaihinger-Säfte, San Pellegrino B. (2,50-6,00)	
	Espresso, Cappuccino, Caffe Latte (2,00-6,50)
Festes aus dem Noodles	
	reizt nicht unbedingt immer
reizt, aber nur die Augen	
	laut
MoPo, Infos	
	Flipper
toll, bei diesem Andrang	
	erfreulich, reizt schon

Die Antwort auf alle Fragen unserer Zeit

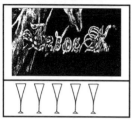

Es waren einmal zwei Freunde, ein Architekt und ein Künstler, die fahndeten nach einer passenden Stammkneipe. Nach vielen Monden ließen sie davon ab, denn nichts war so, wie sie sich das erträumt hatten. Bald wunderten sie sich, wie manche ihre wertvollen Abende in alten Spelunken zubringen konnten, bald erboste sie das fürchterlich oberflächliche Getue der Schicki-Mickis in deren Oasen. Irgendwann kam ihnen die grandiose Idee, sich ihre eigene Stammkneipe zu bauen - ganz alleine. Der Architekt genoß es, einmal selbst Hand an den Marmorschliff zu legen und den Grundriß von Versailles zu einer begehbaren Intarsie zu machen. Und der Künstler konnte all seiner Phantasie freiesten Raum lassen. "Das barocke Lebensgefühl ist die Antwort auf alle Fragen unserer Zeit" lautet ihr Motto - und so entstand ein Palast neobarocker Antworten auf die sinnentleerten Fragen der Postmoderne. Ein Schwall dunkelroten Plüschsamtes, eine Innenarchitektur wie aus dem l'Age d'Or, dem goldenen Zeitalter der Pracht, der Ästhetik, der Skurrilität, der Rüschen, der Klunkerglas-Kronleuchter. Unregelmäßig wechseln die Ausstellungen, die das gesamte 'Schloß' optisch mitverändern. Derzeit wächst im hinteren Zimmer eine vielhändige Gummihandschuhkrake überall heraus. So ist der ganze Laden gedacht: als großes Totalkunstwerk. Oder, wie Beuys vielleicht gesagt hätte: Ein Kunstgedanke, der bewohnbar ist.

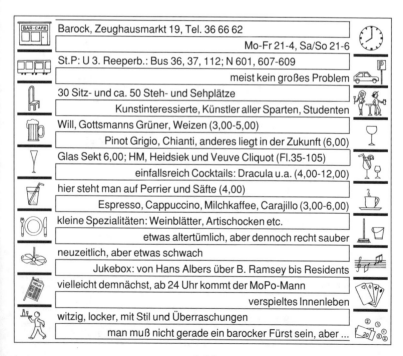

Barock, Zeughausmarkt 19, Tel. 36 66 62		
	Mo-Fr 21-4, Sa/So 21-6	
St.P: U 3. Reeperb.: Bus 36, 37, 112; N 601, 607-609		
	meist kein großes Problem	
30 Sitz- und ca. 50 Steh- und Sehplätze		
	Kunstinteressierte, Künstler aller Sparten, Studenten	
Will, Gottsmanns Grüner, Weizen (3,00-5,00)		
	Pinot Grigio, Chianti, anderes liegt in der Zukunft (6,00)	
Glas Sekt 6,00; HM, Heidsiek und Veuve Cliquot (Fl.35-105)		
	einfallsreich Cocktails: Dracula u.a. (4,00-12,00)	
hier steht man auf Perrier und Säfte (4,00)		
	Espresso, Cappuccino, Milchkaffee, Carajillo (3,00-6,00)	
kleine Spezialitäten: Weinblätter, Artischocken etc.		
	etwas altertümlich, aber dennoch recht sauber	
neuzeitlich, aber etwas schwach		
	Jukebox: von Hans Albers über B. Ramsey bis Residents	
vielleicht demnächst, ab 24 Uhr kommt der MoPo-Mann		
	verspieltes Innenleben	
witzig, locker, mit Stil und Überraschungen		
	man muß nicht gerade ein barocker Fürst sein, aber ...	

Wie es im Buche steht

Ein großer, von Helligkeit durchfluteter Raum, die Einrichtung vornehmlich in weißen oder beigen Tönen gehalten, ein bißchen südländische Caféhaus-Atmosphäre. Das sind die ersten Eindrücke, die das Café im Buch vermittelt. Es herrscht ein angenehmes Flair, die Bedienung gleitet lautlos über die weißen Fliesen. An einem Tisch auf dem kleinen Podium sitzen Geschäftsleute und reden

mit ernsten Mienen über sehr ernste Angelegenheiten; an einem anderen führen Studenten eine lockere Unterhaltung, daneben scheint ein arbeitsloser Philosoph vor seiner Tasse intensiv zu meditieren, und weiter hinten ist gar ein Künstler am Werk: Mühelos läßt er seine Fettstifte über das Papier tanzen.

Falls diese Beobachtungen noch den gängigen Vorstellungen von einem Café entsprechen, so fällt mit Sicherheit die riesige Karte aus dem Rahmen, die wirklich Außergewöhnliches offeriert. Für das Frühstück gibt es (tolle Idee) einen Wunschzettel zum Ankreuzen, der keine Wünsche offen läßt. Was soll's denn sein? Geräucherter Lachs? Krabben? Sekt? Oder ein Müsli? Vorsicht beim gierigen Ankreuzen - die Augen sind oft größer als der Magen. Die Tagesgerichte sind z.T. mit denen eines feineren Restaurants zu vergleichen, und auch sonst wird dem Hungrigen die Wahl nicht leicht gemacht. Sollte das nicht genug sein - im Café im Buch gibt es auch Veranstaltungen für intelligentere Leute, wie der Wirt uns lässig versicherte. Hauptsächlich ist Kabarett gemeint. Foto- und Bilderausstellungen runden das überaus reichliche Programm ab.

BAR·CAFÉ	Café im Buch, Am Neuen Pferdemarkt, Tel. 430 26 36	
	tägl. ab 10 Uhr, open end, Küche bis 1.00	
	Feldstraße: U 3; Neuer Pferdemarkt: Bus 111; N 602	
	selten was zu kriegen	
	120 Sitzplätze im Lokal, 100 draußen	
	querbeet	
	Warsteiner, Diebels, Saisonbier v.F., Pilsner (3,50-4,40)	
	Super-Angebot an offenen (4,60-5,50) u. verkorkten (Fl. 21-72)	
	Gl. Sekt 5,00, HM, Geiling, Heidsiek, Roederer u.a. (Fl. 29-95)	
	kurz, lang und gemixt (2,50-8,50)	
	4 Wässer, alkfr. Cocktails, A-saft naturtrüb (2,70-6,00)	
	Einfach W-a-h-n-s-i-n-n (2,00-6,90)	
	paradiesisch frühstücken, veget. und Tagesgerichte	
	buch-stäblich rein	
	abends wird's schlechter (die Wände waren mal blütenweiß)	
	gut sortiert vom Band, dezente Lautstärke	
	viele Tageszeitungen, Lesezirkel	
	Schach, Backgammon	
	leisten prima Arbeit	
	gutes Preis-/Leistungsverhältnis	

Rocks on the Docks

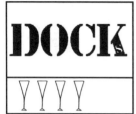

Immer flexibel, was die Gestaltung des abendlichen Programms angeht, ist das Docks, direkt am Spielbudenplatz: Neben Rock-, Pop- und Punkkonzerten füllen Tanzpartys und diverse Filmvorführungen das Programm und die dunkel gehaltene "Halle".

Hier kommt's schon mal vor, daß David Bowie auftaucht und statt vor 50.000 vor 'nur' 2.000 Leuten im ausverkauften Docks sein neuestes Programm testet. An solchen Abenden wird es eng, heiß und spät. Ausreichend Durchhaltevermögen ist mitzubringen, denn das Gedränge der euphorischen Fans ist oft groß und Ausweichmöglichkeiten gibt's wenige. Nur an den Seiten der Tanzfläche sind Sitzplätze, und die sind schnell belegt.

Ähnlich verhält sich dies bei den fest im Konzept verankerten Partys. Auch Tanzfiebrige sollen schließlich nicht ignoriert oder ausgegrenzt werden. So hing man sich beispielsweise an die Batman-Euphorie aus den USA und setzte entsprechend (logo!) eine Batman-Party gleich aufs Programm. Immer am Ball bleiben, scheint die Devise zu sein.

Wenn man sich dafür entscheidet, im Docks einen Film anzusehen, hat man zumindest die Gewißheit, einen Sitzplatz zu ergattern. Daß hier dann neben optischem auch Bier- und Zigaretten-Genuß möglich ist, gefällt dem einen mehr, dem andern weniger, manchem auch gar nicht.

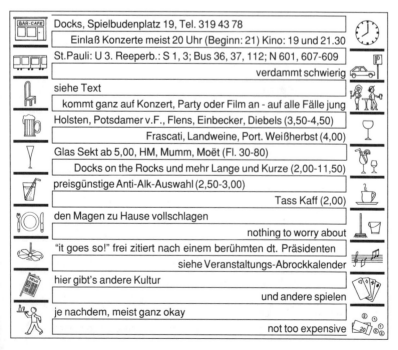

Docks, Spielbudenplatz 19, Tel. 319 43 78	
Einlaß Konzerte meist 20 Uhr (Beginn: 21) Kino: 19 und 21.30	
St.Pauli: U 3. Reeperb.: S 1, 3; Bus 36, 37, 112; N 601, 607-609	
verdammt schwierig	
siehe Text	
kommt ganz auf Konzert, Party oder Film an - auf alle Fälle jung	
Holsten, Potsdamer v.F., Flens, Einbecker, Diebels (3,50-4,50)	
Frascati, Landweine, Port. Weißherbst (4,00)	
Glas Sekt ab 5,00, HM, Mumm, Moët (Fl. 30-80)	
Docks on the Rocks und mehr Lange und Kurze (2,00-11,50)	
preisgünstige Anti-Alk-Auswahl (2,50-3,00)	
Tass Kaff (2,00)	
den Magen zu Hause vollschlagen	
nothing to worry about	
"it goes so!" frei zitiert nach einem berühmten dt. Präsidenten	
siehe Veranstaltungs-Abrockkalender	
hier gibt's andere Kultur	
und andere spielen	
je nachdem, meist ganz okay	
not too expensive	

Freiheit oder wie oder was?

Ach, es war einstens eine allererste Szene-Adresse - das frank und frei in der "Schanze". GALier, Musiker, Kleinverleger, Autoren und andere Nachtschwärmer rannten die Bude ein, nie, nie fand ich damals nach zehn Uhr abends einen Sitzplatz und nur unter Ellbogeneinsatz einen halben Quadratmeter zum Stehen. Frühstücks-Matinéen mit super Live-Musik an jedem Wochenende und halt immer

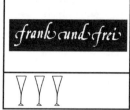

das richtige "Klima". Die Zeit ging darüber hinweg, die Szene hat sich - wie meist - ein wenig verlagert, ein Verlag ging pleite und das GAL-Zentrum speit auch nicht mehr wie früher Massen von diskussionstrockenen Mäulern aus. Das frank und frei hat dennoch überlebt und unter einigem Staub ahnt man noch den ollen Charme vergangener Jahre. Ein Blick in die Runde zeigt auch, daß nicht wenige der Schanzeneulen so frank und frei waren, ihrer Stammkneipe die Treue zu halten. Die kleine Küche produziert weiterhin Vorzeigbares und das obergärige, auf Buchenspänen gereifte, rotblonde Duckstein-Oberbräu mundet vorzüglich. Nach über fünf Jahren Prozessiererei ist dem Chef auch wieder Live-Musik gestattet worden (vom OLG, also von ganz weit oben) und man wünscht ihm, daß dies der "Kneipe mit Programm" auch wieder den nötigen Aufwind beschert. Ein bißchen optische Auffrischung könnte der Laden, der sich in argem Althamburger Schmuddelbarock präsentiert, allerdings auch vertragen. Fest steht: ob Frust oder Frohsinn, Freiheit oder Sozialismus - die Schanze wäre ärmer ohne das frank und frei.

frank und frei, Schanzenstr. 93, Tel. 43 48 03	
sommers ab 12, winters ab 17, w.K. bis 1	
St.Pauli: U 3; Sternschanze S 21/31; N 602	
nur wenig Parkplätze sind f r e i	
135 Sitz-, 40 Stehplätze; draußen 50	
altlinke Szene, Schüler, Kids, Punks und Franks	
Duckstein, Moravia, Guinness, Brunswiek, Eisbock (3,60-4,80)	
fruchtig und frisch: Vinho Verde, Gewürztraminer u.a. (4,00-6,00)	
nur Hausmarke, Glas 5,00, Flasche 30,00	
kein Mischmasch, Spirits: nicht übertrieben viel (2,00-5,50)	
keine besonderen Vorkommnisse (2,00-4,50)	
6 Tees, Café au lait, Espresso, Cappucco, Eisbrecher (2,00-5,00)	
herzhafte Kleinigkeiten	
frank und frei: Toiletten waren nicht ganz zufriedenstellend	
H2O-Versorgung ausreichend	
Rock, Pop, Heavy. Ab Herbst 89 Live-Musik	
Mopo, HR, taz, FR, Szene Hamburg, oxmox	
Billard, Schach, Backgammon, Mühle, Dame, 2 Geldautomaten	
hier nörgelt keiner, wenn es mal etwas dauert	
Frank-und-Frei-Sein muß nicht teuer sein	

Menschenskinder

Einer Sage der jüdischen Mystik zufolge ist der Golem ein künstlicher Mensch aus Lehm, der auf Zeit von einem Weisen belebt wird, welcher den geheimnisvollen Namen Gottes kennt und deshalb mit dieser übermenschlichen Macht beglückt wird. Auch in der Literatur ist diese Sage verarbeitet worden, in unserem Jahrhundert z.B. von G. Meyrink. Der Begründer des Golem im Schulterblatt muß auch dessen Roman "Des deutschen Spießers Wunderhorn" gelesen haben, denn er schuf (nicht aus Lehm und - wie man sieht - keineswegs nur auf begrenzte Zeit) eine Kneipe, die allen Zuflucht bietet, denen Spießer schon immer ein Greuel waren. Das Publikum ist dann auch so interessiert und agil wie eh und je. Noch immer begegnet einem nachts der taz-Verkäufer, kommt der SZENE-Bote an den Tisch und befeuchten sich Alt-KBler den trockengeredeten Gaumen nach intensiven Streitgesprächen über die Lage der Welt im allgemeinen oder den Häuser-und Straßenkampf im Schulterblatt im besonderen. Das berüchtigte Flora-Theater, das zum Schicki-Schuppen umgepolt werden soll, befindet sich gleich nebenan. Der Kampf geht weiter, verkünden, wie früher, unzählige Plakate an den Wänden zum Klo, das Bild der "tanzenden Waldelfen" ziert unverändert eine Ecke des Lokals und über der Tür spannt sich bis zur Decke eine große Hängematte, in der ein aufgeblasener Affenmensch kauert, als kenne er die Sage vom Golem, und besieht sich den proppenvollen Raum der Anti-Spießer mit sichtlichem Wohlwollen.

Golem, Schulterblatt 78, Tel. 43 70 00	
	So-Do 20-4, Fr/Sa open end, w.K. bis 1 bzw. 2
Sternschanze: U 3; S 21, 31. Schulterblatt: Bus 115; N 602	
	Adlerauge sei wachsam
knapp 60 Sitz-, und jede Menge Stehplätze	
	Linke, Altlinke, Neulinke, Alternativis, Szeneristen, Golems
5 vom Faß und ein gutes Dutzend Flaschenbiere (3,00-4,80)	
	preiswerte und trinkbare bunte Liste (3,50-5,00)
Glas Sekt: 5,00, Mumm, Champus HM (Fl. 30-60)	
	gar nicht geistlos, dieser Golem (2,00-8,00)
zivile Preise auch für Antialk-Golems (2,00-5,00)	
	normale Koffeinstöße, bei Bedarf mit Alk. versetzt (2,00-6,00)
einfache Gerichte	
	düster, düster, dies Kapitel
diesem Golem wurde aber schlechter Atem eingehaucht	
	na, was würden Sie erwarten?
MoPo, taz, oxmox, Spiegel, Stern	
	Schach, Backgammon, Knobel, Spielesammlung
trotz kleiner Crew keine langen Wartezeiten	
	Preise lassen aufleben

Freiheit auf allen Ebenen

Mitten auf dem Kiez, an der pulsierenden Haupt-
schlagader, das von vielen weiterhin begehrte, von
manchen totgesagte oder belächelte, aber jedenfalls nicht wegzudenkende Veranstaltungszentrum
Große Freiheit 36.

Große Freiheit 36

Drei Ebenen, drei Leben: im Tiefgeschoß der Kai-
serkeller mit Disco, ebenerdig die Konzerthalle
und im Obergeschoß schließlich das Blumencafé.

Fangen wir unten an: Der Raum ist vernebelt und es ist reichlich stickig, auf der
viel zu kleinen Tanzfläche wird kräftig geschubst, und wenn nicht gerade
wieder ein gewisser DJ mit seiner ebenso interessanten wie untanzbaren Mu-
sikauswahl das Parkett leerfegt, grassiert hier nicht nur Samstag nacht das
(Tanz-)Fieber (aber eben nur unter den Auserwählten, die der Türsteher durch-
gelassen hat).

Im Erdgeschoß das 'Kernstück' des Ganzen, die Konzerthalle. Während
unbekannte Bands meistens in den Keller verbannt werden, geben sich hier
Geheimtips, aber auch viel Prominenz (im September 89 war z.B. Bruce
Cockburn zu Gast!) die Ehre. Das Angebot ist stilistisch sehr weit gefächert,
und so wechselt mit den Bands meist auch das Publikum, reicht von Punks über
Althippies bis hin zu den Pop Kids, die gern im Mainstream mitschwimmen.

Zu guter Letzt sei noch das Blumencafé erwähnt, spätalternativ-poppig-freund-
lich gestaltet, mit vielen Pflanzen, rutschigen Plastikstühlen und qualitativ
ziemlich schwankendem Essen.

Große Freiheit 36, Große Freiheit 36, Tel. 31 35 31 u. 31 42 63	
Kaiserkeller tägl. ab 22, Konzerte Einlaß 20, Beginn 21 Uhr	
Reeperbahn: S1, S3; Bus 36, 37, 112; N 601, 607-9	
kleine Freiheit	
die große Frage (jedenfalls viel, viel mehr als 36)	
in der Disco eher poppig, sonst je nach Konzert	
Holsten v.F., Flens, Eibecker, Diebels (3,50-5,00)	
südeuropäische Kneipenstandards (4,00-5,00)	
Glas Sekt ab 5,00, HM, M. Chandon, Champus (Fl. 30-80)	
ein paar Longdrinks und Cocktails gibt's auch (2,00-10,00)	
genügend und zu durchaus löblichen Preisen (2,50-3,00)	
rudimentärst (2,50)	
Würstchen und sonst gar nichts, im Blumencafé Speisekarte	
Blumencafé inkl. Toiletten sehr gut, der Rest: naja	
echt schlecht	
variabel von Pop bis Punk (je nach Band bzw. DJ)	
Presse-Freiheit	
Flipper, Kicker, Billard	
gestreßt, aber trotzdem nett und gut drauf	
Große Freiheit, kleine Preise	

Das kommt uns spanisch vor

Vorbei an St. Paulis Großer Fleischbeschau, vorbei an den fliegenden Hasch- und Kokshändlern. Vor der Hausnummer 58 machen wir Halt, besprechen alles, was es für heute noch zu besprechen gibt, und betreten den Laden, den seine Urheber (wohl weil ihnen 'giftiges Gemisch basischer Kupferazetate' zu lang erschien) kurz Grünspan nannten. Dessen legendärer Ruf stammt aus den Zeiten, als Mama und Papa bei Janis-Joplin-und-Jimi-Hendrix-Klängen in Verzückung gerieten. Die Musik ist brüllend laut. Hier und da ein Eric Burdon- oder John Lennon-Verschnitt. Etliche Schwermetaller. Auch Waver, Punks, Normalos. Ab und zu ein Schicki (aber Vorsicht, Mädels! Wir sind auf der Reeperbahn). Die Tanzfläche bietet genügend Platz, um im Rausch der Musik davonzuschwimmen. Wenn man dann der schweißtriefenden Menge wieder entflieht und sich an die Theke rettet, kann man den unvermeidlichen Wasserverlust ausgleichen: Die beiden Pflicht-Verzehrbons (à 5,00) warten eh schon darauf, flüssig gemacht zu werden.

Auch wenn dieser Laden einer großen, dunklen, rauchigen Höhle ähnelt (und ergo seine unerforschten Ecken hat), kann es eine lohnende Nacht werden, von der man noch die nächsten paar Tage etwas hat: zumindest pfeifende Ohren und einen kratzigen Hals vom Schreien.

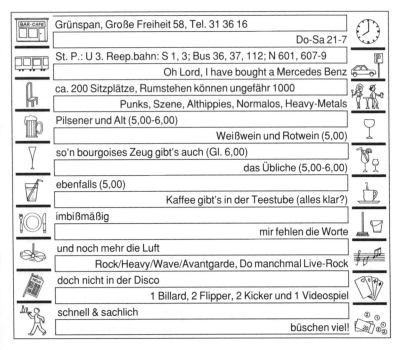

BAR-CAFE	Grünspan, Große Freiheit 58, Tel. 31 36 16	
	Do-Sa 21-7	
	St. P.: U 3. Reep.bahn: S 1, 3; Bus 36, 37, 112; N 601, 607-9	
	Oh Lord, I have bought a Mercedes Benz	
	ca. 200 Sitzplätze, Rumstehen können ungefähr 1000	
	Punks, Szene, Althippies, Normalos, Heavy-Metals	
	Pilsener und Alt (5,00-6,00)	
	Weißwein und Rotwein (5,00)	
	so'n bourgoises Zeug gibt's auch (Gl. 6,00)	
	das Übliche (5,00-6,00)	
	ebenfalls (5,00)	
	Kaffee gibt's in der Teestube (alles klar?)	
	imbißmäßig	
	mir fehlen die Worte	
	und noch mehr die Luft	
	Rock/Heavy/Wave/Avantgarde, Do manchmal Live-Rock	
	doch nicht in der Disco	
	1 Billard, 2 Flipper, 2 Kicker und 1 Videospiel	
	schnell & sachlich	
	büschen viel!	

Auf der Reeperbahn nachts um halb eins

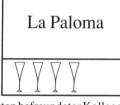

La Paloma

Jörg Immendorf, prominenter Ober-Halbweltmaler und wilder Bildhauer, sorgte mal wieder für Schlagzeilen - und das einfach, indem er ein Lokal namens La Paloma aufmachte, direkt am Hans-Albers-Platz, mitten im 'Bezirk'. Kneipe, Künstlertreff, Tagescafé und 'Kapelle am Wegesrand' sollte es sein, ließ der Schöpfer verlauten, pflasterte Wände und Decken (!) mit (schwindelerregend hoch versicherten) Bildern und anderen Kunstobjekten befreundeter Kollegen zu und eröffnete persönlichst seine 24-Stunden-Pinte mit Pomp und Promi-Aufgebot. Die Selbstinszenierung trug Früchte - rund um die Uhr strömt das Volk herein (besonders aber nach Mitternacht). Am Morgen und tagsüber ein echtes Straßencafé, das sich in dieser Umgebung durchaus positiv abhebt, vom frühen Abend an Kneipe für alle, die das Spelunkige nicht mögen und nachts ein brechend volles Lokal, in dem sich Nipper wie Kipper einfinden, der Suffpegel aber deutlich niedriger liegt als anderswo.

"Das 'La Paloma' soll ein gutes Stück Entertainment sein zwischen all dem Zinnober", wünschte sich der Kneipier - und das kommt der Sache viel näher, als manches, was in der (auch überregionalen) Presse darüber verzapft wurde. Weder hat sein Laden die 'Behaglichkeit eines Sperrmüll-Lagers' noch ist es eine 'Mischung aus Wohnzimmer und Weltbühne'. Aber zwischen Sparr, Mary Lou's und Schlußlicht hat genau so etwas gefehlt. Hier geht es hart, sentimental und kumpelig zu - exakt so wie beim blonden Hans.

La Paloma, Gerhardstr. 12, Tel. 31 45 12	
	24 Stunden am Tag
St. Pauli: U 3. Reeperb.: S 1, 3; Bus 36, 37, 112; N 601, 607-9	
	nichts mit "Große Freiheit" und so
30-35 Sitz- und 50 Stehplätze	
	Kunst- und Kulterschick, St. Pauli-Nachteulen, Normalos, Touris
Dortmunder Actien Export v. F. (3,00) oder Flasche (3,50)	
	zwei Franzosen im Römer (6,00)
Mumm, M. Chandon, Layat, Krim, Champus (0,2 ab 10, Fl. 60-140)	
	für harte Männer und Blaue Engel: nur pur (3,00-5,00)
Graninis, Schweppes (3,00-3,50)	
	viel Kunst, wenig Kaffee (3,00)
wenn Du'n Schnitzel willst: Hier gibt es keins	
	je nach Uhrzeit
hust!	
	gemischt vom Band, gut laut, plus Musikbox mit Albers-Platten
schau' Dir halt die Bilder an	
	2 Geldautomaten, Kunsterätselspiele...
eigentlich unterbesetzt, es klappt aber trotzdem gut	
	machbar

Echt scharf

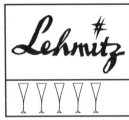

Seit auf dem Kiez weniger die Rotlichtbezirke Schlagzeilen machen, sondern an allen Ecken, in Kellern und anderen umfunktionierten Etablissements mehr und mehr die Schlagzeuge (mit dazugehörigem Equipement und Personal) den Ton angeben, mangelt es dem Viertel auch nicht mehr an Publikum. Einer der heißesten dieser Musik-Schuppen ist zweifellos das Lehmitz, ein Renner der neuen Szene St. Paulis, und das gleich aus mehreren einleuchtenden Gründen. Zum einen ist er jeden Tag rund um die Uhr geöffnet. Zum andern donnert hier "echt scharfe Musik" über die große Dröhnanlage. Vor allem donnerstags und sonntags ist die Hölle los: Acid Punk, Rough Beat, Punk-Rock - alles live, schnörkellos, hart, dreckig, direkt, schräg und immer mit optimaler Phonzahl, immer kurz unter 160 Stampfgraden pro Minute. Wilde Details unterstreichen den schrillen Laden: das hölzerne 'trojanische Thekenpferd', der Plastikzoo unter der Decke und der großrund lächelnde Sonnenlampion, zum Absturz bereit. Ach ja, ein zusätzlicher Gag: Die ununterbrochene Theke in T-Form von ca. 40 m Länge, in deren Mitte 2-3 Leute die Drinks im Sprint heranschaffen. Tequila-Bar mit Stern, loben die einen, Bier-Paradies, lächeln die anderen und trinken sich nach und nach durch 21 exotische Gerstensäfte aus China, Indien, USA, Belgien, Holland, England, Dänemark und natürlich deutschen Landen.

Lehmitz, Reeperbahn 22, Tel. 31 46 41	
	24 Stunden am Tag an 365 Tagen im Jahr
St.P: U 3. Reeperb.: Bus 36, 37, 112; N 601, 607-609	
	oh no, no, no, no chance
ca. 40 Hocker plus 100 Stehplätze	
	Punk/Rock-Fans, Matrosen, Touris, alles
Jever v.F., Satan, Bombay, Tsingtao, Bass u.v.m. (2,50-4,50)	
	ein einsamer Landwein für 4 Mark
ein ebenso einsames Glas Sekt für 3 Mark	
	Tequila-Hafen Nr.1 (ab 1,99!), auch mit Wurm (1,50-8,50)
Cola, Fanta, Sprite und 6 Säfte (3,00)	
	Guinness ist doch auch schön schwarz, oder?
am Eingang Gyros und Pizza, ansonsten muß die Bi-fi mit	
	geht so bis geht weniger
zwar eine neue Anlage, aber immer noch ein Kampf	
	hard-heavy-dirty-punky and new underground, Do/So live
HA, MoPo, ab und zu taz, Stern und Szene Hamburg	
	3 "Geldbanditen" und ein Super-Kicker auf der Mini-Bühne
in 2 sec. da - offen, kommunikativ, locker, rekordverdächtig	
	low-budget; 5,00 Eintr. bei Konzerten ausnahmslos für die Band

Hey, hey, hello

Samstag Abend gegen elf, gleich hinter der Reeperbahn. Schon vor der ehemaligen Trinkhalle weitet sich die Besuchertraube auf den Hans-Albers-Platz. Ich drängle mich durch die Kneipenjugend zur Theke vor. Der fixe, trotz des Andrangs erstaunlicherweise kaum gestreßte Barmann reicht mir mein Flens zwischen den nackten Schultern zweier Blondinen hindurch, die sich gelangweilt von mir abwenden. Mein Blick taumelt in den Rückenausschnitt rechts von meinem Flens - ich fühle mich wie Cary Grant in "Vertigo".

Nachdem ich erfolgreich einen Stehplatz an der Wand erdrängelt habe, betrachte ich die Szenerie. Vor mir der Trampelpfad zum Klo - und zu den Spiegeln dortselbst. Zwei frischgepuderte Teenies duften an mir vorbei, ihre Blicke flüchten quer durch den Raum zu einigen Mickey-Rourke-Verschnitten auf der anderen Seite der Theke. Ich wundere mich, daß dieser Männer-Typ einem so häufig begegnet, jeder mit Ohne-Filter-Zigarette und Dreitagesbart. Auf hohen Hacken bestellt eine Dunkelbraune einen hellbraunen Cognac, einige Alt-68er "kucken" durch die offene Tür und verschwinden wieder verschreckt. Es fühlt sich eben nicht jeder wohl in diesem ohren-, nasen- und augenbetäubenden Teenie-Treff.

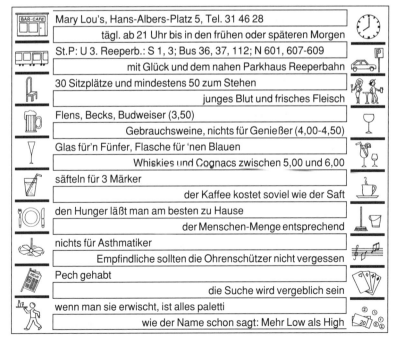

Mary Lou's, Hans-Albers-Platz 5, Tel. 31 46 28	
	tägl. ab 21 Uhr bis in den frühen oder späteren Morgen
St.P: U 3. Reeperb.: S 1, 3; Bus 36, 37, 112; N 601, 607-609	
	mit Glück und dem nahen Parkhaus Reeperbahn
30 Sitzplätze und mindestens 50 zum Stehen	
	junges Blut und frisches Fleisch
Flens, Becks, Budweiser (3,50)	
	Gebrauchsweine, nichts für Genießer (4,00-4,50)
Glas für'n Fünfer, Flasche für 'nen Blauen	
	Whiskies und Cognacs zwischen 5,00 und 6,00
säfteln für 3 Märker	
	der Kaffee kostet soviel wie der Saft
den Hunger läßt man am besten zu Hause	
	der Menschen-Menge entsprechend
nichts für Asthmatiker	
	Empfindliche sollten die Ohrenschützer nicht vergessen
Pech gehabt	
	die Suche wird vergeblich sein
wenn man sie erwischt, ist alles paletti	
	wie der Name schon sagt: Mehr Low als High

Der Hintermann

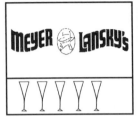

Schräg gegenüber vom Fischmarkt, unmittelbar am Hafenbecken, in einer Gegend also, in der man eine durchgestylte Cocktailbar am wenigsten vermuten würde, steht unübersehbar das Meyer-Lansky's. Einlaß wird durch einen Türsummer gewährt, unerwünschte Elemente bleiben draußen. Das geschähe jedoch selten, wie uns Chefbarmixer Rocky versicherte, denn die Preise selbst sorgten schon für ein ausgewähltes Publikum: Durchschnittlich DM 15 für einen Cocktail kann nicht jeder ausgeben.

Der Raum im Lansky's wird von einem elf Meter langen Mahagonitresen beherrscht, hinter dem sich in Spitzenzeiten vier Angestellte tummeln, alle sehr elegant mit Fliege, weißem Hemd, schwarzer Hose. Ein paar Tische mit hohen Barhockern und das kleine, aber feine Buffet vorn vervollständigen das Bild. An der Stirnwand leuchtet das mit Neonröhren stilisierte Konterfei von Bogey. Eine klassische Bar also. Das Publikum ist in der Hauptsache jung, bis etwa 30 Jahre. Viele sind Stammgäste und begrüßen den Barchef mit Namen. Das ist schön, man kommt sich vor wie in amerikanischen Filmen.

Die Cocktails sind gut und mit Liebe zubereitet. Man merkt, daß der Barkeeper - der selbst ausgefallene Wünsche ohne mit der Wimper zu zucken erfüllt - sein Fach versteht. In der Tradition des souveränen Barmannes ist Rocky, wenn es die Zeit erlaubt, gern zu Gesprächen bereit. Für uns mixte er einen Spezialcocktail aus Tequila, Galliano, Orange, Kokos und Sahne. "Mix it again, Rocky!"

Meyer-Lansky's, Pinnasberg 60, Tel. 319 10 09	
	tägl. 20 Uhr bis open end (Sa/So bis ca. 6 Uhr)
St. Pauli: U 3. Reeperb.: S 1, 3; Bus 36, 37, 112; N 601, 607-609	
	höchstens mit den Methoden eines Al Capone
60 Sitz- und 60 Stehplätze	
	Cocktailschlürfer, jung, mitteljung und nicht mehr so jung
Sie wissen ganz genau ...	
	... Sie befinden sich in einer Cocktailbar
Hausmarke	
	130 mal klassisch, karibisch, sauer, prickelnd ... (13,50-30,50)
7 Cocktails für Vorsichtige und Teetotallers (12,00-13,00)	
	es ist keine Café-Bar
Kleines für Großes (Geld)	
	B.B. (BlitzBlank)
kann schon mal etwas wärmer werden	
	Pop und Swing und Rock Me, Baby
lernen Sie lieber mal die Ingredienzen der Cocktails auswendig	
	dem Barmann vorbehalten
sehr freundlich und aufgeschlossen	
	Al Capone wußte, wie man zu Geld kommt. Sie auch?

So ein Circus!

Im Oktober wird die Sau geschlachtet, die übers Jahr vom Trinkgeld der Gäste aufgezogen wurde, ein Freßfest allererster Güte, Eintritt frei. Herzklappe und Seele des Picadilly ist ein ehemaliger Konditor: Herbert Wisniewski. Vor mehr als zehn Jahren übernahm er die ehemalige Whisky-Bar (die aber auch damals schon Picadilly hieß) in der Sibersacktwiete auf St. Pauli, früher Stammpinte von z.B. Gustav Gründgens, Grete Weiser, O.E. Hasse.

Keiner feiert reizvollere Feste als Herbert (die Apple Night, das Blütenfest, Neptuns Nacht und wie sie alle heißen), nirgends ist die drangvolle Enge hochkarätiger mit Kultur durchsetzt. Er hat einfach das richtige Fingerspitzengefühl für Gäste und Traditionen und außerdem den besten handgebrühten Kaffee auf dem Kiez.

Apropos Kaffee: Hunderte von Kaffeekannen gilt es zu bewundern, Herberts liebevoll zusammengetragene Sammlung. Ein nostalgischer Blickfang, durchsetzt von 'prominenten' Stücken, aus denen sich einst die Dietrich, Robert Kreis, Fassbinder oder Hana Hegrova ihr Täßchen einschenkten.

Wenn die (gut sortierte) Musikbox mal grade nicht orgelt, startet Herbert das Tonbandgerät, und es beginnt ein Streifzug durch die internationale Musikszene mehrerer Jahrzehnte: Bessie Smith neben der Baker, Ella neben Kate Bush und Sarah Vaughn neben der frühen Nina Simone - Leckerbissen, zusammengesucht mit der Leidenschaft eines echten Liebhabers.

Piccadilly, Silbersacktwiete 1, Tel. 319 24 74	
	Fr-Mi 20-4
St. Pauli: U 3. Reeperbahn: S 1, 3; Bus 36,37, 112, N 601, 607-9	
	wir sind hier nicht am Piccadilly Circus
40 Sitz- und 50 Stehplätze	
	viel Kulturszeneria
Fürstenberg, Erdinger, Flens, Tuborg (3,00-4,50)	
	nicht sehr viel (3,50-6,00)
diverse Prickelwässerchen (Fl. 26-90)	
	internationale Spirits, modische Cocktails (2,00-18,00)
auch für die Autofahrer ist bestens gesorgt (3,00-5,00)	
	der beste Kaffee von St. Pauli, sagen viele (2,50-4,50)
'ne warme Wurst oder sowas kann man kriegen	
	vgl. Sparte 'Parkplätze'
vgl. Sparte 'Hygiene'	
	bunt gemischt
ist doch eh schon genug los	
	1 Geldautomat
schnell, gewandt und aufmerksam	
	solide kalkuliert

Das gibt's nur einmal

Das Pickenpack, eine Hamburger Institution. Der Laden, in dem man sich trifft, wenn man in St. Pauli nicht weiß, wohin. Dementsprechend voll wird es dann auch ab 23.00 Uhr. In dem sehr geräumigen, mit schönem Putz und Holz verzierten Raum, wo der Staub an manchen Ecken auch schon einige Generationen überdauert hat, ist so ziemlich alles vertreten, was der Markt hergibt: Von der unterbezahlten, ganz "normalen" Krankenschwester bis zum aufstrebenden Jung-Grafiker. Nicht ganz so normal wirkt freilich das allabendliche "Sit-Out" der Häuserbesetzer vor dem Pickenpack. Da kann es schon mal vorkommen, daß sich zwei LaCoste-Hemden zwischen schrill-bunten Punkies nebst ihren Hunden durchzwängen müssen. Ab und an wird ein einsamer Hippie gesichtet, der sich dorthin verirrt hat, der dann aber schnell wieder draußen ist, weil Musik und Publikum nicht mehr seinen überholten (?) Vorstellungen und Träumen entsprechen. Wer dort bleibt, plaudert oder besser: schreit sich ein bißchen aus, versucht, nach langen, harten Kämpfen ein Stück Tanzfläche zu ergattern, und ist fortan darauf bedacht, die eigenen Füße vor Tritten zu bewahren und den vorbeieilenden Kellnern nicht die Gläser vom Tablett zu fegen. Denn auch den stursten Hamburger hält es nicht mehr, wenn AC/DC losfegen. Das Pickenpack: Eine einmalige Mischung aus Disco ohne Eintritt und Kneipe mit Schwerpunkt Musik. Und es zeichnet sich genau durch die Atmosphäre aus, die sich so schlecht beschreiben läßt, wenn ein Laden "in" ist.

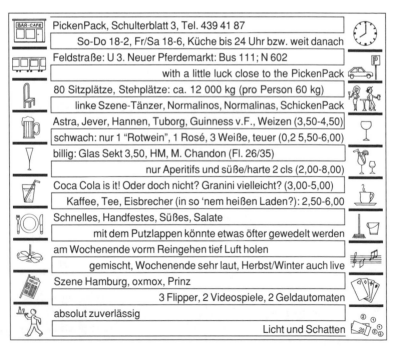

PickenPack, Schulterblatt 3, Tel. 439 41 87	
So-Do 18-2, Fr/Sa 18-6, Küche bis 24 Uhr bzw. weit danach	
Feldstraße: U 3. Neuer Pferdemarkt: Bus 111; N 602	
with a little luck close to the PickenPack	
80 Sitzplätze, Stehplätze: ca. 12 000 kg (pro Person 60 kg)	
linke Szene-Tänzer, Normalinos, Normalinas, SchickenPack	
Astra, Jever, Hannen, Tuborg, Guinness v.F., Weizen (3,50-4,50)	
schwach: nur 1 "Rotwein", 1 Rosé, 3 Weiße, teuer (0,2 5,50-6,00)	
billig: Glas Sekt 3,50, HM, M. Chandon (Fl. 26/35)	
nur Aperitifs und süße/harte 2 cls (2,00-8,00)	
Coca Cola is it! Oder doch nicht? Granini vielleicht? (3,00-5,00)	
Kaffee, Tee, Eisbrecher (in so 'nem heißen Laden?): 2,50-6,00	
Schnelles, Handfestes, Süßes, Salate	
mit dem Putzlappen könnte etwas öfter gewedelt werden	
am Wochenende vorm Reingehen tief Luft holen	
gemischt, Wochenende sehr laut, Herbst/Winter auch live	
Szene Hamburg, oxmox, Prinz	
3 Flipper, 2 Videospiele, 2 Geldautomaten	
absolut zuverlässig	
Licht und Schatten	

Nostalgie in Nebenstraßen

An der Hinterfront der ehemaligen Knopfschen Lichtspiele, deren Räumlichkeiten inzwischen das Docks beherbergen (siehe dort), liegt die Prinzenbar. Einst Deutschlands ältestes Stummfilmkino, mit Stuck aus Putten und Rosengirlanden an den Wänden, mit Feudalparkett, Lichtschacht und riesigem Kristallüster. Dann, nachdem irgend jemand die alten Projektoren und Filmspulen auf den Sperr-

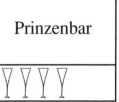

müll geworfen hatte, viele Jahre nur ein Abstellraum. Und nun lebt es wieder, dieses Stück Jahrhundertwende am Spielbudenplatz und läßt den Besucher leise erahnen, was das für Zeiten waren, als die Reeperbahn noch 'kleine Champs-Elysées' genannt wurde mit ihren acht Theatern, ihren drei Zirkussen, ihren Tanzpalästen für mehr als 15000 Besucher, ihren Kutschen und Varietés.

Jetzt ist dort Music angesagt - live, mit Gruppen wie den 'Cowboy Junkies' aus Kanada, oder vom Plattenteller mit den Deejays Olaf Ott, Oliver Korthals und O.L.L.I. (z.B. 'Classic Soul Night by FAB', 'Dancefloor JAZZ from Cool 2 Acid', 'S:T:R:E:E:T:').

Auch wenn die Renovierung etwas lieblos ausfiel, der Service bei größerem Andrang - wie in den TRACTOR-Nächten - schnell an seine Grenzen stößt und das zeitweise auftretende Heavy-Metal-Publikum nicht jedermanns Sache ist: Einen Drink ist die Prinzenbar allemal wert.

Prinzenbar, Kastanienallee 20, Tel. 319 24 62	
	Mi-So 22-4
St.P.: U 3. Reeperb: S 1, 3; Bus 36, 37, 112; N 601, 607-609	
	nicht nur mit 'nem NSU-Prinz gute Chancen
50 Throne und 80 Stehplätze	
	Kulturschickis, Linksszenisten, Jungvolk, Schwermetaller
Flens, Lüneburger, Holstein, Budweiser u.a. (3,50-6,00)	
	keine aristokratische Auswahl (4,00)
Hausmarke, Mumm, Moët & Ch. (Gl. ab 5,00, Fl. 30-80)	
	genügend, aber für eine 'Bar' nicht umwerfend (2,00-11,50)
saftig sortiert (2,50-3,00)	
	Tasse Kaffee, und sonst gar nichts (2,00)
nicht mal eine Prinzenrolle	
	herausgeputzt, der Prinz
Bar, bar dicker Luft	
	Rock/Pop/Avantgarde, manchmal live
Szene Hamburg (und warum kein Prinz?)	
	ein Geldautomat
manchmal überfordert	
	auch für Nicht-Prinz/essinn/en erschwinglich

Warten auf Dracula

Queen's Operett

Die Sitze kannten schon bessere Zeiten, ein leichtes Wackeln der Tische, das Ambiente hat etwas Schloßartiges. Obendrüber, eine Treppe hoch, ein riesiger Billard-Salon.

Bleiben wir aber lieber unten in dieser vergessenen Filmkulisse, aus der jeden Augenblick ein Vampir vom Klo kommen könnte. Queen's Operett, ein Unikum von Laden, ein paar Schritte neben dem Operettenhaus, am Spielbudenplatz 7. Die Wappenschilde, die Lampen, die Dekoration - all das ist nicht aus dieser Welt. Eigenwilliger Geschmack feiert hier Orgien mit einer Hemmungslosigkeit, die manchmal selbst beim Mittagstisch nicht Halt macht, an dem häufig den Kartoffeln die Ahnung einer Sauce verweigert wird. Dafür stimmen endlich mal die Preise auf dieser Meile, der leichte Hauch von sündiger Unterwelt wird gratis mitgeliefert. Das Publikum von zerknautscht bis gebügelt, in einer Mischung aus zielsicher, verirrt und gestrandet. Ein Laden, der viel zu erzählen hätte, wenn es ihm in den Sinn käme: Mit einer leisen Zigeunergeige im Ohr, vom Leben zwischen den Stellwänden einer Dreigroschenoper und der Ahnungslosigkeit der Schmiere; vom Klingelmännchen und den Verständigungschiffren an fremden Haustüren; vom bittren Los der Staatenlosigkeit vielleicht und der Durchlässigkeit der Grenzen; von der Sehnsucht nach Weite und der Schnelligkeit von Hand und Auge; von der Ehre in Zigeunerherzen und der Schläue von Füchsen. Vielleicht auch gar nichts, denn der Rede folgt ein leiser Tod, hörte ich sagen.

Queen's Operett, Spielbudenplatz 7, Tel. 31 58 15	
	So-Do 12-24, Fr/Sa 12-open end, Küche 12-24
St.P.: U 3. Reeperbahn: S 1, 3; Bus 36, 37, 112; N 601, 607-609	
	für Königinnen und andere Blaublütige vor dem Lokal
40 Sitz-, 10 Stehplätze	
	Normalos, Geschäftsleute, Schick, Billardspieler, demi-monde
Flens, Germania, Weizen (3,00-5,00)	
	ohne Worte
Sendepause?	
	Schnapskabinett (3,50-5,00)
u.a. frisch gepreßter O-saft (2,00-4,00)	
	Kaffee. Genau. (2,00-5,00)
Mittagstisch reichlich	
	wie in allen Königshäusern sauber ...
... und auch gut durchlüftet	
	keine Operetten, eher modern
Fehlanzeige	
	Pool-Billard
geht - wenn nur der Kaugummi nicht wäre!	
	kein Königshausbudget notwendig

Bitte ein Schmidt!

Zuerst war's ein Kino, dann ein Tanzpalast, heute ist es ein Volkstheater. Gemäß alter Kiez-Tradition am Spielbudenplatz beheimatet, dort, wo schon Pauline Courage, die Kiez-Duse, ihre Röcke raffte. Und jetzt: die Schmidtshow, die Treseneinlagen, das wechselnde Programm im alten Kaisersaal - couragiert, frech und dem Volk aufs Maul geschaut. Der Laden entsprang direkt dem Gehirn-

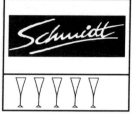

schmalz der Littmann-Crew, die schon in den frühen Siebzigern mit bissigem, engagierten Alternativtheater unsere Zwerchfelle bedrohte. Nun hat die Viererbande also ein eigenes Haus und liefert jeden Abend subventionsfreie Freude. Es gibt Eigenproduktionen zu bewundern, Gastspiele, oder auch Soloeinlagen wie die der brillanten Georgette Dee. Theater zwischen Kleinkunst und Größenwahn, süffig, sinnlich und mitreißend.

Last but not least: Zu trinken bekommt man natürlich auch was. Es gibt ein kleines Café, eine Bar, einen vegetarischen Snack und eine luftige Vorderfront-idylle zum Leutebetratschen. Das Angebot ist korrekt, und auch wenn die Präsentation von Speis und Trank etwas lieblos ausfällt, auch wenn das Personal ruhig ein bißchen freundlicher sein dürfte, so erscheinen diese Unstimmigkeiten doch als relativ unwichtig angesichts der prächtigen Stimmung und der schrillen Unterhaltung, die man hier genießen darf. Eine neue Herzklappe auf St. Pauli, und das wohl beste Sprungbrett für den sonntäglichen Zug über den Fischmarkt.

Schmidt, Spielbudenplatz 24, Tel. 31 48 04	
Mo-Sa 16-5, So 16 bis ganz nach Laune, Küche 16-2	
St.P.: U 3. Reeperbahn: S 1, 3; Bus 36, 37, 112; N 601, 607-609	
Ph Spielbudenplatz/Davidstr., aber auch sonst gute Chancen	
Sitz-(Steh)plätze: Foyer 30 (50), Theater 280 (50), draußen 50	
alles vertreten	
Warsteiner v.F., Flens, Schlösser, Clausth., Paulaner (4,00-5,20)	
Fragen Sie doch mal!	
da prickelt's (Gl. ab 5,00, Fl. 34-248, 3 Liter Moët für 347)	
viel und hart (2,50-6,00)	
weich und süß (3,50-4,50)	
Standardausstattung (3,00-6,00)	
vegetarische Snacks	
Schmidt schmuddelt nich'	
bei Veranstaltungen schon eher dicke Luft	
anspruchsvoll-gemischt, manchmal auch live	
wo's soviel zu schauen und zu hören gibt...	
automatisches Geldfressen	
könnte manchmal etwas freundlicher sein	
Gute Unterhaltung hat ihren Preis; bei Veranst. 5-18 DM Eintr.	

Journal Hamburg, Neuausgabe 9/89

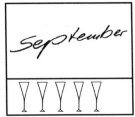

Probleme haben manche Leute. Da gibt es doch in München eine Lokalität namens 'Journal', deren Betreiber, wenn wir das richtig verstanden haben, etwas dagegen hatte, daß es in Hamburg plötzlich eine Lokalität gleichen Namens gab. Und ließ den Hanseatischen Namensepigonen unter Androhung von ein paar tausend Mark Strafe die weitere Benutzung dieses überaus originellen und ergo schützenswerten Etiketts untersagen. (Man stelle sich vor, der Wirt irgendeines Gasthofs 'Zur Post' oder 'Zum Hirschen' verfiele auf ein solches Ansinnen...)

Wie dem auch sei, jedenfalls hat das hier zu besprechende Objekt jetzt einen neuen Namen, und weil die Umbenennung im September vollzogen wurde, nannte man es - in bester robinsonscher Tradition - auch gleich so: September. Sonst hat sich nicht viel geändert. Wozu auch? Die Kneipe wurde ja erst im April mit viel Liebe und Aufwand neugestaltet (vorher beherbergte das Haus Z, den Griechen). Uns jedenfalls gefällt das weitflächige Ambiente mit der beruhigenden Ausstrahlung eines gutbestückten Wintergartens und der Atmosphäre eines südosteuropäischen Kaffeepalastes. Folglich verstehen wir auch nicht, warum sich das Journal, das jetzt September heißt, bisher noch nicht zum Szenerenner entwickelt hat. Aber vielleicht wird das ja im November, wenn der überwältigende Erfolg dieses Büchleins einsetzt, anders.

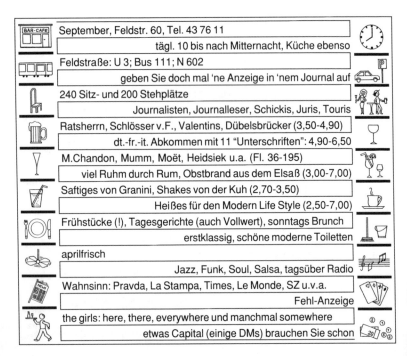

September, Feldstr. 60, Tel. 43 76 11		
	tägl. 10 bis nach Mitternacht, Küche ebenso	
Feldstraße: U 3; Bus 111; N 602		
	geben Sie doch mal 'ne Anzeige in 'nem Journal auf	
240 Sitz- und 200 Stehplätze		
	Journalisten, Journalleser, Schickis, Juris, Touris	
Ratsherrn, Schlösser v.F., Valentins, Dübelsbrücker (3,50-4,90)		
	dt.-fr.-it. Abkommen mit 11 "Unterschriften": 4,90-6,50	
M.Chandon, Mumm, Moët, Heidsiek u.a. (Fl. 36-195)		
	viel Ruhm durch Rum, Obstbrand aus dem Elsaß (3,00-7,00)	
Saftiges von Granini, Shakes von der Kuh (2,70-3,50)		
	Heißes für den Modern Life Style (2,50-7,00)	
Frühstücke (!), Tagesgerichte (auch Vollwert), sonntags Brunch		
	erstklassig, schöne moderne Toiletten	
aprilfrisch		
	Jazz, Funk, Soul, Salsa, tagsüber Radio	
Wahnsinn: Pravda, La Stampa, Times, Le Monde, SZ u.v.a.		
	Fehl-Anzeige	
the girls: here, there, everywhere und manchmal somewhere		
	etwas Capital (einige DMs) brauchen Sie schon	

Wild Rover

Eingepreßt zwischen hohen Mietshäusern steht das winzige, etwas barackenartig wirkende Häuschen mit seinem kleinen Vorgarten und dem verwitterten Holzzaun. Dahinter erstreckt sich das Karoviertel und vorne donnert der Verkehr Richtung Neuer Pferdemarkt vorbei. Eine Gegend, wie man sie sich ähnlich auch in Dublin denken könnte: etwas heruntergekommen, lärmend und nicht eben sozial stabil. Doch auch wenn alte irische Tageszeitungen an den Wänden Reiseimpressionen hochkommen lassen - ein Ort zum Träumen ist das Shamrock nicht gerade, schon der Lautstärke, Räucherstubenluft und fürchterlichen Enge wegen. Letztere ist annähernd guinnessbuchverdächtig: Wieviele Personen passen, mit Glas in der Hand, auf knapp 30 qm? Hier jedenfalls sehr, sehr viele. Der Inhalt der Gläser ist - wie sollte es anders sein - in 85 % der Fälle guinnessschwarz. Rosarot dagegen die Gesichter der meisten Anwesenden - nicht etwa, weil es sich dabei hauptsächlich um Iren oder Briten handelte, nein, rosarot vom Schreien, denn dank der gnadenlos donnernden irischen Folkmusik ist Kommunikation nur in der Form möglich. Als absolutes Wunder ist die Tatsache anzusehen, daß eine einzige, dauergestreßte Zapferin mit dem Nachschub irgendwie fertig wird. Selbst in dem kleinen Hinterzimmer, in dem hin und wieder Live-Musik zu hören ist, klappt die Versorgung . Oh, Lord, gäbe es doch hier einen zweiten Stock, wie in den Bussen, und zwei zusätzliche Service-Leute an der Theke, dann wäre alles leichter zu ertragen.

Shamrock, Irish Pub, Feldstr. 40, Tel. 439 76 78	
	Di-So ab 20, open end, Küche ebenso
Feldstraße: U 3; Bus 111; N 602	
	machbar
nach dem Motto: Platz ist in der kleinsten Hütte	
	Studenten, Guinnessisten, Trinkfeste, Intellektuelle
draught beer: Guinness a.o., bottled beers (3,00-5,20)	
	ein paar gute Rebsorten: Scheurebe, Morio Muskat (4,00-4,60)
Champions ohne Champus	
	what would you expect? Whisk(e)y, Irish liquers (2,00-5,00)
a few soft drinks (2,30-3,00)	
	tea, coffee and Irish coffee
cottage pie, smoked salmon, lamb chops, Irish stew, salads	
	who takes the blame?
all I need is some air to breathe	
	Irish Folk Music, sometimes live "on stage"
irische Tageszeitungen	
	cards
hopelessly overworked	
	that is o.k.

Neveth in the Skyy with Records

Neveth Beaumont aus Jamaika hatte sich vorgenommen, Black Music nach Hamburg zu importieren, und zwar mitten auf den Kiez in St.Pauli. Realisiert wurde dies Anfang 1987 mit dem Skyy, einem großen, geräumigen Laden, dessen Atmosphäre einfache Einrichtung und schummriges Licht prägten. Fast wäre das Licht jedoch vorzeitig wieder ausgegangen, denn St. Pauli befand sich gerade im Umbruch, hatte noch nicht die Funktion des zusätzlichen Herzschrittmachers des Hamburger Musikszene-Revivals übernommen. Drei Monate lang hing der Himmel über dem Skyy nicht gerade voller Geigen. Doch mit einem Mal strömten sie herbei, die Discofans, bei denen es sich endlich herumgesprochen hatte, daß hier Soul und Funk und Caribean Music genauso auf den Plattenteller kommt wie Hiphouse und Dancehop. Der Boss selbst wirbelt donnerstags am Mischpult und kramt in seiner privaten Schatztruhe. Und damit diese allwöchentlich voller und das Musikangebot immer prall am Puls der Zeit bleibe, jettet Mr. Skyy einmal wöchentlich nach London, um das wirklich Frischeste aus den Pressen anbieten zu können, "die schwärzesten Rillen Hamburgs", wie nicht wenige loben. Wer dem Disco-Tauchsieder zwischendurch entkommen möchte, kann jederzeit ins Chime's wegtauchen, dem im selben Haus von Neveth und seiner Schwester France neueröffneten Pub mit Live-Piano-Jazz.

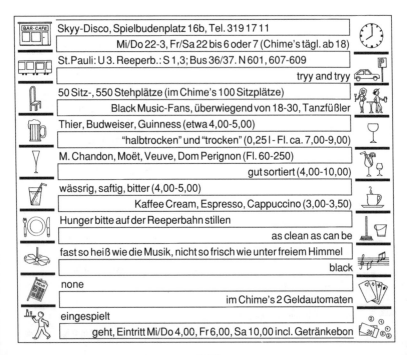

Skyy-Disco, Spielbudenplatz 16b, Tel. 319 17 11	
Mi/Do 22-3, Fr/Sa 22 bis 6 oder 7 (Chime's tägl. ab 18)	
St.Pauli: U 3. Reeperb.: S 1,3; Bus 36/37. N 601, 607-609	
tryy and tryy	
50 Sitz-, 550 Stehplätze (im Chime's 100 Sitzplätze)	
Black Music-Fans, überwiegend von 18-30, Tanzfüßler	
Thier, Budweiser, Guinness (etwa 4,00-5,00)	
"halbtrocken" und "trocken" (0,25 l - Fl. ca. 7,00-9,00)	
M. Chandon, Moët, Veuve, Dom Perignon (Fl. 60-250)	
gut sortiert (4,00-10,00)	
wässrig, saftig, bitter (4,00-5,00)	
Kaffee Cream, Espresso, Cappuccino (3,00-3,50)	
Hunger bitte auf der Reeperbahn stillen	
as clean as can be	
fast so heiß wie die Musik, nicht so frisch wie unter freiem Himmel	
black	
none	
im Chime's 2 Geldautomaten	
eingespielt	
geht, Eintritt Mi/Do 4,00, Fr 6,00, Sa 10,00 incl. Getränkebon	

Die Sidney und der Papagei

Verändert sie sich, verändert sie sich nicht? Alle Hamburger wissen sofort, von wem die Rede ist: von jener Reeperbahn, die bislang noch immer zäh um den Anspruch kämpft, die sündigste Meile Europas zu sein. Zugegeben, sie ist nicht mehr ganz rüstig, die alte Dame, laboriert an einer Infektion, setzt sich aber ungebrochen gegen die Viren zur Wehr. Die Touristen aus Blankenese, Winsen an

Toom Peerstall

der Luhe oder Tokio bleiben gewöhnlich auf der Reeperbahn und in den Straßen hängen, die unmittelbar von ihr abgehen. Dort bekommt man alles, was man(n) haben will. Wollen Sie etwas anderes? St. Pauli mit den St.Paulianern erleben? Wir können Ihnen gleich versichern: Berührungsängste brauchen Sie nicht zu haben. In St. Pauli geht es friedlich zu. Meistens jedenfalls.

Gehen Sie die Große Freiheit hoch, nach der zweiten Kreuzung wird's schon viel ruhiger. In die Paul-Roosen-Straße einbiegen und rechts halten. Bald geht die Roosen- in die Clemens-Schulz-Straße über. Dann gleich danach rechts weg zum "Pferdestall". Ein Schlauch in der Wand, drei oder vier Vierertische, zehn Plätze am Tresen. Auf einem sitzt gewöhnlich die Wahrsagerin Sidney, mal mit Papagei, mal ohne. Hinter dem Tresen steht Vera - Kleidung stimmt schon, Rundungen auch - nur die Stimme ist noch etwas tief. Schwule sind hier ebenfalls willkommen. Auch Neugierige. Auch Frauen. Auch neugierige Frauen. Kurzum: Alle, die es verstehen, sich anzupassen.

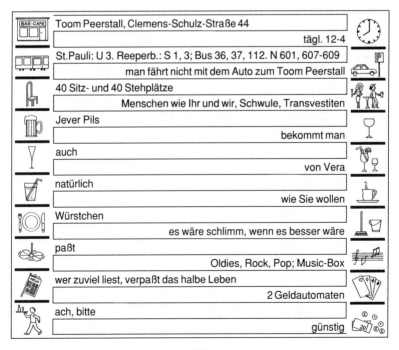

BAR-CAFE	Toom Peerstall, Clemens-Schulz-Straße 44	
		tägl. 12-4
	St.Pauli: U 3. Reeperb.: S 1, 3; Bus 36, 37, 112. N 601, 607-609	
		man fährt nicht mit dem Auto zum Toom Peerstall
	40 Sitz- und 40 Stehplätze	
		Menschen wie Ihr und wir, Schwule, Transvestiten
	Jever Pils	
		bekommt man
	auch	
		von Vera
	natürlich	
		wie Sie wollen
	Würstchen	
		es wäre schlimm, wenn es besser wäre
	paßt	
		Oldies, Rock, Pop; Music-Box
	wer zuviel liest, verpaßt das halbe Leben	
		2 Geldautomaten
	ach, bitte	
		günstig

Mehr zart als bitter

Samstags, zu sehr vorgerückter Stunde, treffen sich im Zartbitter die letzten Nachtschwärmer. Entweder, um den Abend in aller Ruhe ausklingen zu lassen, oder aber, um sich die letzten Stunden der Nacht vor einem Besuch auf dem Fischmarkt um die Ohren zu schlagen.

Kommt man zum ersten Mal ins Zartbitter, meint man im ersten Moment, eine etwas ungünstig angelegte Kantine zu betreten. Das Interieur wirkt einigermaßen zusammengewürfelt - da liegen Plastikkissen auf den Holzbänken, und die Bilder aus Urgroßvaters Zeiten hängen neben Rockkonzert- und Reiseplakaten. Das Kneipenessen ("Futterie") läßt sich aber sicherlich nicht mit langweiligem Kantinenfraß vergleichen, und die gemixten Cocktails können den Arbeitsfrust durchaus eine Weile vergessen machen. Die Musik ist nicht zu laut, man kann sich also in Ruhe unterhalten, ohne am nächsten Tag heiser zu sein, und falls doch einmal der Gesprächsstoff ausgehen sollte, besteht immer noch die Möglichkeit, in die Kickerecke zu wechseln oder sich eines der vorhandenen Spiele auszuleihen.

Warum das Zartbitter nun Zartbitter getauft wurde, ist mir leider trotz langwieriger Nachforschungen verborgen geblieben; auch das sehr nette Wirtspärchen konnte mir dabei nicht weiterhelfen. Und wild zu spekulieren möchte ich jetzt auch nicht anfangen. (Aber vielleicht weiß es jemand von den Lesern?!) Insgesamt läßt sich jedenfalls sagen: mehr zart als bitter.

Zartbitter, Schanzenstr. 2-4, Tel. 439 28 40	
	tägl. 20 bis nachts, Küche 21 bis zum Schluß
Feldstraße: U 3. Neuer Pferdemarkt: Bus 111; N 602	
	vielleicht auf dem Gelände der alten Tankstelle in der Schanzenstr.
60 Sitzplätze	
	Müslis, Linksszenisten und Normalos, ab und an ein Punk
Holsten, Moravia, Flens, Guinnes v. F., div. Flaschen (3,00-4,80)	
	ich sag nur: Montepulciano - nachhaltig-lebendig (4,50-5,00)
zartspritzig: Rindchens brut Glas 4,00, Loire-Sekt Fl. 24,00	
	Cocktails: verführerisch, Schnäpse: kneipenklassisch (2,00-9,00)
gesundsaftig, vitamalzig, süßpappig (2,50-4,50)	
	Zartbitter-Kakao, Neskao, Cappuccino, Café au lait (2,50-7,50)
Zartbitter-Salat und anderes altbewährtes Kneipenfutter	
	nun ja, eben leicht zartbitter
es läßt sich noch atmen	
	Mixmax
oxmox, Prinz, Szene Hamburg	
	3 Kicker, Schach, Backgammon, Knobel, Brettspiele
locker, Wartezeiten inbegriffen	
	nicht zart, nicht bitter

6
Und:

Schachzüge

Einen echten Kindertraum haben sie sich da ver-wirklicht, die Bau- und Vermessungsingenieure von der Fachhochschule für Architektur. 1981 wurde der S-Bahnhof zum Verkauf angeboten, drei Jahre später - nach zähen Verhandlungen - war der Deal zwischen DB und 'Unser Bahnhof e.V.' perfekt, und nach weiteren zwei Jahren Umbau und Sanie-rung war das Prunkstück fertig, das ein "Treffpunkt für Studenten, Dozenten, Barmbekern [sic!] und Leuten [sic!] aus der City Nord" werden wollte. Und wurde. Der Kleingärtner, das junge Familienglück mit Kleinkind unterm Arm, die Oma, der Opa, der Dr. Ing., die Nachbarin und natürlich die ebenfalls benachbarten FachhochschülerInnen - man/frau kommt nicht nur zum (Schach-)Spielen hierher, sondern oftmals hauptsächlich auf-grund eines nagenden Hungergefühls. Die Küche ist nämlich durchaus zu rühmen. (Obwohl, in letzter Zeit schlägt sie manchmal seltsame Kapriolen.)

Drinnen darf man unter einem riesigen, täuschend echt wirkenden Baum Platz nehmen und sich ergo auch hier wie unter den Linden fühlen. Besonders malerisch jedoch ist es im Sommer draußen auf dem großen Bahnhofsplatz, der in Biergartenatmosphäre schwelgt - leider manchmal (manchmal!) mit entspre-chenden Begleitumständen, wie: überquellende Aschenbecher, verklebte Ti-sche, etc. Und weil wir schon beim Meckern sind: Cappuccino sollte eigentlich keine "Tasse Kaffee mit Sahne" sein, sondern ein Espresso mit aufgeschäumter Milch. Oh bella Italia!

Schach-Café Bf. Rübenkamp, Rübenkamp 227, Tel. 631 05 57		
Mo-Do 9-4, Fr 9 - Mo 4 durchgehend! w.K. 11-4		
Wer hätte das gedacht?: Rübenkamp: S 1; Bus 117, 118, 217		
kein Problem		
drinnen wie draußen: je 120		
Damen, Könige, Bauern, Kneipen-Läufer - und Springer ist weit		
Halber Hell/Weizen v.F., T&T Postmeister, Diätbier (3,00-5,00)		
Vin de pays, Demestica, Edelzwicker, Morio-Muskat (4,50)		
Söhnlein, Bisotti, Moët & Ch., Veuve Cliquot (Fl. 25-80)		
geistige Kombinationen bis zum Schachmatt-Spezial (2,00-9,50)		
gute Auswahl mit viel Saft, aber etwas teuer (2,50-3,50)		
da wäre eine Ausweitung des Angebots nötig (2,30-5,50)		
preisgünstige Stammessen, Frühstück, bürgerl./intern. Küche		
manchmal ist der Schmutz nicht ganz in Schach zu halten		
etwas mehr Durchzug könnte nicht schaden		
pssst!		
Abendbl., HR, MoPo, taz, Zeit, FR, Szene, Spiegel u.v.a.		
Schach - und was man sonst noch so am Tisch spielt		
unterbesetzt und demzufolge überlastet		
immer noch billiger als Bundesbahn		

Spaziergang mit Belohnung

In Blankenese, dem Nobelvorort Hamburgs, liegt direkt an der Elbe der wunderschöne Hirschpark (wo es tatsächlich Hirsche gibt). Die Parkanlage lädt zum Spazierengehen ein, die Wege verlaufen kreisförmig durch dichten Baumbestand und vorbei an kleinen Wässerchen und Weihern. Irgendwann gelangt man sicher zum Witthüs, einem weißen Haus mit Reetdach, das im Riesenvorgarten einer ehemaligen Prachtvilla steht.

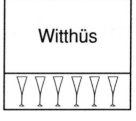

Die Befürchtung, es könne hier der wohlhabenden Patrizier wegen, die in der Umgegend wohnen, etwas steif und hochnäsig-vornehm zugehen, wird erfreulicherweise bald zerstreut. Natürlich sind im Publikum auch hochwohlgeborene Töchter im Kashmirpullover oder vereinzelt gutgekleidete Damen über der Teetasse sinnierend auszumachen, doch prägen diese Gestalten nicht die Atmosphäre. Den größeren Teil der Gäste bilden junge Leute und solche aus der erdbezogeneren Mittelschicht, die von den Attributen des Reichtums (noch) nicht gelähmt sind. Diese bunte Mischung wird ebenso von den überraschend niedrigen Preisen wie auch von der lockeren Atmosphäre angezogen.

Besonders im Herbst und Winter lohnt es sich, hier zu verweilen. Die Vorstellung, warm und geborgen in den hellen, schönen Räumen einen dampfenden Kaffee zu genießen, während draußen der Wind pfeift, erweckt Vorfreude auf einen Winterspaziergang.

Witthüs Teestuben, Elbchaussee 499a, Tel. 86 01 73		
	Mo-Sa 15-23, So 11-23, Küche bis 22.30	
Mühlenberg: Bus 36, 48, 286; N 601		
	nur außerhalb des Parks: Spaziergang unumgänglich	
55 Sitzplätze drinnen und 20 draußen		
	vom Geldadel über den Spaziergänger bis zum Touristen	
Hofbräu, Carlsberg, Guinness, Weizen (4,00-6,00)		
	Interessantes aus D und F (4,50-7,50), gute, preisw. Flaschen	
Sekt oder Champus, Henkel oder Moët (25 oder 90), Picc. 9,00		
	kleine, aber feine Auswahl (4,00-8,00)	
naturreine/-trübe Säfte, Milchshakes (2,00-5,00)		
	feine Kannentees, aber auch Kaffee (2,60-7,50)	
leckere Speisen, Kuchen, Gewürzbrote, So Frühstück 11-14 Uhr		
	keine Beanstandungen	
Luftzirkulation funktioniert, Nichtraucherzone (20 Plätze)!		
	passenderweise klassische Töne	
Tageszeitung		
	Backgammon, Schach, Karten	
locker, sicher, freundlich, trotz sichtbarem Streß		
	für die Gegend überraschend günstig	

Nomen est omen?

Der Hammer Sievekingdamm ist nicht eben eine Prachtallee, hier bestimmt das sog. Nutzgewerbe (Autohöker, Möbelgeschäfte, Einkaufshallen u.ä.) das Bild. Aber hier draußen wohnt und lebt sich's eben auch billiger, was eine ganze Reihe junger Leute dazu bewogen hat, sich hier anzusiedeln. Die Bazille profitiert davon, hat sich eine Atmosphäre zugelegt, wie man sie ähnlich auch bei Max & Consorten oder im Titanic vorfindet: Alt-Berliner Deftigkeit, kommunikative Enge, kumpelhafter Direktdraht zum Chef und seinem Team am Tresen. Kalle Wunner, der Boss an der Theke, kennt praktisch jede(n) und bezieht seine Stammkundschaft aus allen Winkeln der cityfernen Gegend, in die er den Metropolenkneipenbazillus geschickterweise umgetopft hat. Zudem gilt seine Küche, gemessen am üblichen Kneipenstandard, als ziemlich empfehlenswert. Und als besonderer Gag sind an manchen Tagen bestimmte Sachen billiger.

Draußen an der Straße finden ca. 30 Leute Platz, aber rätselhafterweise steht ein Freiheit und Abenteuer verheißender Sonnenschirm nicht dort, sondern mitten im Lokal. Der hat sozusagen Leuchtturmfunktion: Hier geht's zum Tresen. Und diesen sollte man auch gleich ansteuern, wenn man seine Bestellung loswerden will. Denn es herrscht ein gar furchtbares Gewühle hier, und man wird leicht mal übersehen. Zur unverkrampften Lautstärke des Umgangstons und der Debatten rings um die Theke kommt die Power-Beschallung durch die Musikanlage, aus der hauptsächlich Rock dröhnt.

Bazille, Sievekingdamm 56, Tel. 250 55 58		
	tägl. 19-open end; w. Küche 19-ca. halb eins, Wo-Ende länger	
Burgstraße: U 3. Saling: Bus 261; N 606-609		
	null problemo	
50 Sitz- und 25 Stehplätze plus 30 im Freien		
	Sportler (nach dem Training), Bierologen (zum Training)	
Ratsherr, Einbecker v.F., Elbschloß, Schlösser (2,80-3,80)		
	bemerkenswert: der Muscadet (4,00-5,00)	
also, naja: Hausmarke und sonst gar nichts (Picc. 9,50, Fl. 28,00)		
	bodenständig (1,70-7,50)	
viel Saft gibt Abwehrkraft - gut! (2,20-3,00)		
	Soll'n das sein? Nur 'Tasse Kaffee' (1,70)	
Salate, Pizze, Fleisch- und Fischgerichte, Kleinigkeiten		
	der Wirt bittet, die Kippen nicht auf den Boden...	
Luft anhalten!		
	die härtere Gangart in dröhnendem Sound	
Abendblatt		
	Würfel und Karten	
wer direkt an der Theke bestellt, hat gute Chancen...		
	nun wirklich kein Geldfresser-Bazillus	

Reif für die Insel, Vol. II

An der Seite eines modernen Wohnblocks, abgeschirmt durch hohe, jeden Einblick verwehrende Sträucher, liegt eine Insel. Und die tut so, als stamme sie noch aus einer ruhigeren, beschaulicheren Zeit, und als ginge sie die ganze Hektik drumherum überhaupt nichts an. So wird denn auch der Fremde, der seinen Fuß auf dieses Eiland setzt, zunächst mal von den Insulanern interessiert gemustert. Doch sind Gastgeschenke (Glasperlen oder so) unnötig. Die Distanz hält meist nicht lange vor, ein Wort gibt das andere, und man gehört dazu.

Ratsherrn
Insel

Die Einrichtung ist rustikal. Die Getränkeauswahl groß. Das 'Rundstück warm' würde mengenmäßig sogar einem Baltasar Matzbach zu schaffen machen. Was aber die Ratsherrn Insel (das 'Ratsherrn' bezieht sich wohl weniger auf irgendwelche Stadtväter als vielmehr auf das hier gezapfte gleichnamige Pils) von anderen Stadtteilkneipen unterscheidet, sind die Gastspiele - Gesangs- und Kabarettabende, Jazz- und Skifflekonzerte, Travestieshows -, die hier fünfmal im Jahr geboten werden. Eine Initiative des Wirts. Das kostet dann zwar 20 bis 25 Mark Eintritt, aber der Andrang ist trotzdem so groß, daß man nur nach Voranmeldung die Chance hat, Kunstgenießer zu werden.

Zurück zum Alltag: Wer will, kann hier einen Skat mitklopfen oder beim Knobeln eine Runde verlieren. Eine ganz unspektakuläre Insel also, auf der man ein gutgezapftes Bier bekommen und sich mit dem oder jenem über dies oder das unterhalten kann.

Ratsherrn Insel, Carl-Petersen-Str. 2, Tel. 25 22 40	
Mo/Do/Fr 11-14 u. 16-1, Sa/So 11-14 u. 18-1, K. 12-13.30, 19-23	
Landwehr: S 1; Carl-P.-Str.: Bus 106, 107; N 606	
na sowas: 'ne Insel, wo's außenrum Parkplätze gibt	
80 Sitz- und 40 Stehplätze, draußen 30	
total normales Insel-Völkchen	
Ratsherrn v.F., Einbecker, Schlösser, Elbschloß u.a. (2,80-4,50)	
aus Frankreich, Baden, Rheinhessen zum Einheitspreis: 4,50	
Mumm, Fürst M., Moët & Ch., Krimsekt rot & weiß (Fl. 25-95)	
hundert Hochprozentige und 'n paar Longdrinks (1,80-8,00)	
so das Übliche (2,50-4,50)	
so das Übliche (2,00-5,00)	
Mittagstisch, Bürgerliches, Kleinigkeiten	
da wär jeder Ratsherr zufrieden	
da auch	
Radio und so; 5 x p.a. Live-Auftritte	
keine Zeitung für die Ratsherrn, also sowas aber auch	
2 Geldautomaten, Karten, Würfel	
Wirt und Wirtin bedienen persönlich	
nicht nur für Ratsherrn/frauen erschwinglich	

Sturm auf die Bastille

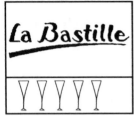

Erstürmen ja, aber bitte nicht zerstören. Denn diese Bastille ist alles andere als ein Gefängnis. Die Kleine Gasse, wo sich La Bastille befindet, liegt im idyllisch restaurierten Altstadtviertel Harburgs, an der Bundesstraße nach Cuxhaven. An warmen Tagen Tische und Stühle vor den Lokalen, Sonnenschirme - eine fast südländische Atmosphäre. Behaglichkeit. Keine Hektik zu spüren; interessante Leute und interessierte Blicke. Man möchte sich dazusetzen, den frühen Abend und die Beschaulichkeit genießen.

La Bastille ist seit 1982 in Betrieb und macht den Eindruck, als habe sie eben erst eröffnet. Alles blitzsauber, geschmackvoll, an den Wänden eine, für "normale" Kneipen außergewöhnliche Mischung von Kunstdrucken (Magritte, G. Degenhardt, A. Ginsburg etc.); Sharon McNight hinterließ ihrem "Dany" (dem Wirt) ein Autogramm auf Starfoto. Alles tadellos, wie aus einem Gastronomieeinrichtungskatalog. Man bekommt fast Hemmungen, sich in Alltagsklamotten da hinzusetzen. Bei unserem Besuch folgte Norbert Ney, einer der beiden Herausgeber dieses Buches, dem Schild "Für eilige Renner" (nicht "Stürmer") in Richtung WC und kam hellauf begeistert zurück. An Örtchen und Stelle alles "absolut tiptop und herrlich duftend", meinte er, und konnte nur mit Mühe davon abgehalten werden, die Marseillaise anzustimmen (zumal er auf seinem Weg einen Kunstdruck von Napoleon mit seinen Offizieren entdeckt hatte, darunter Norbert Neys Urahn - General Ney).

BAR-CAFE	La Bastille, Bistrot, Kleine Gasse 6, Tel 765 74 86	
	So-Fr 18-24, Küche ebenso	
	Seehafenbrücke: Bus 141; N 640	
	in der näheren Umgebung zu erobern	
	35 Sitzplätze, Freiluftbetrieb in Fußgängerzone: 25 Plätze	
	Normalos, Geschäftsleute	
	Schultheiß v.F.: 4,00	
	naturellement: des vins françaises (6,00-6,50)	
	frz. Sekt (Glas 9,00, Fl. 50,00), Champus (Fl. 90,00)	
	diverse Aperitifs und Spirituosen (7,00-10,00)	
	juses, l'eau minérale (3,00-3,50)	
	café, thé (3,00-3,50)	
	à la carte, täglich wechselnd	
	soigné	
	excellent	
	dezente Hintergrundmusik	
	Sports, sonst keine	
	rien	
	französisch-professionell	
	nicht revolutionär, weder in die eine noch andere Richtung	

Wolfgang, Nicole & Consorten

Alt ist die Geschichte der Neuen Straße in Harburg und ausgesprochen wechselhafte Zeiten hat sie hinter sich gebracht, bis sie wirklich wieder "neu" (gemacht) wurde. Eine prächtig restaurierte Tangente durch das alte Herz Harburgs, in großen Teilen zur Fußgängerzone geadelt und erfreulich bereichert durch manch neues Restaurant. Auch die Consortium-Adresse hat verrückte Nutzungen hinter sich: Einst der Harburger Ratskeller, später schon mal Rocker- und Pennerlokal, dann mexikanische oder Oben-Ohne-Bar ... Wolfgang Wulff, "Ezz", Nicole & Consorten haben sich vor Jahren "zur gemeinsamen Durchführung eines größeren Geschäfts unter Verteilung des Risikos" (Def. Konsortium) zusammengetan und ein Livemusiklokal daraus gezaubert, in dem es auch Kleinigkeiten zu essen gibt und wo im Hinterzimmer die Möglichkeit besteht, sich bei Darts zu messen. Zweimal in der Woche legen dann Live-Musiker in der großen "Empfangshalle" los: Rock, Folk, Pop, Blues oder "echte" lateinamerikanische Folklore. Auf dem ersten Blick sieht das Lokal ein bißchen gediegen aus, was aber gottlob weder der Publikumsmischung noch der "Seele des Geschäfts" entspricht. Die Konsorten haben einen neuen Fußboden einziehen lassen, teures Mobiliar installiert und originelle Details integriert. Sechs große Mimik-Masken über der Theke stellen die klassischen Gefühlsregungen des menschlichen Gesichts dar. Als "Lächelnder" soll man das Consortium möglichst wieder verlassen.

BAR-CAFE	Consortium, Neue Straße 55, Tel. 77 25 42	
	Mo-Fr 16-2, Sa 11-4, So/Feiertage 18-4	
	Seehafenbrücke: Bus 141, 241; N 640	
	die Chancen stehen nicht schlecht	
	80 Sitz- und 40 Stehplätze (ab 1990 auch draußen)	
	Musikfreaks, Dartscracks, Billarderos, Seeleute u.a.	
	Holsten, Alt, Guinness, Moravia v.F., Flens, Weizen (2,00-5,00)	
	biol. Landwein, Bordeaux, Retsina, ein paar deutsche (4,00-5,50)	
	Piccolo ab 6,50, HM, Mumm, Moët & Chandon (Fl. 22,50-65,00)	
	Mixgetränke auf Anfrage, übliche "Snäpse" (2,00-6,00)	
	altbekannte CO2-Verbindungen, Fruchtiges (2,00-4,50)	
	Kaffeebecher und Eisbrecher, Grogs (2,50-5,00)	
	Baguettes (auch veg.), Suppen, Salate, Pferdewurst	
	clean	
	ein bißchen Frischluft könnte manchmal nicht schaden	
	2x pro Woche live (Do/Sa 21.30-1.00), sonst Blues/Rock	
	Abendblatt, MoPo, taz, Harburger	
	Darts, Billard, Karten, Schach, Backgammon, Superhirn	
	vielbeiniges Consortium abends beim Marathon-Sprint	
	durchaus bezahlbar, bei Live-Auftritten Eintritt nur in Einzelfällen	

Culture Club

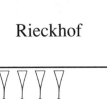

Wegweiser mit der Aufschrift "Rieckhof" führen vom Bahnhof vorbei an einem sagenhaft häßlichen Einkaufszentrum zu dem seit fünf Jahren existierenden Kommunikationszentrum. Auch nördlich der Elbe ist dieser Betonklotz inzwischen bekannt geworden - durch seine Tanzkurse für Tanzschulgeschädigte, die regelmäßigen Kabarett-Veranstaltungen oder die nieten- und lederjackenverdächtige Underground-Night, und schließlich durch die Kneipe, die seit dem Startschuß überwiegend von Studenten mit großem Engagement und vielen Ideen gemanagt wird.

Der ganz in Holz gehaltene Raum ist zu einem Stammlokal für Harburger jeglicher Szenenherkunft und jeglichen Alters geworden. (Gesellschafts-) Spielsüchtige Studenten haben hier genauso ihren Stammtisch wie die Blues-Musiker, die sich einmal im Monat eine Session vor der Theke liefern - offen für jeden, der mitspielen will und kann. Nicht mal die ältere Generation wurde vergessen und kann sich jeden Donnerstag beim Senioren-Café vergnügen. Eine gemütliche Atmosphäre, angenehm leise Hintergrundmusik - die besten Voraussetzungen für den kleineren oder größeren Talk beim hellen Hefeweizen v. Faß, das im nordlicht-beschienenen Hamburg eher eine Rarität darstellt. Hektisch und eng wird's, wenn im Saal, der von der Kneipen-Crew mitbewirtschaftet wird, eine der vielen Veranstaltungen über die Bühne geht.

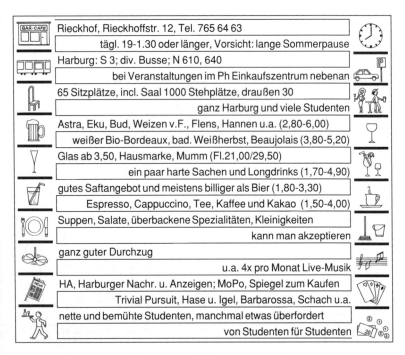

Rieckhof, Rieckhoffstr. 12, Tel. 765 64 63		
	tägl. 19-1.30 oder länger, Vorsicht: lange Sommerpause	
Harburg: S 3; div. Busse; N 610, 640		
	bei Veranstaltungen im Ph Einkaufszentrum nebenan	
65 Sitzplätze, incl. Saal 1000 Stehplätze, draußen 30		
	ganz Harburg und viele Studenten	
Astra, Eku, Bud, Weizen v.F., Flens, Hannen u.a. (2,80-6,00)		
weißer Bio-Bordeaux, bad. Weißherbst, Beaujolais (3,80-5,20)		
Glas ab 3,50, Hausmarke, Mumm (Fl.21,00/29,50)		
	ein paar harte Sachen und Longdrinks (1,70-4,90)	
gutes Saftangebot und meistens billiger als Bier (1,80-3,30)		
	Espresso, Cappuccino, Tee, Kaffee und Kakao (1,50-4,00)	
Suppen, Salate, überbackene Spezialitäten, Kleinigkeiten		
	kann man akzeptieren	
ganz guter Durchzug		
	u.a. 4x pro Monat Live-Musik	
HA, Harburger Nachr. u. Anzeigen; MoPo, Spiegel zum Kaufen		
	Trivial Pursuit, Hase u. Igel, Barbarossa, Schach u.a.	
nette und bemühte Studenten, manchmal etwas überfordert		
	von Studenten für Studenten	

Mit Schlips ins Knips

Das Café Knips, auf der Grenze zwischen Nienstedten und Klein Flottbek in einem S-Bahnhof gelegen, ist seit Jahren beliebter Treffpunkt der Jeunesse Dorée der Elbvororte. Vor allem an den Abenden der Wochenende herrscht reges Kommen und Gehen gestylter Youngster, die Papas Mercedes oder auch das eigene Cabriolet kavaliersmäßig vorführen. Hauptsächlich rekrutiert sich diese homogene Menge aus dem Einzugsbereich von Othmarschen bis Blankenese. Hier läßt sich gut unter seinesgleichen Champus schlürfen, man ist unter sich. Und dieser Umstand dürfte nicht unwesentlich zur Beliebtheit des Knips in eben diesen Kreisen beitragen.

Es besitzt ansprechende Räume, die locker 150 Leute fassen können und einen schönen Garten, dem es nicht abträglich ist, daß er zwischen den S-Bahngleisen und der Straße liegt.

Die Karte offeriert ein durchschnittliches Angebot mit z. Teil überhöhten Preisen, nur bei den Cocktails haben sich die "Knipser" ein wenig ins Zeug gelegt - und dabei auch die Antialks nicht vergessen. Dem abendlichen Trubel ist ein Frühstück im Knips vielleicht vorzuziehen. Da gibt es von 6,50 bis 20,00 DM allerlei Auswahl, und wenn sich beim Service keine Nachlässigkeiten einschleichen, steht einem gemütlichen Spätvormittag - sonntags bei klassischer Musik - nichts im Wege.

Knips, Jürgensallee 51, Tel. 82 91 44	
	Di-Sa 12-2, So 11-2, Mo 18-2, w. Küche bis 24 Uhr
Klein-Flottbek: S 1; Bus 115, 184; N 601	
	genug Platz, um Papas Benz sicher einzuparken
145 Sitzplätze drinnen, 80 draußen	
	Jeunesse Dorée
Ratsherren, auch Alk-freies (3,50-4,00)	
	Mosel, Rheinhessen, Weißherbst etc. (5,00-5,50)
manchmal muß es Mumm sein, manchmal M. Chandon	
	viele Spirits, genug Cocktails (2,50-14,50)
es gibt auch Cocktails ohne Alk	
	nichts Aufregendes (2,50-4,00)
So Frühstücksbuffet ab 11 Uhr	
	einige unschöne Nachlässigkeiten
im Winter gibts beschlagene Fenster	
	sonntags Klassik, sonst querbeet
Nachrichten behindern Amusement	
	bei dem Namen kein Flohhüpfen!
etwas, wie soll ich sagen, äh, wortkarg?	
	Papi bezahlt das schon

Richtige Wellenlänge?

Lohbrügge bei Bergedorf bei Hamburg. Früher gab es hier einen richtigen kleinen Marktplatz, von dem heute nur noch Reste übrig sind: das massive Heim der Feuerwehr, einige Dorfeichen und das ehemalige Ärztehaus aus Backsteinen, das an einen Bahnhof erinnert und heute das Spectrum, die "Kulturkneipe am Markt", beherbergt. So unscheinbar das Äußere, so gediegen die Einrichtung: Alles ist in warmen Brauntönen gehalten, von der Tapete über den Teppich bis zum teilweise alten, teilweise alt aussehenden Mobiliar. Darunter einige Tische aus längst vergangenen Tagen, an denen ein zeitgenössischer Einsachtziger Probleme mit der Beinfreiheit bekommt. An der Wand Aquarelldarstellungen des Hamburger Umlands und ein großes, illuminiertes Glasgemälde, das die Freuden des Trinkens anpreist.

Einmal pro Monat hat das Spectrum besondere Leckerbissen zu bieten, und zwar in Form von Pianomusik, Lesungen und Chansons. Alles etwas gedämpft im Ton, passend zum nostalgischen Charme der Kneipe. Kerzenschein natürlich obligatorisch. Entsprechend das Publikum: Ab und zu einige Studenten, die Hauptkundschaft stellen jedoch eher betuchte Bergedorfer Bürger. Aber Darbietungen wie etwa von Sylvia Anders, Stankovski oder Helen Vita lassen sich auch andere nicht entgehen.

Spectrum, Lohbrügger Markt 5, Tel. 724 27 94	
Di-So ab 18, Küche dito	
Lohbrügger Markt: Bus 131, 132, 143, 234; N 609	
unübersehbar: großer Parkplatz direkt davor	
60 Sitzplätze, im Saal nochmal 100	
die Bergedorfer Bourgeoisie, Studenten, Kulturschick	
Jever, Tuborg, Guinness v.F., Weizen, alkfrei (3,50-8,50)	
edle Tropfen in Schoppen und Flaschen (6,50-7,50, Fl.25-39)	
Rheinberg, Pinot, Mettern., V. Emille, Pommery (Fl.28-120)	
Friesengeist und Sambuca - brennend serviert (3,00-8,00)	
ausreichendes Spektrum und saftige Preise (3,00-4,50)	
Kaffee, Tee u. Kakao im Marktbecher (3,50-6,50)	
dem kompletten Menue steht nichts im Wege	
sauberer geht's nicht	
frischer Duft	
Kaffeehausmusik u. Chansons, 1x pro Monat Künstlerabende	
aber: keine Lektüre ...	
... und keine Spiele	
fix, bemüht und aufmerksam	
Gutes hat seinen Preis; bei Veranst. Eintritt ca. 15-27 Mark	

Wenn der Auerhahn kräht

Der Tetrao urogallus ist nicht etwa der gallische und auch nicht der berühmte balzende Hahn (obwohl letzteres hier auch ganz gut passen würde). Es ist der Auerhahn, der Urhahn, seines Zeichens größtes Waldhuhn Europas, dessen männliche Ausführung geradezu popartmäßig bunt daherkommt. Womit wir fast beim Thema wären. Aber beginnen wir von vorne.

Zwei große, breitschultrige Geschlechtsgenossen, offenbar direkt dem Boxring entstiegen, geboten uns fürs erste Einhalt, denn wenn der Hahn live kräht, hat man seinen (bescheidenen) Obolus zu entrichten. Nach erfolgreichem Geldtransfer hellten sich die Mienen aller Beteiligten freundlich auf, und von da an hatten wir zur Abwechslung einmal wieder wirklich das Gefühl, als Kunde König zu sein.

Im Live-Musik-Raum mit kleiner, schmaler Bühne, auf der sich bis zu sechs Musiker auf den Füßen stehen können, geht's eng und stickig zu. Programmchef Mike Kronenberger bietet seinem Publikum immerhin 12-15 mal im Monat eine abwechslungsreiche Stil-Mischung - allerdings in eher rustikaler Ungebung und ohne Sympathie für musikalische Experimente. Aber selbst das ist in dieser Gegend schon was Besonderes: Schließlich befinden wir uns in Wandsbek, wo sich ansonsten Lepus europaeus (Hase) und Erinaceus europaeus (Igel) gute Nacht sagen. Nur gut, daß ab und zu der Auerhahn dazwischenkräht.

Auerhahn, Walddörferstr. 290, Tel. 695 96 97	
So, Di-Do 18-1/2, Fr/Sa 18-4/5/6, w. K. bis mind. 24	
Kurfürstenstraße: Bus 164, 262; N 608	
Zum Auerhahn mit'm Auto fahrn? Kein Problem!	
90 Sitz- und fast 200 Stehplätze. An der Straße 15	
Normalos auf der Suche nach Action und Kontakt	
vom Zapfhahn: Astra, Jever, Hannen (2,00-32,00)	
franz. Landweine, Edelzwicker, Rheinhessen, Mateus Rosé (5,50)	
Gl. Sekt 4,50, HM, Deinhard, Fürst M., Moët, Pommery (Fl. 28-85)	
hier findet auch ein blindes Huhn einen Korn (2,00-12,00)	
sehr schön präsentiert (2,00-4,50)	
für den Gockel zum Wachwerden (2,20-4,00)	
Bratkartoffeln, Toasts, Steaks, Scampi und so	
gutbürgerlich rein	
im Schankraum gut, im Saal stickig und heiß	
Oldies, Latin, R&R, Dance House: 2-3x p. W. live	
Szene, Prinz, oxmox	
Geldautomat, Schach, Backgammon, Karten u.a.	
flattert flott und freundlich umher	
sehr günstig, bei Live-Musik 3-8 Mark Eintritt	

Die 3 vom Traffic

Die Winterhuder Traffic-Troika plante einen zweiten stilvoll-atmosphärereichen Kneipen-Treff, der, weil das Musical eben gerade in aller Munde ist, und weil es halt so gut paßt, Linie 1 getauft werden sollte. Das Abenteuerliche daran? Die anvisierte Kneipe lag in Wandsbek, dem verschlafensten und gastronomisch vernachlässigsten Kneipenbezirk. Den wollte man umpflügen und aus dem 100jährigen Schlaf der Eckkaschemmen-Bierkrug-Dumpfheit wachküssen. Dazu gehört Mut. Oder das richtige Gespür für eine Marktlücke. Nachdem jeder Zentimeter des Lokals erneuert war, feierte man im Juni '89 Einweihung. Ein dicker Fußbodenbelag läßt einen jetzt wie auf Rasen gehen. In dem halbrunden Raum wurden kleine, schicke Tische plaziert, darüber ein Holzhimmel. Die Toiletten ein Gag: rosa für Mädels, blau für Jungs - mit postmodernen Dreiecksspiegeln und anderen pfiffigen Details. Die "runde Ecke" um die Linie 1 herum: ein kleiner, grüner Urwald, der die noch wenigen Tische umschließt und neugierige Passantenblicke verhindert. Man vertraut auf das altbewährte Konzept des Traffic. So wartet auch dieser einzige attraktive Szenetreff weit und breit mit einem eingespielten, freundlichem Team, einem sehr überschaubaren "Drinks und Snacks"-Angebot (zumindest was Wein anbelangt, manchem sicher zu überschaubar) und außerdem Zeitungen, Magazinen und Spielen in Hülle und Fülle auf. Ob die Wandsbeker den Kuß zu würdigen wissen?

Linie 1, Wendemuthstr. 43, Tel. 652 57 89	
	So-Do 19-1 oder 2, Wo-Ende bis 3, w.K. bis 1 h vor Schluß
Wendemuthstraße: Bus 165; N 608	
	U-Bahn wäre eigentlich ein Muß - aber genug Parkplätze
45 Sitz-, 1 Dutzend Stehplätze, draußen 20 und mehr	
	junge Nachtschwärmer, wenig Schickis, wenig Flippis
Moravia, Ducksteiner v. Faß, div. Flaschen (3,00-4,80)	
	nur No-Name-Weiß-und-Rotwein, Weißherbst (4,50-5,00)
Glas Sekt 3,80, HM, Mumm, Moët & Chandon (Fl. 20-70)	
	Kurze, Lange und 22 Cocktails (2,50-13,00)
ab drei Mark sind Sie dabei (3,00-7,50)	
	seltsam: kein Espresso, aber Cappuccino (3,00-5,00)
Eis, Snacks (Salate, Baguettes), Tageskarte	
	nicht zu vergleichen mit einer U-Bahn
tja, in dieser Linie 1 darf halt geraucht werden, deshalb ...	
	Rock-Oldies, Mainstream-Pop, fast etwas zu laut
lückenlos-total	
	enormes Spieleangebot, 2 Geldautomaten (schade!)
Tempo und Betreuung beispielhaft	
	nichts zu kritteln

Seile zu Gläsern

Das Reepschlägerhaus, 1758 für die Familie Kellermann errichtet, wurde nach dem hier ausgeübten Handwerk benannt. Die Arbeit des Reepschlägers bestand darin, Seile und Taue zu fertigen ('Reep' kommt vom englischen 'rope', 'schlagen' heißt der Vorgang, mehrere Stränge zu einem Tau zu vereinen). Diesem Handwerk wurde hier bis zum Tod des letzten Reepschlägers, Louis Warnke, im Jahre 1964 nachgegangen. Danach wurde das Haus unter Denkmalschutz gestellt. Dies allein schützte das würdige Gebäude freilich nicht vor dem Verfall, dem erst der engagierte 'Förderkreis Reepschlägerhaus e.V.' ein Ende bereitete.

> ## Reepschläger-haus

Heute finden im Reepschlägerhaus Dichterlesungen, Musikveranstaltungen und Ausstellungen statt. Der Pächter, Herr Wietek, waltet hier nunmehr seit sechs Jahren, kümmerte sich auch von Anfang an um den schönen Garten, der genauso wie die Innenräume zum besinnlichen Verweilen einlädt. Zum Publikum zählen viele Jugendliche und Schüler, die sich im unmittelbaren Angesicht der Geschichte offenbar wohl fühlen, aber auch Angehörige anderer Altersgruppen statten der originellen Lokalität gerne einen Besuch ab. Besonders bei Veranstaltungen ist die Diele voll besetzt und es herrscht eine persönliche, fast familiäre Atmosphäre.

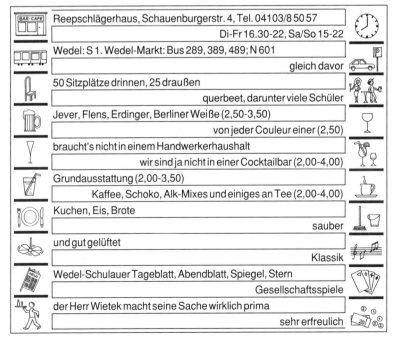

Reepschlägerhaus, Schauenburgerstr. 4, Tel. 04103/8 50 57		
	Di-Fr 16.30-22, Sa/So 15-22	
Wedel: S 1. Wedel-Markt: Bus 289, 389, 489; N 601		
	gleich davor	
50 Sitzplätze drinnen, 25 draußen		
	querbeet, darunter viele Schüler	
Jever, Flens, Erdinger, Berliner Weiße (2,50-3,50)		
	von jeder Couleur einer (2,50)	
braucht's nicht in einem Handwerkerhaushalt		
	wir sind ja nicht in einer Cocktailbar (2,00-4,00)	
Grundausstattung (2,00-3,50)		
	Kaffee, Schoko, Alk-Mixes und einiges an Tee (2,00-4,00)	
Kuchen, Eis, Brote		
	sauber	
und gut gelüftet		
	Klassik	
Wedel-Schulauer Tageblatt, Abendblatt, Spiegel, Stern		
	Gesellschaftsspiele	
der Herr Wietek macht seine Sache wirklich prima		
	sehr erfreulich	

Der diskrete Charme der Bourgeoisie

Mitten in Wedel, gegenüber vom "Roland", liegt Stuhlmann's Galerie-Café. Dessen geschichtsgeschwängerte und schick restaurierte Räume sollen den reichen und schönen Elbvorort-Bewohnern würdiger Aufenthaltsort sein; sollen für vornehme Patrizier und deren an Gutes gewöhnte Kids den entsprechenden Rahmen bilden. Und so kommen auch manchmal die scheuen Millionäre aus der Umgegend, verlassen, des Elbblicks überdrüssig, ihre Villen, und trinken hier in aller Ruhe und vor allem ungestört ihren Kaffee. Sie können bei Reiner Stuhlmann auf Diskretion hoffen, denn inkognito läßt es sich doch angenehmer konversieren. Der Prinz von Preußen gab sich schon mal die Ehre und ward zufrieden ob der elegant-gediegenen Atmosphäre, dem geschmackvollen Mobiliar und dem mit Orientteppichen bedeckten Holzboden. Auch die Yuppies und jüngeren Promis, die sonst im Vier Jahreszeiten ihrem gesellschaftlichen Image Genüge tun, sind froh, den Huldigungen des Volkes mit weniger Fortune zu entkommen. Man weiß: Das Café ist ein Hort für kulturell interessierte, sensitive, der höheren Sinnlichkeit gegenüber aufgeschlossene Menschen. Solche können sich zufrieden zurücklehnen und der "entspannenden, gefälligen, unaufdringlichen" Musik lauschen.

Ab und an finden auch Vernissagen statt, und die Wände des Lokals werden als Ausstellungsfläche genutzt. Veranstaltungen zwischen Kabarett und musikalischer Darbietung sollen sich eher an das reifere Publikum richten.

BAR-CAFÉ	Stuhlmann's Galerie-Café, Am Marktplatz 3, Tel. 04103/8 96 66	(clock)
	Mo 19-24, Di-Do 15-24, Fr/Sa 15-1, So 11-24, Feiert. ab 15	
(tram)	Wedel-Markt: Bus 289, 389, 489; N 601	(car/P)
	immer Platz für Ihren Benz	
(chair)	60 Stühle im Stuhlmann's (und 30 im Garten)	(two people)
	(teils) jung, (teils) schön und (oft) reich	
(beer mug)	Fürstenberg, Tuborg, Weizen (3,80-5,50)	(wine glass)
	deutsch-französische Konkurrenz (4,50-5,80)	
(cocktail)	eben genau das Richtige (Fl. 29-170), Gl. Sekt 4,50	(cocktail)
	genug, um vom Stuhl zu fallen (2,50-17,00)	
(drink)	sehr gute Auswahl, auch Milchmixes (2,50-4,50)	(coffee cup)
	alles da, auch diverse Tees (2,50-8,00)	
(plate)	Frühstück (So 11-14), Eis, Salate, belegte Brote	(dustpan/broom)
	ganz klar: blitzeblank	
(fan)	gut, nur ein ganz leiser Hauch von Davidoff...	(music notes)
	Hauptsache, es entspannt die Yuppie-Seele	
(newspaper)	Wedel-Schulauer, HA, Geo, Spiegel, Schöner Wohnen u.a.	(cards)
	Schach, Backgammon, Gesellschaftsspiele	
(walking person)	schick & freundlich	(prices)
	nicht ganz billig, v.a. was das Essen angeht	

Die Herausgeber:

Norbert Ney, Jg. 51, zwischen Holsteins Nachkriegskartoffelkellern im Herzen der 5-Seen-Platte aufgewachsen, erwachsen geworden zwischen den Nudel- und Fleischtöpfen Nordbadens, lernte bei längeren Gastspielen Münchner Nockherberg-Starkbier ebenso kennen wie das Kölsch an endlos langen Rheintheken. Seit zehn Jahren genießt er Alsterwasser. Auf seinen Reisen ergötzte er sich an den Weinen unzähliger europäischer Kellereien. Neben vielen anderen literarischen Kostproben auch Hrsg. diverser Lesebücher um jene Dinge des Lebens, die sich zwischen Wasser und Champagner, zwischen Küche, Theke und stillem Kämmerlein abspielen. Zuletzt u.a. Das andere Junggesellenkochbuch, ed. trèves, 1983, Eifer-Süchtig. Geschichten & Gedichte, Fischer-Boot 1987, Das große Buch vom Durst. Eingeschenkt zus. m. Manfred Hausin, Fackelträger 1987, Was sind das für Zeiten! rororo-tomate, 1988, Intime Intrigen. Leidfaden durch den Beziehungsterror, Maro 1988, Nicht mit dir und nicht ohne dich. Lesebuch für schlaflose Nächte, rororo-panther, 7. Auflage 1989 (im 204. Tsd.!). Über Hamburg erschien kürzlich der minitours-Reiseführer für Kinder: Das Abenteuerschiff Hamburg.

Reinhold Dey ist der Teamopa. Trinkfest seit eh und je, ist es ihm sogar in Skandinavien gelungen, Kneipen zu finden. Und zu beschreiben. So zum Beispiel in Helsinki à la carte (Auflage 30.000). Er schreibt vorwiegend Reiseliteratur und übersetzt aus dem Skandinavischen. Er lebt, arbeitet und trinkt in Hamburg.

Mitarbeiter und Mittester:

Barbara Conrad kennt die journalistische Branche seit etwa 20 Jahren und ist dadurch trinkfest geworden. Wenn sie nicht gerade zwischen Sekt und Selters schwimmt, redigiert sie Reisebücher.

Gisela Dittmar-Wirobski, Hamburgerin, Lyrikerin, Verband deutscher Schriftsteller, Mutter mit Tochter (s. S. 182).

Hans Eppendorfer, Schriftsteller und Journalist, hat so ziemlich die ganze Welt gesehen (längere Aufenthalte in Hongkong, Japan, Ägypten und im Libanon) und findet trotzdem in Hamburg immer noch Kneipen, die ihm zusagen. Zahlreiche Publikationen in namhaften Verlagen, verschiedene Literaturpreise und Auszeichnungen.

Claudia Rieger, 1969 in Hamburg geboren. Bisher bestand ihr Leben aus 13 Jahren Schule, die dieses Jahr endlich mit dem Abitur abgeschlossen wurden.

Sie ist viel gereist und besuchte 1985/86 eine Schule in Princeton, USA. Bevor sie im Oktober in Hildesheim ein Kulturpädagogik-Studium beginnt, wird sie vorher noch ausgiebig die Hamburger Kneipen genießen.

Thomas Schiemann, geb. 1955 in Mexico-City, wo er auch bis zum Studium lebte. Studierte Kommunikationswissenschaften in München. Danach als Produzent in Mexiko und USA tätig. Mitarbeiter bei verschiedenen mexikanischen Zeitungen und Zeitschriften. Lebt seit 1986 in Hamburg als freier Schriftsteller und Gastronom. Verschiedene Veröffentlichungen.

Frank Straass ist das, was man so einen Grufti nennt. Er hat viele Erfahrungen im Rucksack, war im Krieg Funker, erlebte die Währungsreform, die 60er Jahre, hat als Schauspieler, Regisseur, Journalist, Autor zähneknirschend alle Regierungen der BRD überlebt, hat in über 220 Fernsehspielen und Filmen mitgewirkt, besitzt aber noch immer keine Villa, ist Norwegenfan, Greenpeace-Anhänger, ärgert sich über politische Heuchelei und darüber, was mit den Indianern in Nord- und Südamerika getrieben wird.

Stefanie Stüber, geb. 1970 in Hamburg, Abitur im Mai '89, kleinere literarische Veröffentlichungen in Literaturzeitschriften, Mitarbeit in einer Initiative zum Aufbau eines freien Radiosenders (R.St.Pauli). Zukunftspläne: Kunststudium. Besitzt den schönsten Kater der Welt.

Johannes Wendland, aufgepäppelt mit Äppelwoi, ist erst kurze Zeit in Hamburg. Umso besser. Ihm fällt so manches auf, was ein Eingeborener als selbstverständlich hinnimmt. Bierkellner und Chefredakteure sagen ihm eine große Zukunft voraus.

Stephi Wirobski, 18 Jahre, Schülerin, kritisch und selbstbewußt.

Eva Zimmermann, geb. 1962 in Gießen (aber keine Erinnerung daran), aufgewachsen in einer mittelrheinischen Kleinstadt (nur zu gute Erinnerung daran), machte 1981 nach zwei frühen Frankreich-Tramptouren den ersten großen Sprung in die Welt nach Neuseeland, um sich dort einige Monate von dreizehn Jahren Schule zu erholen. 1982 Beginn von Studien der Germanistik und Anglistik in "Saarbrigge". Nach zwei Jahren allerdings machte ein heftiger Provinzkoller einen Umzug nach Hamburg dringend erforderlich. Seitdem wechselnde Wohnsitze im Westen (Nienstedten), Osten (Vierlanden) und z.Zt. in zentraler Lage der Stadt (Eimsbüttel). Beständige Lust an der Fremde war während dieser Jahre der Auslöser für wiederholtes Herumvagabundieren im europäischen Raum. Nach Abschluß des Studiums und kurzen aber aufschlußreichen Einblicken in die Hamburger Medienlandschaft läuft z.Zt. der Versuch, weitere literaturwissenschaftliche Arbeit und Broterwerb parallel laufen zu lassen.

Register

Alphabetisches Register

Alphabetisches Register

Alphabetisches Register

Register nach Stadtteilen

Register nach Stadtteilen

Register nach Stadtteilen

Lustprinzip-Register

Species	Altona	Barmbek Winter-hude	City	Eimsb. Eppen-dorf	St. Pauli	Und:
Abgebrannte	25 32 33 36 38	47 55 58 60 62	80 81 82	98 101 103 108 110 120	149 150 154	168 170 174 179
Alternativis	25 29 36 37	42 48 52 53 58 62	70 80 81	113 117 120 135	150 163 166	173
Atmosphäristen	21 25 33 56 60	42 44 50 56 60	68 73 74 84 85 88	95 104 112 115 128 133	146 147 153 156 162	169 172 176 179
Backgammonisten	26 27 30 32 36 37	44 45 49 56 58 60	70 75 84 88	92 98 105 106 124 129	147 149 150 166	170 173 174 175 178 180
Betuchte	20	54 65	69 73 85	100 109 115 121 126 134	156	175 176 180
Biergärtner		44		96 98 99 106 112		175 179
Bierspezialisten	29 30 31 38	44 49 53 56 57	70 71 72 75 81 82	104 106 108 110 119 125	145 147 149 150 154 163	173 174 177
Billarderos	25 27	47 55 58 62	75	98 105 118 127	149 151 160 162	173
Bruncher	20 30 34	44	81 85	109 119 130 134	162	174

Lustprinzip-Register

Species	Altona	Barmbek Winter-hude	City	Eimsb. Eppen-dorf	St. Pauli	Und:
Champussis		54 61	69 76 79 82 86	100 121 133 139	147 161 162	171 180
Cocktailschlürfer	20	51 59 61	73 76 79 85	99 108 118 126 133	145 147 148 156 159 166	168 175
Cognacschwenker	20	50 61	82	97 126	145 146	171
Dartisten	27 29	47 62		127		173
Engagierte	22 26 29 31 36 37	52 60	70 80 81 85 88	103 110 113 120 128 133	146 147 150 157 163 166	174
Ernährungsbewußte	24 36	44	71 80 85	108 119 133 134 135 139	147	
Espressionisten	20 26 31 32 34	44 50 54 56 59 61	66 68 70 71 75 83	98 99 116 123 130 133	146 147 161 162 164	174 180
Flippers	25 27	52 55 57	76	103 108 110 118	145 151 158	
Frühstückers	20 26 31 34	44 55 56 59	66 70 71 74 78 83 85 87	96 102 115 118 121 123	147 162	168 169 175 180
Hungrige	32 37	55	72 74 75 84	98 108 110 118 125 136	147 151 160 163	168

Lustprinzip-Register

Species	Altona	Barmbek Winter- hude	City	Eimsb. Eppen- dorf	St. Pauli	Und:
'In'-gagierte	23 30	42 61	71 73 79 85	99 121 133 134	146	174
Kaffeetrinker	31 32 34	44 59	66 68 70 71 76 81	98 99 115 119 123 131	147 157 162	169 174 180
Kuriositätensammler	21 25 29	44 57 60	72 81	114 117 125	146 153 154 157 160 163	
Musikhörer (live)	22 25 28 36 37 38	43 48	67 80 84 88	92 94 98 116 125 127	147 148 149 151 154 164	171 173 174 176 177
Nachteulen	25 26 28 29 32 34 38	43 48 51 52 54 55 57 60 61	73 76 81 83 88	95 96 118 129 132	fast alle	168 170 174 176 177
Safties	29 30 32 34 37 38	49 50 53 54 55 59 61	66 68 70 71 80 83 85	106 130 131 133 134 135	144 145 148 158 159 161	168 169 170 173 174 180
Schachspieler	27 29 32 36 37	44 47 49 54 57 60	70 84 88	92 98 124 127 129 132	147 149 150 166	168 169 173 174 177 178
Schlemmer	20 23 32 37	42 44 49 50 56	70 85 88	107 119 121 126 131 134	147	170 172 176
Schüler	22 25 27 30 37	42 48 52 53 55 57 59 60	66 71 76 80 81 82 85 87	96 125 133 136	148 149 151 155 159 166	168 173 179

Lustprinzip-Register

Species	Altona	Barmbek Winter-hude	City	Eimsb. Eppen-dorf	St. Pauli	Und:
Studenten	21 22 25 30 37	42 44 49 52 53 55 58	68 70 71 80 81 82 87 88	92 105 110 124 133 135	144 146 147 150 161 163	173 174
Tänzer	22 25 28	61	79		144 148 151 154 158 164	174
Teetrinker			71 80 85 87	125 129 132 134	147 149	169 179 180
Weinkenner	21 32	53 56	69 82 86 88	99 100 102 106 108 124	147 162	169 172 176
Weinsüffler	21 23 30	42 44 47 53	68 69 70 82 83	103 110 114 125 130 134	147 163 166	173 174
Whisk(e)ygurgler	30 37 38	43 48 50 54 56 61	76 82	100 103 104 107 126	146 149 161 163 164	169 171 177
Zeitungsenten	23 31 32 37	49 53 59 62	68 70 71 78 81 82 83 85	99 104 123 124 129 131 132 133	147 149 162	168 173 178 180

HANNOVER

zwischen Sekt und Selters

**Der kritische Führer durch die
hannoversche Kneipenszene**

herausgegeben von
Manfred Hausin · Hans-Georg Wodrig

152 Seiten
DM 14,80
ISBN 3-927482-03-X

ars vivendi verlag

Charlotte Brontë

Der Professor

.

Roman

Aus dem Englischen von Gottfried Röckelein

Deutsche Erstausgabe

erscheint im Februar 1990
ca. 300 Seiten
schön gebunden
ca. DM 30,00
ISBN 3-927482-06-4

ars vivendi verlag

zwischen Sekt

und Selters - Führer

im Spiegel der Presse:

München

"Jetzt gibt's auch für die schrille Münchner Szene einen Lokalführer..."
(Abendzeitung)

"...ein unentbehrlicher Begleiter durch die Münchner Kneipenland-
schaft ... informativ und amüsant geschrieben."
(Journal München)

"... ein Führer ..., der in witziger Weise 137 Lokalitäten aufs Korn
nimmt."
(Süddeutsche Zeitung)

"Jedes Lokal hat seinen eigenen ausführlichen Steckbrief, in dem selbst
die Hygiene und die Parkplatzsituation bewertet sind."
(freundin)

Stuttgart

"... mehr Sekt als Selters!"
(Stuttgart Live)

" ... leuchtet das aus, was man auf neudeutsch die 'Scene' nennt ...
sehr pfiffig beschrieben."
(Stuttgarter Nachrichten)

"... gut gemacht, informativ und amüsant."
(Marbacher Zeitung)

Dank, Dank

- Dr. jur. Melichar
- Thomas Schatz für seine Beratung in juristischen Fragen
- Frau Boeker vom HVV für ihre Kooperationsbereitschaft
- Barbara, Sonja, Dennis und all den anderen für ihre tatkräftige Unterstützung beim Testen
- Elke Seifert für ihre kollegiale Hilfe
- dem Satz Studio Schuh in Langenzenn
- Heike David, unserer fleißigen Praktikantin
- Oma Thea, Opa Lenz, Gitti und Werner - sie wissen schon, wofür
- Maria und Hans - sie auch
- Brigitte Mack, die die hübschen Pictogramme gezeichnet hat

Schnellbahnen

im **HHA** **DB** **S** **A** **AKN**

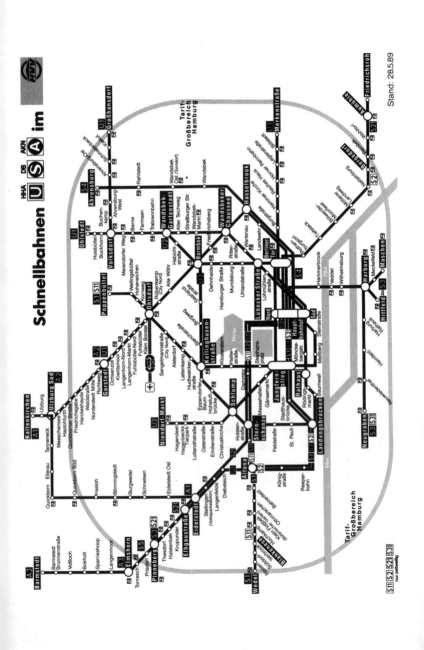

Stand: 28.5.89

Tarif-Großbereich Hamburg